FÉDÉRATION DES BOURSES DU TRAVAIL DE FRANCE & DES COLONIES

Xe CONGRÈS NATIONAL

DES

BOURSES DU TRAVAIL DE FRANCE

ET DES COLONIES

Tenu à Alger les 15, 16, 17 et 18 Septembre 1902

ALGER
TYPOGRAPHIE & LITHOGRAPHIE ADOLPHE JOURDAN
IMPRIMEUR-LIBRAIRE-ÉDITEUR
4, PLACE DU GOUVERNEMENT, 4

1902

X^E CONGRÈS NATIONAL

FÉDÉRATION DES BOURSES DU TRAVAIL DE FRANCE & DES COLONIES

X^E CONGRÈS NATIONAL

DES

BOURSES DU TRAVAIL DE FRANCE

ET DES COLONIES

Tenu à Alger les 15, 16, 17 et 18 Septembre 1902

ALGER
TYPOGRAPHIE & LITHOGRAPHIE ADOLPHE JOURDAN
IMPRIMEUR-LIBRAIRE-ÉDITEUR
4, PLACE DU GOUVERNEMENT, 4

1902

Xe CONGRÈS NATIONAL

DES

Bourses du Travail de France et des Colonies

LISTE DES DÉLÉGUÉS

Bourses.	Noms.
1. Agde....................	Alié, de Béziers.
2. Agen....................	Maille, de Marseille.
3. Aix.....................	Maille, de Marseille.
4. Alais...................	Peyre, d'Alais.
5. Albi....................	Boyanique, d'Albi.
6. Alançon.................	Estellé, d'Alger.
7. Alger...................	Soulery, d'Alger.
8. Amiens..................	Malbranque, d'Amiens.
9. Angers..................	Monnier, d'Angers.
10. Angoulême..............	Simounet, d'Alger.
11. Arles..................	Camy, d'Arles.
12. Bagnères-de-Bigorre. ..	G. Yvetot, de Paris.
13. Belfort............. ..	Bourderon, de Paris.
14. Besançon...............	Davin, d'Alger.
15. Béziers................	Alié et Molinier, de Béziers.
16. Bordeaux...............	Bourguer, de Reims.
17. Bourges................	Hervier, de Bourges.
18. Brive-la-Gaillarde.....	Pouzet, de Brive.
19. Carcassonne....	Colomiès, d'Alger.
20. Cette..................	Marty, de Cette.
21. Chateauroux............	Maraton, de Châteauroux.
22. Cholet.................	Monnier, d'Angers.
23. Clermond-Ferrand......	Legendre, d'Alger.
24. Cognac.................	Roux, de Rochefort.
25. Constantine............	Truillot, de Constantine.
26. Dijon..................	Simounet, d'Alger.
27. Fougères......	Beaupérin, de Rennes.
28. Grenoble....	Fay, de Grenoble.
29. Le Havre...............	Monnier, d'Angers.
30. Laval..................	Estellé, d'Alger.
31. Levallois-Perret.......	Dulucq, de Levallois.

Bourses.	Noms.
32. Limoges	Souléry, d'Alger.
33. Lyon	Bordes, de Lyon.
34. Macon	Niel, de Montpellier.
35. Le Mans	Richer, du Mans.
36. Marseille	Maille, de Marseille.
37. Montpellier	Niel, de Montpellier.
38. Mustapha	Calvet, de Mustapha.
39. Narbonne	Normand, de Paris et Grandjean, de Narbonne.
40. Nevers	Kuntz, d'Alger.
41. Nice	Aprosio, d'Alger et Broch, de Nice.
42. Nîmes	Brugnier, de Nîmes.
43. Niort	Marty, de Toulouse.
44. Oran	Capdeville, d'Oran.
45. Paris	E. Tabard et Bourderon, de Paris.
46. Perpignan	Niel, de Montpellier.
47. Poitiers	Lévy, de Paris.
48. Reims	Bourguer, de Reims.
49. Rennes	Beaupérin, de Rennes.
50. Roanne	Clauzel, d'Alger.
51 La Rochelle	Roux, de Rochefort.
52. Rochefort	Roux, de Rochefort.
53. Romans	Paul, de Valence.
54. Rouen	Alleaume, de Rouen.
55. Saintes	Roux, de Rochefort.
56. Saint-Etienne	Paffe, de Saint-Etienne.
57. Saint-Quentin	Nicolas, de Saint-Quentin.
58. Saumur	Maurice, de Paris.
59. Thiers	Niel, de Montpellier.
60. Toulon	Maille, de Marseille.
61. Toulouse	Reymond et Marty, de Toulouse.
62. Tours	Fleury, de Tours.
63. Valence	Paul, de Valence.
64. Versailles	Maurice, de Paris.
65. Villeneuve-sur-Lot	Colomiès, d'Alger.
Comité Fédéral	G. Yvetot, de Paris.
Office de Placement	Lévy, de Paris.

Soixante-cinq Bourses du Travail étaient représentées à ce Congrès, trente-six directement et vingt-neuf indirectement. Trois n'avaient que voix consultative : Agde et Oran (d'adhésion trop récente par application de l'article 10 des Statuts) ; Nice, dont le cas était exceptionnel vu le conflit en cours ayant deux délégués : le camarade Broch, représentant la fraction des Syndicats restés à la Bourse du Travail et le camarade Aprosio, représentant la Fédération des Syndicats des Alpes-Maritimes.

Ajoutons que par suite du départ du secrétaire fédéral (8 jours avant le Congrès) pour tâcher de mettre d'accord les camarades niçois, deux lettres lui parvinrent trop tard pour qu'il puisse représenter à Alger la Bourse de Calais et l'*Union des Syndicats d'Eure-et-Loire* : Chartres.

On peut donc dire que soixante-sept Bourses avaient adhéré au Congrès d'Alger.

CONGRÈS DE LA FÉDÉRATION DES BOURSES DU TRAVAIL

De France et des Colonies

TENU A ALGER DU 15 AU 19 SEPTEMBRE 1902

(1re Circulaire) Alger, janvier 1902.

CITOYEN SECRÉTAIRE,

Nous avons l'honneur de vous confirmer qu'au Congrès de Nice de septembre dernier, la Bourse d'Alger a été désignée comme devant organiser le prochain Congrès de la Fédération des Bourses du Travail de France et des Colonies.

Nous voulons espérer que vous ferez tous vos efforts pour envoyer un délégué à Alger, qui remplirait de ce fait une double mission : la première, prendre une part active aux travaux du Congrès, qui deviennent de plus en plus importants ; la deuxième, pour faire une étude très approfondie de notre belle Colonie, en se rendant compte des richesses de notre sol, de notre industrie, enfin de notre situation économique, pour rapporter ensuite aux travailleurs de votre région les observations et déductions faites par votre délégué.

Si nous insistons sur ce point, c'est que nous voyons nos exploiteurs faire de grands sacrifices pour envoyer en Algérie des caravanes d'études, afin de se rendre compte, sur place, des richesses de notre pays, pour en tirer le plus beau profit. Aussi, pensons-nous que les travailleurs conscients, organisés, et particulièrement les Bourses du Travail, doivent s'intéresser à toutes les manifestations qui touchent à la vie économique du pays et surtout des Colonies. Voilà pourquoi, Camarades, nous insistons auprès de votre Bourse pour qu'elle se mette en mesure d'envoyer un délégué au prochain Congrès à Alger. D'ailleurs, il faut bien vous le dire, d'actives démarches vont être faites auprès des Pouvoirs Publics pour obtenir 50 % de réduction pour la traversée, ainsi qu'auprès des Compagnies de chemins de fer, pour les délégués. Nous espérons réussir ; de ce fait, le premier obstacle sera brisé et il ne restera plus qu'un peu de bonne volonté pour obtenir les subsides de votre municipalité, ou par des cotisations syndicales, ou par l'organisation d'une fête locale pour parfaire la somme nécessaire à l'envoi d'un délégué.

Pour vous donner une indication, nous pouvons déjà vous affirmer que le *maximum* de dépenses pour la *nourriture* et le *logement* sera de 5 francs par jour par délégué.

D'autre part, l'entente s'établira entre la Confédération Générale du Travail et la Fédération des Bourses pour que les mêmes délégués puissent assister, soit à l'aller, soit au retour, au Congrès de la Confédération Générale du Travail qui se tiendra à Montpellier.

Dans ces conditions, nous pensons qu'avec un peu de bonne volonté, vous répondrez à notre appel, et que le Congrès d'Alger sera un des plus importants, comme représentants effectifs et comme travaux accomplis.

Recevez, Citoyen Secrétaire, notre salut fraternel et l'assurance de nos sentiments socialistes.

Le Secrétaire : Ch. SOULERY.

Le 20 mai 1902, la Commission d'organisation envoyait une deuxième circulaire donnant un complément d'indications à la première circulaire.

Deux mois après, le 17 juillet 1902, fut lancée la circulaire n° 3 qui donnait en même temps que l'ordre du jour provisoire, des renseignements précis sur les démarches tentées ou à tenter en vue d'aplanir toutes les difficultés relatives au voyage. Cette circulaire insistait chaleureusement sur l'importance des questions à l'ordre du jour.

Dans les premiers jours d'août, le Secrétaire fédéral envoyait à toutes les Bourses l'appel suivant :

8 août 1902.

Aux Camarades militants des Bourses du Travail ou Unions de Syndicats

CHERS CAMARADES,

Le Congrès des Bourses du Travail qui doit se tenir à Alger est bien proche.

Vous n'ignorez pas les démarches et les efforts faits par nous afin de vous obtenir les plus grands avantages pour effectuer ce joli voyage et vous atténuer les sacrifices qu'il exige. Ces démarches ont déjà obtenu un superbe résultat et nous ne désespérons pas d'en obtenir d'autres.

Mais pour que ces résultats obtenus ne le soient pas en vain, il faut que vous nous secondiez. Il faut que vous ayez comme nous, le désir de faire du Congrès d'Alger une belle manifestation de votre puissance et de votre volonté.

Nous connaissons bien la situation précaire de certaines Bourses, mais nous savons qu'elles sont cependant capables d'un acte de volonté ou de sacrifice.

D'ailleurs, il est beaucoup de localités où deux ou trois Bourses ou Unions de Syndicats voisines peuvent coopérer à l'envoi d'un délégué commun. Ainsi, La Rochelle, Rochefort et Saintes ; puis le Hâvre, Elbeuf et Rouen ; puis encore Nantes et Saint-Nazaire, etc., etc., peuvent s'entendre pour être représentées par un délégué qu'elles auront à elles deux ou trois, choisi et désigné, mettant ainsi les frais du délégué en commun.

Pour les questions à l'ordre du jour, elles peuvent aussi s'entendre et s'accorder afin que leur délégué commun puisse parler et voter au nom de toutes. S'il y avait divergences de vues ou d'appréciations entre elles sur une des questions à l'ordre du jour, le délégué n'aurait qu'à spécifier son vote et dire au nom de laquelle des Bourses qui l'ont désigné, il s'exprime. Pourvu qu'on le veuille, cela est simple et facile.

Allons, Camarades, un effort !

Si après avoir démontré l'utilité, la propagande d'un Congrès ouvrier dans la belle colonie algérienne ; si après avoir fait comprendre l'incomparable intérêt d'un tel Congrès au point de vue économique et social ; si après avoir expliqué l'importance des questions qui vont y être traitées, votre Municipalité ne veut pas vous faciliter les moyens d'y être représentés, eh ! bien, camarades, que cela ne vous décourage pas ! Puisez dans ce refus l'enseignement salutaire « qu'il faut ne compter que sur soi et son initiative pour n'être pas déçu ». Et, aussitôt, organisez des réunions, des fêtes, des tombolas, pour couvrir les frais du délégué qui représentera votre Bourse du Travail à cette belle et significative manifestation de l'Entente et de la Force des Travailleurs organisés.

De plus, souvenez-vous que les camarades d'Algérie n'ont jamais hésité à faire les sacrifices de temps et d'argent pour participer effectivement à nos Congrès ouvriers de Paris et de province. C'est une dette de reconnaissance envers leur sœur d'Algérie, que les Bourses du Travail auront à cœur d'acquitter.

Toutes les Bourses du Travail à Alger ! pour y clamer leur espoir en l'émancipation prochaine des Travailleurs par eux-mêmes et en chercher les moyens.

Les modifications ou amendements à l'ordre du jour provisoire devront être parvenus avant le 20 août.

Le Secrétaire : G. Yvetot.

Enfin, le 22 août 1902, était adressé le dernier appel avec l'ordre du jour définitif :

Circulaire n° 4. Alger, 22 août 1902

Chers Camarades,

Quelques jours seulement nous séparent de la belle manifestation ouvrière qui doit avoir lieu à Alger, du 15 au 19 septembre 1902.

Une dernière fois, nous faisons appel à l'énergie et à la bonne volonté des camarades des Bourses du Travail ou Unions de Syndicats pour qu'ils veuillent être, coûte que coûte, représentés à cet important Congrès.

Nous l'avons déjà dit, c'est l'acquit d'une dette fraternelle envers la Bourse d'Alger, qui figura à toutes les assises ouvrières antérieures quels qu'en aient été les sacrifices. C'est pour cela qu'aucune Bourse du Travail ne voudra rester indifférente à notre appel. Aucune ne manquera le rendez-vous, car nous avons tout fait pour atténuer les sacrifices d'une aussi belle mission. *L'impossibilité matérielle absolue* empêchera peut-être quelques-unes des Bourses de se joindre à nous, mais elles auront pris soin de se faire représenter par des camarades qui pourront, sans hésitation, parler et répondre pour elles.

Camarades, soyons nombreux à ce Congrès !

Que la Blanche Cité, qui retentit naguère de cris fanatiques et inconscients, entende demain la voix des hommes qui représenteront le Prolétariat uni, conscient et fort, qui n'espère qu'en lui-même pour son intégral affranchissement !

Qu'aux clameurs des malheureuses victimes des bagnes militaires, réponde l'écho de nos paroles d'espérance en une humanité meilleure !

A bientôt, camarades, le plaisir de travailler ensemble à l'émancipation des Travailleurs par les Travailleurs eux-mêmes !

ORDRE DU JOUR DÉFINITIF

1° **Rapport moral et financier du Comité ;**

2° **L'Unité Ouvrière ;**

3° **Autonomie des Bourses.** — *Voies et moyens* : Coopération, Université Populaire, Bibliothèque roulante. (Rapports présentés par les Bourses du Travail de Bagnères-de-Bigorre, Châteauroux et du délégué d'Alger au Comité Fédéral. etc.);

4° **Éducation syndicale des jeunes gens et des jeunes filles.** — *Rapports et relations à établir entre les Bourses du Travail et les jeunes gens sortant des écoles.* — (Rapport sur l'apprentissage, présenté par le délégué de la Bourse de Belfort ; rapport de la Bourse d'Amiens et rapport de la Commission d'Education syndicale, présenté au nom du Comité Fédéral) ;

5° **Application intégrale des lois ouvrières en Algérie.** (Rapport présenté par la Bourse de Constantine). — *Loi sur le minimum des salaires et sur la protection ouvrière.* (Proposition d'Angers).

6° **Modifications aux statuts.** — Angers propose qu'à l'art. 10 il soit ajouté : « Toute adhésion d'une Bourse du Travail à un Congrès qui se produirait » après la première journée d'exercice du dit Congrès, sera considérée » comme nulle et non avenue. »

Albi propose un amendement au même article ainsi qu'à l'article 11.

Laval et Alençon proposent des modifications à l'art. 12. Elles voudraient que les cotisations qu'elles versent, au lieu d'être uniformes en valeur pour chacun de leurs Syndicats adhérents, deviennent proportionnelles au nombre d'adhérents à ces Syndicats.

7° **Questions diverses. — Vœux.**

Une des principales difficultés qui s'opposaient à l'envoi de Délégués était la cherté du transport. Or, vous savez déjà que, grâce à nos démarches, la Compagnie Générale Transatlantique nous a accordé *une réduction de 50 o/o sur le parcours de Marseille à Alger et retour.* Les démarches faites pour obtenir le même résultat sur le P.-L.-M. n'ont pu aboutir, malgré tous nos efforts.

Cependant, nous prévenons nos camarades des Bourses du Travail que la combinaison la plus avantageuse est celle-ci :

Prendre un billet individuel de bains de mer valable 33 jours pour la Ciotat, retour par le Bourbonnais en s'arrêtant à Montpellier.

Prix : environ 56 francs en troisième classe et 84 francs en deuxième classe. Ces billets doivent être pris avant le 15 septembre.

Quant à la dépense sur place, elle est bien minime, et il vous sera facile de la couvrir, soit en demandant une subvention à votre Municipalité, soit par cotisations syndicales.

Il sera très facile à vos délégués d'assister, à leur retour, au Congrès de Montpellier. En effet, le départ de Marseille pour Alger aura lieu le samedi, 13 septembre ; arrivée à Alger, le dimanche 14 ; ouverture du Congrès, le lundi 15 ; séances, les mardi 16, mercredi 17 et jeudi 18 ; le vendredi 19, excursion ; départ d'Alger, le samedi 20 ; arrivée à Marseille, le dimanche 21. — Ouverture du Congrès de Montpellier, le lundi, 22 septembre 1902.

Pour la Fédération des Bourses du Travail
de France et des Colonies :

Le Secrétaire Fédéral,
Georges Yvetot.

Le Secrétaire de la Bourse du Travail d'Alger,
Ch. Soulery.

Pour la Bourse du Travail d'Alger :

La Commission d'organisation.
Girardin. — Simounet, J.-B. — Ballester. — Rigal.
Soulery. — Legendre. — Niel.

Le Secrétaire,
J.-B. Simounet.

Avis important. — *Que les Bourses ou Unions qui ont désigné le délégué de leur localité qui ira à Alger* s'empressent *d'en faire parvenir le nom à la Commission des Congrès afin qu'elle fournisse la liste à l'Agence de Marseille qui accorde la réduction. — Que les Bourses ou Unions qui ne l'ont pas désigné mais qui comptent envoyer un délégué fassent de même.*

Statuts de la Fédération des Bourses du Travail

Article 10. — Sont admis au Congrès, toutes les Bourses du Travail, mais l'adhésion au Congrès implique l'adhésion à la Fédération.

Les Bourses qui n'auront pas justifié d'*un trimestre de présence et de cotisation* à la Fédération n'auront que *voix consultative.*

Nul délégué ne pourra avoir plus de *quatre mandats.*

Le Comité Fédéral envoya enfin une dernière circulaire sur les meilleures manières d'accomplir le voyage.

Toute cette active propagande ne resta pas sans résultat, car un grand nombre de Bourses envoyèrent des représentants directs.

Le Congrès d'Alger restera une date historique dans l'Histoire du Travail, tant par le nombre de délégués qui prirent part à ses travaux que par les décisions importantes qui y furent prises.

Il restera une preuve manifeste de la prospérité toujours croissante de notre fédération et découragera ceux qui rêvent de la voir amoindrie.

Xᴱ CONGRÈS NATIONAL

DES

BOURSES DU TRAVAIL DE FRANCE

ET DES COLONIES

PREMIÈRE JOURNÉE

Première Séance. — LUNDI, 15 Septembre

La séance est ouverte à 9 h. 1/4 du matin.
Le camarade SOULERY, secrétaire de la Bourse du Travail d'Alger, ouvre la première séance du Xᵉ Congrès des Bourses du Travail par le discours suivant :

DISCOURS D'OUVERTURE DU CONGRÈS

CITOYENS,

Au nom de la Bourse du Travail d'Alger, au nom de la Commission d'organisation, je souhaite la bienvenue aux camarades venus des quatre coins de la France pour participer aux travaux si importants du Xᵉ Congrès de la Fédération des Bourses du Travail de France et des colonies. La Bourse d'Alger est heureuse et fière de recevoir ces camarades qui n'ont pas reculé devant la distance pour venir jusqu'en notre belle Alger discuter les droits et les intérêts des travailleurs, affirmer les revendications du Prolétariat français et chercher les meilleurs moyens de les faire aboutir. Je n'ai pas besoin de vous dire l'importance du Congrès, mais pour nous, Algériens, il revêt un caractère bien particulier qui en augmente l'intérêt. C'est la première fois, en effet, que la France qui travaille, qui souffre et qui lutte, envoie jusqu'ici ses représentants resserrer encore les liens qui unissent la Métropole à notre jeune Algérie ; ce Congrès constituera une date ineffaçable pour les travailleurs algériens, qui y puiseront un précieux encouragement pour l'avenir.

L'ordre du jour de ce Congrès en fait une manifestation économique d'une grande importance pour la classe ouvrière ; j'espère qu'il ne se départira pas du caractère de concorde et de fraternité qu'ont revêtu nos précédentes assemblées et qui en a fait des modèles que devraient bien suivre nos Parlements. Sous notre beau ciel bleu, sous l'influence de notre soleil généreux, parfois un peu trop, le Congrès mènera à bonne fin la tâche qui lui est confiée. La Bourse du Travail d'Alger tâchera de se montrer digne de la marque d'estime qui lui a été accordée, et j'espère, camarades, que vous emporterez tous un bon souvenir de notre pays, où l'on est parfois un peu exalté, mais où les doctrines saines et justes finissent toujours par triompher.

Et maintenant, au travail!

Je déclare le Xe Congrès des Bourses du Travail de France et des Colonies officiellement ouvert, et vous prie de m'envoyer le nom d'un président (Applaudissements).

Les délégués sont invités à adresser le nom d'un délégué pour présider.

Montpellier fait observer qu'il vaudrait mieux que ce soit la Commission d'organisation qui, pour la première séance, désigne le Président. — Adopté.

Le camarade Soulery est nommé Président.

Il demande à ce que soient désignés les secrétaires. Il fait observer l'intérêt qu'il y a de laisser pour tout le Congrès les mêmes secrétaires pour la clarté des compte-rendus de séance.

Le Secrétaire fédéral est désigné comme secrétaire et le délégué de l'Office lui est adjoint.

Le Président propose la nomination d'une Commission de vérification des pouvoirs.

Le Congrès désigne les délégués de Marseille, Montpellier, Rennes, Béziers, Toulouse, pour cette Commission qui entre immédiatement en fonctions, tandis que le Président suspend la séance pour attendre le résultat de ses travaux.

Après une demi-heure de suspension, la séance est reprise.

Paris demande quelle est la situation de la Bourse d'Agde envers la Fédération.

Le délégué d'Agde dit que cette Bourse a payé trois mois et est par conséquent en règles avec l'art. 10 des Statuts.

Le Secrétaire Fédéral fait observer que l'art. 10 mentionne trois mois de cotisations et de présence. Or la Bourse d'Agde a bien payé trois mois, mais n'est adhérente que depuis un mois. L'admission d'Agde constituerait une violation des statuts et faciliterait l'influence des Bourses riches qui, sans participer à la Fédération, paieraient trois mois à la veille du Congrès pour pouvoir y faire autorité.

Constantine déclare partager cette opinion.

Agde dit que trois mois de cotisations constituent trois mois de présence, car les Bourses ne paient pas plusieurs mois pour le plaisir de dépenser de l'argent.

Tours fait remarquer que les cotisations ne se paient jamais en arrière, mais bien pour les mois suivant celui où le versement a eu lieu.

Le Mans demande que l'on passe à l'ordre du jour.

Albi, Paris et Nice appuient les paroles de Tours.

Après de courtes explications données par le délégué d'Agde qui déclare vouloir se conformer aux statuts, le Congrès décide qu'Agde n'aura que voix consultative et non délibérative, ainsi qu'Oran qui se trouve dans la même situation.

Les mandats de VILLENEUVE-SUR-LOT et VERSAILLES qui sont redigés sur papier à entête de la Bourse, mais ne portent pas le timbre, sont validés par le Congrès.

Le mandat de LAVAL qui a écrit à un camarade d'Alger pour lui demander de la représenter, mais ne lui a pas envoyé de mandat régulier est réservé.

Sous réserves de ces observations, les soixante-cinq mandats envoyés sont validés.

Le PRÉSIDENT donne lecture d'une dépêche de Lille ainsi conçue :

« Lille, 14 septembre 1902.

» *Bourse Travail Lille envoie aux délégués réunis l'expression sympathie — de » cœur avec vous — budget dans marasme cause ministère.*

» LILLE. »

Le SECRÉTAIRE FÉDÉRAL donne communication au Congrès d'une lettre de Lille expliquant la situation qui lui est faite par le Préfet, qui refuse depuis trois ans d'approuver la subvention votée par la municipalité. Il dit que le Congrès ne peut que regretter de voir cette Bourse non adhérente à la Fédération tout en s'associant de cœur à ses ennuis.

ALGER propose, pour faciliter la discussion du rapport du Comité Fédéral, que les camarades qui ont des observations à faire, les présentent directement au Secrétaire qui leur donnera les explications nécessaires, ce qui évitera un temps précieux. — Adopté.

Une Commission chargée de recevoir et étudier les vœux déposés au cours du Congrès est instituée. Sont nommés pour en faire partie : Toulouse, Grenoble, Tours, Le Mans, Bordeaux, Narbonne, Bourges.

Encouragements aux grévistes

MONTPELLIER propose l'ordre du jour suivant :

» Le Xme Congrès de la Fédération des Bourses du Travail de France et des » Colonies tenant ses assises à Alger, est heureux de profiter de l'occasion qui » réunit les représentants des Bourses du Travail pour envoyer, au début de » ses travaux, le salut syndicaliste et révolutionnaire du prolétariat organisé de » France aux exploités du monde entier.

» Il tient surtout à manifester son admiration pour le courage et la fermeté » avec lesquels les grévistes de tous pays soutiennent leurs si légitimes » revendications, et fait des vœux pour que le succès prochain de ces camarades » soit le prélude de l'émancipation définitive des travailleurs.

» MONTPELLIER ; MARSEILLE ».

Cet ordre du jour est adopté à l'unanimité.

Le bureau pour l'après-midi est ainsi constitué : Président : RENNES. Assesseurs : DIJON et LYON.

La séance est levée à midi.

Deuxième Séance. — LUNDI après-midi, 15 Septembre

La séance est ouverte à 2 heures.
Président : RENNES. — *Assesseurs* : DIJON et LYON.

Après l'appel nominal, DIJON demande au Congrès si la Presse sera admise aux séances pendant la discussion du rapport du Comité Fédéral.

AMIENS dit que l'on doit se conformer aux décisions déjà prises dans les précédents Congrès.

MONTPELLIER fait remarquer que plusieurs délégués étant journalistes, pour se conformer rigoureusement à ces décisions, il faudrait les expulser.

PARIS. — Les camarades délégués et correspondants de journaux en même temps sont tenus, par discipline syndicale, de s'incliner devant les décisions du Congrès. Ils ne failliront pas à leur devoir.

Finalement, sur la proposition de VERSAILLES, il est décidé que le procès-verbal de cette séance sera communiqué à la Presse par le Secrétariat du Congrès.

On passe à la discussion du

RAPPORT MORAL DU COMITÉ

Le cas de Limoges

LE SECRÉTAIRE FÉDÉRAL donne connaissance au Congrès du cas de LIMOGES qui adhéra au Congrès de Nice, en 1901, en payant une dette antérieure à cette époque et qui représentait à ce Congrès plusieurs Bourses et Unions de Syndicats lesquelles n'existaient pas ou ignoraient que l'adhésion au Congrès qui leur fut demandée par le Secrétaire de la Bourse de Limoges impliquait aussi l'adhésion à la Fédération des Bourses. Lecture est donnée des lettres de ces organisations. Puis, finalement, on liquide ce cas en donnant lecture de la lettre dernière du Secrétaire de la Bourse de Limoges, ainsi conçue :

« *Au camarade* LÉVY, *trésorier*.

» CAMARADE,

» Vous voudrez bien nous excuser du retard apporté à l'envoi des cotisations dues par notre Bourse, cela est dû à la négligence de notre prédécesseur.

» Vous pouvez être assuré que, dorénavant, nous tiendrons nos comptes à jour, et nous vous envoyons la somme de 250 francs, montant des cotisations arriérées.

» Nous trouvons la somme un peu trop élevée, car plusieurs de nos syndicats ne nous paient pas ce qu'ils doivent, et par esprit de solidarité nous nous faisons un devoir d'adhérer à la Fédération des Bourses.

» Agréez, etc.

» *Le Secrétaire général*,

» J. RAYMOND. »

LE SECRÉTAIRE FÉDÉRAL invite le Congrès à admettre les raisons données par le nouveau secrétaire de Limoges et à clore la discussion sur ce point.

Après lecture par le délégué de Limoges d'une lettre où cette Bourse lui expose nettement la situation, les observations du Secrétaire Fédéral sont adoptées par le Congrès.

Le Bourse de St-Pierre (Martinique)

Le Secrétaire Fédéral expose le cas de la Bourse de Saint-Pierre, détruite par l'éruption de la Martinique. Il a demandé des renseignements au Ministère des Colonies pour connaître les syndiqués survivants. Seuls, trois noms lui ont été donnés. Le Comité Fédéral possède une somme de 24 fr. 15 que la Bourse de La Rochelle a recueillie. Il croit qu'il serait préférable de les attribuer à une grève étant donnée la modicité de la somme.

Chateauroux. – Nous avons recueilli, pour la Martinique, une somme de 150 francs environ, que nous n'avons pas encore fait parvenir. Plusieurs Bourses doivent se trouver dans ce cas. Le Comité Fédéral pourrait centraliser ces sommes qui permettraient de venir en aide efficacement aux camarades de Saint-Pierre.

Alger appuie cette proposition.

Constantine propose l'ordre du jour suivant :

« Le Congrès,

» Adressant un souvenir ému aux camarades disparus dans l'horrible catas-
» trophe qui a ému l'humanité, engage le Comité Fédéral à continuer à se
» procurer des renseignements sur les camarades survivants pour arriver à les
» aider si besoin est, et à considérer la Bourse du Travail de la Martinique
» comme adhérente encore pendant un an à la Fédération.

» Constantine, Alger, Mustapha, Oran ».

Adopté à l'unanimité.

Le Secrétaire Fédéral donne lecture de la lettre qui lui a été adressée par le Ministre des Colonies relativement aux survivants.

Paris propose que le Comité fédéral fasse lui-même une enquête pour mieux se rendre compte de la situation.

Plusieurs délégués disent aussi ce qu'ils ont fait en faveur des victimes de la Martinique.

Le Secrétaire Fédéral dit que le Comité se conformera à l'ordre du jour de Constantine, c'est-à-dire qu'il recueillera les sommes destinées aux victimes de la Martinique et qu'aussitôt qu'il aura eu les noms et adresses exactes des camarades survivants il leur fera parvenir la répartition de ces fonds.

SYNDIQUÉS ET SOLDATS

Le Rapport en discussion amène le Congrès sur la question des Syndiqués et Soldats.

Le secrétaire fait remarquer au Congrès qu'un appel fut adressé aux syndicats et que très peu de ceux-ci répondirent.

Il dit qu'une proposition fut faite par l'Union des Syndicats d'instituer une caisse Centrale du Sou du Soldat.

Paris explique ce que comptait faire l'Union des Syndicats et il termine en disant que cette Caisse fonctionnera l'année prochaine. Les Bourses auront à cœur, dit-il, d'en essayer autant.

Constantine. — Nous avons reçu beaucoup de soldats ; mais ces camarades nous sont venus directement, recommandés simplement par leur syndicat.

Le Secrétaire Fédéral répond que chaque Bourse pourrait créer une Caisse du Soldat, ce qui n'empêcherait nullement les syndicats ou fédérations d'avoir la leur. Ce n'est pas non plus, dit-il, les soldats qui s'en plaindraient et il est certain que ces camarades ne voudraient jamais que le tintement dans leur poche des pièces de monnaie, fournies par la solidarité ouvrière, s'harmonisât au bruit d'un fusil qu'on charge pour tuer des camarades ou leurs frères dans une grève ou émeute populaire.

Lyon. — Pour contribuer à l'établissement de cette caisse, 200 francs furent destinés. Aucun militaire n'est venu parce que la Bourse fut consignée par l'autorité militaire, les empêchant ainsi de suivre les cours professionnels... Il y aurait lieu de chercher un autre moyen.

Constantine. — Si le soldat craint de venir à la Bourse, il peut venir à l'Université Populaire.

Lyon. — C'est à la Bourse qu'il doit venir, car l'Université Populaire n'est pas toujours composée d'ouvriers.

Le Secrétaire Fédéral répond que les Universités rassemblent toutes sortes d'individus qui veulent apprendre, s'éduquer, s'instruire et qu'il n'y a pas d'inconvénients à ce que des gens, autres que nous, y parlent ou écoutent, car, si nous apprenons beaucoup d'eux, qui ont étudié plus que nous, ils apprennent aussi beaucoup de nous qui vivons l'organisation ouvrière qu'ils ne connaissent pas.

Amiens dit que l'accès des Bourses est quelquefois difficile aux soldats, surtout depuis la dernière circulaire du général André. Il conte ce qui lui arriva, à lui et à d'autres camarades, à cause d'une réunion qu'ils firent pour le départ des conscrits. Il fut poursuivi et, sans l'intervention des journaux et de gens influents, il eût été condamné en vertu des lois scélérates.

Paris. — Il appartient aux Bourses du Travail de faire l'agitation nécessaire, même dans la rue, pour protester contre ces atteintes à notre liberté d'action. Nos adversaires cléricaux emploient les mêmes moyens sans être jamais gênés par l'autorité.

Marseille. — En ce qui concerne le Sou du Soldat, je suis mandaté pour préconiser aux Bourses l'institution d'une Caisse du Sou du Soldat et des Insoumis.

Albi demande qu'on accepte dans les Bourses, tous les soldats recommandés par d'autres Bourses et qu'on fasse une fête au départ afin d'initier ces jeunes camarades à leurs devoirs de solidarité sociale et leur indiquer les avantages qu'ils peuvent avoir à fréquenter les Bourses.

Alençon, Le Mans, Paris préconisent les Universités Populaires.

Le délégué de Levallois dépose la proposition suivante :

« Sur la question des relations entre les syndiqués et les soldats, le Congrès décide :

» Qu'il y a lieu d'étudier et de rédiger le *Manuel du Soldat*, pour être distribué à tous les jeunes gens de dix-huit à vingt ans.

» Le Comité Fédéral serait chargé de rédiger et d'éditer ce *Manuel*.

» Dans ce but, un appel de fonds serait fait à toutes les organisations.

» Dulucq ».

Il explique que ce moyen de propagande serait absolument loyal.

Bourges. — On se plaint qu'il n'y a pas assez de propagande antimilitariste, cela tient à ce que les Bourses ne sont pas assez actives.

Marseille appuie Bourges.

Versailles indique les difficultés inhérentes à la constitution d'une caisse centrale nationale ; il préconise. afin d'assurer l'autonomie des Bourses, la création par celles-ci de caisses centrales locales. Après avoir exposé les objections fournies contre les petits Syndicats qui profiteraient des ressources fournies par les plus importants, il rappelle un moyen employé par les ennemis de la classe ouvrière afin d'attirer les soldats pour les éduquer, même si l'on ne pouvait les faire venir à la Bourse : ce serait d'organiser des visites aux musées. Il leur serait, par exemple, donné rendez-vous près d'un musée, pour une heure déterminée, puis un conférencier expliquerait les chefs-d'œuvre du musée

Constantine demande qu'on envoie un questionnaire pour favoriser l'interpellation que doit faire le citoyen Dejeante, à propos de la circulaire du général André.

Poitiers désapprouve la proposition d'envoyer des documents à un homme politique et de l'inviter à interpeller, nous n'avons pas, dit-il, à favoriser l'interpellation sur ce sujet, nous n'avons pas à favoriser l'ingérence politique dans nos affaires, nous n'avons qu'à laisser faire et continuer à employer les moyens qui nous semblent bons.

Montpellier approuve les Bourses qui veulent rendre publiques les injustices commises, et estime que sans faire un questionnaire pour aider l'interpellateur, on pourrait dans les Bulletins des Bourses, écrire ce que l'on sait et ce serait à l'interpellateur à se documenter.

Chateauroux dit que sa Bourse a fait dernièrement une fête dont l'accès était gratuit pour les soldats.

Rochefort dit que dans les Bourses qu'il représente, les soldats les fréquentant sont peu nombreux, et qu'à Rochefort en particulier, dans les fêtes corporatives, des syndicats n'acceptent les soldats qu'en tenue civile, ce qui est encore un moyen de propagande. Il estime que sur ce point devrait être faite une propagande plus importante.

Chateauroux dit que ce moyen serait plus dangereux encore pour les soldats que de fréquenter les Bourses.

Le Secrétaire Fédéral. — Chaque Bourse, chaque localité doit savoir comment elle entend faire de la propagande antimilitariste. Ce qui est dangereux dans une localité peut ne pas l'être dans une autre. C'est ainsi qu'à Paris, la fête organisée pour le départ des conscrits, aurait pu attirer toutes sortes d'ennuis, car elle n'avait rien de caché comme antimilitarisme. Il cite un exemple. Enfin, il dit que l'on ne peut faire de l'action révolutionnaire sans risquer un peu. Et ce qui est arrivé à Amiens eût pu arriver à d'autres.

La discussion sur ce sujet est enfin close par les ordres du jour suivants :

« Au nom de la liberté qui, en outre des décisions des Congrès, doit être
» laissée à la Fédération des Bourses elle-même, le Congrès laisse au Comité
» Fédéral le soin de décider s'il peut et s'il doit éditer une brochure de propa-
» gande antimilitariste.

» Perpignan. »

« Le Congrès engage les Bourses à faire de la propagande antimilitariste
» par tous les moyens et sous toutes les formes en leur laissant leur autonomie.

Constantine, Dijon, Bourges, Nice, Chateauroux, Rennes, Fougères. »

Ces deux ordres du jour sont adoptés à l'unanimité.

ALGER fait observer qu'en perdant un temps précieux, en s'éloignant de l'ordre du jour, le Congrès s'expose à être obligé de résoudre à la hâte et dans de mauvaises conditions des questions très importantes. Il conclut en disant qu'il s'agit d'approuver ou de désapprouver le rapport du Comité Fédéral qui n'est qu'un compte rendu de sa gestion, après explications fournies par le Secrétaire.

ROUEN demande que, comme à Nice, une Commission soit nommée pour étudier le rapport et présenter ses conclusions au Congrès.

ALGER fait remarquer que cette décision n'avait été prise que pour le rapport financier.

MONTPELLIER. — Qu'on vote chapitre par chapitre.

CIRCULAIRE WALDECK-ROUSSEAU

LE MANS explique la situation qui lui est faite par la circulaire Waldeck-Rousseau. La Bourse ne peut plus toucher un sou sans des formalités qui n'en finissent plus. Au commencement elle a essayé de lutter, mais n'a pu continuer.

LYON déclare être dans la même situation ; il préconise une agitation bien menée pour permettre aux Bourses de se débarrasser de cette tutelle.

ALGER. — Une des raisons pour lesquelles les Bourses sont ainsi sous la domination de l'autorité est que les fonctionnaires sont mandatés nominativement pour les sommes à toucher, et, de ce fait, deviennent des fonctionnaires municipaux ou départementaux. Le meilleur palliatif serait, comme Alger et d'autres villes l'ont déjà fait, d'établir un budget d'avance et de faire mandater la subvention au nom de la Bourse. Alger fait ainsi et s'en trouve bien. Pour éviter tout ennui, les caisses de grèves et de secours sont alimentées par cotisations syndicales ou toutes autres ressources.

LEVALLOIS-PERRET dépose une motion d'ordre tendant à ce que la suite de la discussion ait lieu lorsque viendra la question de l'autonomie des Bourses.
A la majorité, le Congrès adopte.

CIRCULAIRE D'ANGERS

Le délégué d'ANGERS dit n'être pas suffisamment documenté au sujet d'une circulaire de sa Bourse désapprouvant une circulaire du Comité Fédéral. Il donne néanmoins lecture d'une lettre de la Bourse du Havre qu'il représente, où cette Bourse déclare partager absolument l'opinion d'Angers. — (*Voir Rapport du Comité fédéral, p. 8 et 9*).

LE SECRÉTAIRE FÉDÉRAL rappelle la circulaire qui a motivé celle d'Angers dont il donne lecture :

« Bourse d'Angers, mai 1902.

« CAMARADES,

» La Bourse du Travail d'Angers, justement émue des différents appels à la Révolte, faits par le Comité Fédéral des Bourses par l'intermédiaire de son Secrétaire, le camarade Yvetot, à l'occasion de l'application de la loi Millerand-Colliard et des tristes événements survenus à Vienne ;
» Regrette que le Comité Fédéral fasse un appel à la Révolte alors que son premier devoir devrait être de faire de la concentration syndicale, restant

toujours animé de l'esprit de concorde et de solidarité qui sont les principales forces du groupement général des travailleurs; considérant que la Bourse d'Angers ne peut accepter l'esprit des circulaires du Comité Fédéral, circulaires en contradiction avec la conquête des pouvoirs publics, demandée et poursuivie avec énergie par l'immense majorité des syndiqués et ne voulant pas croire que notre Secrétaire Fédéral dans des opinions que la plupart de nos militants partagent, mais que la masse des travailleurs ne partage encore pas, n'eût pas cru utile de suivre pour l'instant l'exemple de notre regretté camarade Pelloutier qui, par une attitude ferme et énergique, avait su organiser et diriger l'œuvre syndicaliste ;

» Emet le vœu que les Bourses du Travail de France étudient sans délai l'intéressante question du *minimum de salaire*, qui, seule, doit servir de base à l'application des lois ouvrières existantes et permettre de parvenir plus sûrement et plus rapidement à l'émancipation générale du Prolétariat.

» Pour et par ordre :

» *Le Secrétaire*, J. BEDOUET ».

Cette circulaire n'ayant pas même été envoyée au Comité Fédéral, celui-ci n'y a pas répondu, dit le secrétaire.

Le délégué d'ANGERS déclare que, désigné par sa Chambre Syndicale comme sous-délégué à la Bourse du Travail d'Angers dans sa séance semestrielle de juillet dernier, il n'a pas eu connaissance de cette circulaire, datée de mai, ni des faits qui l'ont motivée; mais qu'elle entre parfaitement dans ses vues et qu'il en accepte la responsabilité.

Le délégué de VERSAILLES est heureux que le Secrétaire du Comité fédéral, ait, par la lecture de la circulaire d'Angers, fourni au Congrès des renseignements suffisants. Et, s'il prend la parole, c'est qu'il sait qu'il a été visé comme l'ayant rédigée ou inspirée. Il affirme qu'il n'est pas l'auteur, ni même l'inspirateur de la circulaire d'Angers. S'il y avait collaboré en quoi que ce soit, il en revendiquerait la responsabilité et l'aurait rédigée autrement et signée de son nom. Il déclare pourtant ne pas partager tout à fait l'esprit qui a animé la circulaire du Comité Fédéral, car, dit-il, la révolte est un mouvement d'impulsion et non un moyen d'action. Par conséquent, le Comité Fédéral a eu tort de la préconiser comme seul moyen de faire aboutir les revendications ouvrières. Il est des moyens d'action quotidiens efficaces qu'en aucune circonstance on ne doit négliger et que l'on ne peut nier.

LE SECRÉTAIRE FÉDÉRAL. — Il importe de donner des explications sur cette question. Si le Comité Fédéral a parlé de révolte dans sa circulaire, c'est qu'à ce moment-là, à Vienne, la troupe aux ordres des auteurs de la loi Millerand-Colliard fusillait les ouvriers qui faisaient grève pour que des patrons qui refusaient de s'y soumettre observent cette loi. Il était typique de montrer le même gouvernement auteur de cette loi envoyer la troupe contre ceux qui voulaient la faire respecter.

PARIS. — Nous reconnaissons tous qu'il n'est pas possible en régime capitaliste d'appliquer les lois ouvrières, même sous un gouvernement de défense républicaine. Nous proposons l'ordre du jour suivant :

» Le Congrès approuve pleinement la circulaire envoyée par le Comité Fédéral
» des Bourses du Travail à l'occasion de la loi Millerand-Colliard, circulaire qui
» fut envoyée le 1er mai.

» PARIS. »

AMIENS trouve l'intervention de Paris inopportune, déclarant qu'elle peut être un germe de division. Le rapport du Comité Fédéral doit être approuvé ou désapprouvé en bloc après la discussion. Il propose donc la question préalable qui est votée par le Congrès.

LE LABEL

Alger rappelle l'ordre du jour qu'il a fait adopter par le Congrès de Nice pour la création du Label universalisé. La marque syndicale existant actuellement n'a qu'une influence exclusivement morale. Il demande ce qu'a fait le Comité fédéral auprès des coopératives pour la création d'un Label de production, dont l'établissement a été laissé entre les mains de la Confédération du Travail seule.

Le Secrétaire fédéral. — Tout en reconnaissant l'énergie et l'activité qu'a mises la Confédération à créer ce Label, je regrette qu'elle n'ait pas cru devoir consulter la Fédération des Bourses et lui demander une délégation chargée d'établir, d'accord avec la Confédération, l'application de ce Label. Je me demande, du reste, quelles ressources légales aurait la Confédération pour empêcher les syndicats jaunes d'imiter cette marque et, par suite, d'en enlever toute la valeur.

Montpellier fait observer que c'est sur un article de lui, paru dans la *Voix du Peuple,* que l'application du Label a été étendue aux Bourses du Travail. Il termine en disant que cette question, dépendant en grande partie des résolutions que prendra le Congrès au sujet de l'Unité Ouvrière, doit être rattachée à la discussion de cette question.

Marseille dépose l'ordre du jour suivant :

« Le Congrès décide que le droit au Label, pour tous les syndicats, isolés ou » non, qui sont dans l'impossibilité absolue d'adhérer à une Fédération » d'industrie ou de métiers, soit accordé.

Marseille. »

en disant que la Bourse de Marseille lui a donné mandat de le déposer au nom des marins de commerce et des inscrits maritimes qui n'appartiennent pas à la Confédération.

Amiens. — Le Label est une marque de fabrique et n'a rien à voir avec l'Unité Ouvrière.

Montpellier. — Il y a un rapport étroit entre le Label confédéral et la marque commerciale. Il est par conséquent de toute nécessité d'adjoindre cette question à la discussion sur l'Unité.

Le Congrès prononce l'adjonction.

SYNDICATS AGRICOLES

Le Secrétaire Fédéral donne lecture du rapport qu'il a fait sur les Syndicats Agricoles. Il adresse en passant ses remerciements au camarade Klemczynski, de la Bourse de Travail de Creil, qui malheureusement, surmené par la grève d'Ourscamp n'a pu terminer complètement la campagne qu'il avait entreprise et qui, déjà, avait produit de notables résultats (*Voir le rapport aux annexes*).

Bourges. — Au nom de ma Bourse, je remercie le Comité Fédéral qui, par sa Circulaire a facilité énormément la création de la Fédération des Bûcherons du Cher. La question des Syndicats Agricoles a été trop négligée dans nos Congrès jusqu'à ce jour. L'ordre du jour du Congrès de Nice n'en faisait pas mention et celui d'Alger pas davantage. Toutefois, aucun rapport n'existant sur cette question, le Comité Fédéral devrait prier le camarade Klemczynski de mener son travail à bonne fin, afin d'avoir une base sérieuse, et prendre en outre tous les renseignements nécessaires dans les milieux agricoles. Comme conclusion je dépose l'ordre du jour suivant :

« Bourges propose qu'une propagande active soit faite dans les campagnes, » par les soins des Bourses du Travail, auprès des travailleurs des champs, sans » oublier l'élément féminin, afin de les organiser en Syndicats et que, pour un » prochain Congrès, le Comité Fédéral centralise tout ce qui sera fait en ce sens » et en produise un Rapport documenté sur la question en indiquant les efforts » tentés respectivement par chaque Bourse du Travail ».

Bourges demande en outre, pourquoi, lors de la formation de la Fédération de l'Hérault, aucun appel n'a été adressé à la Fédération du Cher.

Arles. — Si les travailleurs agricoles sont restés jusqu'à présent presque complétement en dehors du mouvement syndical, la faute en incombe surtout aux corporations urbaines, qui, plus instruites et mieux organisées, n'ont pas assez compris leur devoir d'éducation, en négligeant leurs frères des champs. Les militants de nos Bourses du Travail auraient dù tenir compte des indications déjà fournies par Pelloutier dans ses statuts-types de Syndicats Agricoles.

Paris. — Il est inutile de s'éterniser sur des questions de propagande. Laissons à chaque organisation le soin de faire l'agitation nécessaire dans sa région de la façon qu'elle l'entend. Je ne saurais donc qu'appuyer l'ordre du jour de Bourges.

Alençon. — Ne serait-il pas préférable pour éviter toute confusion avec les Syndicats de Patrons, que les Syndicats d'Ouvriers Agricoles prennent le titre de Syndicats des Travailleurs de la terre ?

Montpellier. — Pour répondre aux observations de Bourges qui s'étonne que la Fédération du Cher n'ait pas été avisée de la constitution de la Fédération Agricole de l'Hérault, je crois nécessaire de donner quelques renseignements sur la fondation de cette Fédération : lorsque pour la première fois, l'idée d'une Fédération Agricole fut lancée, j'insistai auprès des initiateurs pour qu'elle fut nationale, mais l'affaire en resta là. Quand plus tard ce projet fut repris par Béziers qui la mena à bonne fin, consulté par les organisateurs, j'insistai encore dans le même sens en leur montrant l'avantage qu'il y aurait à réunir tous les Syndicats Agricoles ; mes arguments ne prévalurent pas et la Fédération Régionale de l'Hérault fut fondée. Toutefois, je crois qu'il serait possible de constituer une Fédération Nationale, en s'appuyant principalement sur les secrétaires des Bourses du Travail du Midi, mieux placés que quiconque pour étudier la question. Quant à l'objection soulevée par le délégué d'Alençon, le titre de Syndicats Agricoles employé dans le Rapport du Comité Fédéral est une erreur. Tous les Syndicats existants, tout au moins dans l'Hérault, ont pris le titre de Travailleurs de la terre.

Le Secrétaire Fédéral. — La Commission n'a jamais entendu empiéter sur l'initiative personnelle des Bourses. Ce que nous voulions faire, c'est, à l'aide de toutes les indications, de tous les renseignements fournis par les Bourses du Travail, élaborer une sorte de Catéchisme du paysan, afin de faire rentrer, sous une forme simple et concise, dans les masses ouvrières agricoles, l'idée du groupement ouvrier sous toutes ses formes : syndicats et coopératives. Nous nous proposons de reprendre et mener à bonne fin cette tâche interrompue, pourvu que le Congrès nous en laisse le soin, et que les Bourses s'engagent à nous seconder en nous adressant toutes les communications qu'elles croiraient utiles sur ce sujet.

Amiens. — Je suis heureux que le Comité Fédéral ait institué une Commission de propagande agricole pour étudier cette question des Syndicats à former parmi les travailleurs de la terre, lesquels sont environ 60,000.

Béziers. — Si les travailleurs de Maroussan qui, entre parenthèses, se sont groupés sous le nom de terrassiers pour être justiciables des prud'hommes, n'ont pas adhéré encore à la Fédération du Cher, c'est qu'ils sont de fondation récente et n'ont pas encore reçu les statuts et renseignements demandés à Paris. Mais nous adhérerons prochainement.

Rouen. — Ceux qui ont des observations à présenter sur cette question devraient les faire par écrit, car nous n'en finirons plus.

Tours. — J'ai mandat de ma Bourse de déposer un projet sur cette question au Congrès corporatif de Montpellier. La Fédération des Bourses ou la Commission émanant d'elle est-elle mieux qualifiée que le Congrès corporatif pour étudier la question? Je suis assez embarrassé.

Amiens. — Nous travaillons en ce moment dans la Somme à créer des Syndicats industriels. Les ouvriers agricoles nous demandent instamment de nous occuper d'eux ; les deux questions se touchent et nous nous proposons de les étudier ensemble.

Le Secrétaire Fédéral. — Je m'étonne de la question posée par le délégué de Tours. N'est-il pas plutôt du rôle des Bourses du Travail de faire la propagande syndicale parmi les ouvriers des champs puisqu'elles sont à même d'en voir, chacune dans leur région, la nécessité. Ainsi que Bourges, Amiens, Perpignan, Montpellier, etc., nous l'ont démontré, ce n'est pas la Confédération qui siège à Paris qui peut deviner que dans telle ou telle localité, il y aurait lieu de créer un Syndicat. Ce n'est pas une organisation centrale qui aurait pu découvrir l'exploitation colossale et monstrueuse qui s'accomplissait dans l'Oise (à Ourscamp), si la Bourse du Travail de Creil ne s'en était émue, étant la plus proche. C'est donc bien aux Bourses du Travail, et par conséquent à leur Fédération, à s'occuper de cette question et à la résoudre.

Le Président met fin à la discussion sur les Syndicats agricoles, soulevée par le rapport du Comité Fédéral, en mettant aux voix l'ordre du jour de Bourges qui est adopté.

COMMISSION JURIDIQUE

Le Secrétaire Fédéral. — Je crois inutile d'ajouter aucune observation au rapport sur cette question. Je pense que le Congrès ne peut que se féliciter du travail accompli par cette Commission instituée par le Congrès de Nice.

Limoges. — Je demande, en présence des réels services rendus par les juristes qui composent cette Commission, que des remerciements leur soient votés par le Congrès.

Chateauroux rappelle le vœu qu'il émit au Congrès de Nice « tendant à l'établissement d'une taxe sur les renvois, basée d'après un barème progressif, suivant l'importance de l'industrie et la durée de présence de l'ouvrier. Une partie de la taxe serait remise à l'ouvrier ; l'autre partie serait acquise à la Caisse des retraites ouvrières ».

Le Secrétaire Fédéral. — En effet, ce vœu n'a pas été soumis à la Commission Juridique, mais si les membres de cette Commission avaient pu avoir en leur possession le compte rendu du Congrès de Nice, il n'est pas douteux que l'un des six juristes qui composent cette Commission eut relevé ce vœu avec l'intention de lui donner la suite qu'il comportait.

D'autre part, Chateauroux aurait dû, par lettre, rappeler son vœu à la Commission.

Ainsi qu'ont dû le remarquer toutes les Bourses, je me suis appliqué à exposer de mon mieux dans les procès-verbaux des séances de la Commission Juridique, les questions qui lui étaient posées ainsi que les solutions qu'elle y donnait.

Montpellier. — Je suis content du travail accompli par la Commission Juridique, mais j'estime qu'elle n'a fait que son devoir, et que la satisfaction au devoir accompli doit être sa meilleure récompense. Nos félicitations seraient superflues.

Alger. — S'il s'agissait d'un de nos fonctionnaires, je serais de l'avis de Montpellier, mais, en l'espèce, il s'agit de personnalités en dehors du mouvement syndical et qui n'ont pas hésité à nous prodiguer leurs connaissances et leur dévouement, donnant à nos camarades des consultations, leur fournissant des rapports précieux et documentés sur toutes les questions qui les embarrassaient, les défendant personnellement devant toutes les juridictions, et, ce qui est le plus à leur éloge, gardant en tout cela le strict anonymat. J'estime donc qu'ils ont fait plus que leur devoir et que ce serait être ingrats que de ne pas les en féliciter. (Applaudissements.) Je propose l'envoi d'un vote de remerciements. — Adopté.

OFFICE DU PLACEMENT

Le Secrétaire fédéral rappelle les observations déjà notées dans le rapport du Comité fédéral. Il rappelle les péripéties qu'a eues à traverser l'Office du Placement avant d'arriver à se constituer grâce à la subvention gouvernementale, dont une partie du Comité fédéral trouvait dangereuse l'acceptation, ce qui donna lieu à un referendum où 51 Bourses répondirent, toutes affirmativement, pour l'approbation des démarches faites ou à faire. Ce retard, ces zizanies, empêchèrent l'institution définitive du *viaticum*, mais il espère que ce n'est qu'un retard, ce que comprendra très bien le Congrès. Il laisse au camarade Lévy, délégué de l'Office, le soin de donner de plus amples explications.

Le Délégué de l'Office lit la déclaration suivante :

Vous n'ignorez pas, camarades, le fonctionnement de l'Office national ouvrier de Statistique et de Placement; on vous en a suffisamment parlé pour que vous sachiez à quoi vous en tenir. Tous vous avez pu vous rendre compte par les brochures, conférences, publications, articles de journaux, etc., etc., qui ont été faits à ce sujet, de l'importance d'un tel service.

Cependant, je rappellerai en quelques mots l'origine de cette institution, qui est appelée à être pour la classe ouvrière une aide et une protection très efficaces dans ses débuts et à exercer, dans le marché du travail, sa force d'influence pour équilibrer les transactions entre ouvriers et patrons.

L'Office de Statistique et de Placement, comme vous le savez, est né du Congrès de Toulouse. La première idée qui naquit à sa fondation consistait à établir un secours de route qui permît aux camarades syndiqués de se rendre de ville en ville pour se procurer du travail. Ce sont les Bourses de Narbonne et de Carcassonne qui avaient fait adopter une proposition dans ce sens, laquelle fut complétée par une proposition de Nevers qu'il fût dressé un état mensuel des fluctuations du travail dans chaque Bourse du Travail, dont l'état devait être envoyé au Comité fédéral qui, à son tour, devait le faire connaître à toutes les Bourses.

Voilà l'origine du service du viaticum et de l'Office ouvrier de Statistique et de Placement.

Cet Office, vous avez pu le voir, a fonctionné régulièrement depuis deux ans. Il vous a été rendu compte dans un précédent Congrès des résultats obtenus.

Je viens aujourd'hui demander au Congrès d'étendre la sphère d'action de ce service et de mettre en application le principe du *viaticum* qui, jusqu'à présent, n'a pu être mis en pratique, et auquel peut se rattacher une Caisse de Prêt.

Vous connaissez le *viaticum*, il est inutile que j'en répète le fonctionnement.

L'essentiel, pour le moment, est de connaître les moyens dont on peut disposer pour en faire une œuvre réellement durable.

Quelle difficulté se présente-t-il donc à l'application de ce service ? Une seule, celle qui fait tout fonctionner, le nerf de la guerre : l'argent.

L'argent nous l'avons pourtant, et il nous est très facile, sur les fonds qui nous sont alloués, d'en employer une partie pour créer ce service qui devrait fonctionner depuis longtemps.

Quant à la Caisse de Prêt dont il est inutile d'indiquer l'immense avantage, son fonctionnement marche de pair avec celui du *viaticum*, et c'est avec le début de ce dernier qu'il doit commencer le sien, puisque nous sommes tenus d'appliquer ce système.

Je ferais donc au Congrès la proposition de prendre sur les fonds qui sont alloués une somme de 4,000 francs et de nommer une Commission ayant pour but d'élaborer les statuts de ces nouveaux services.

Je vais aborder un autre ordre d'idées relatif à la propagande.

Malgré la bonne volonté de tous pour répandre dans le sein des Bourses du Travail les idées syndicales, malgré l'organe que nous possédons, dont la diffusion se fait la plus large possible, le mouvement social, chez nous comme à l'étranger, nous reste pour ainsi dire complètement inconnu.

Il existe bien des brochures qui ont la prétention de nous renseigner sur le mouvement du travail, brochures arides où la fantaisie le dispute à l'inexactitude; où les chiffres sont donnés sans contrôle efficace et qui ont la prétention de renseigner les gens parce qu'elles émanent d'un organe gouvernemental.

Ces ouvrages auraient un certain mérite si l'origine n'était bâtarde. Ce n'est pas des gens qui tiennent à maintenir la situation sociale et économique actuelle qu'il faut que nous attendions des renseignements précis sur les conditions du travail, leur source même nous oblige à en suspecter la sincérité. C'est de nous-mêmes que nous devons tirer les éclaircissements qui nous sont nécessaires pour avoir un aperçu exact du travail en France et, au besoin, à l'étranger. Il rentre dans le travail des Bourses, c'est même un devoir pour elles, de nous fournir les renseignements qu'elles peuvent avoir, c'est au Comité Fédéral qu'il appartient de les centraliser et de les réunir dans un Bulletin qui sera publié et propagé de telle façon que la classe ouvrière puisse être efficacement renseignée sur les conditions du travail.

Pour vous donner une idée de la fantaisie qui préside à la confection des publications officielles, je vous citerai le taux des salaires des menuisiers et des journaliers dans le département de l'Eure (*Bordereau des salaires*, 1900-1901, page 200). On y voit dans le même département : salaire du journalier à 4 fr. 50 et 5 francs pour le menuisier ; dans une ville voisine, 3 francs pour le journalier et 5 fr. 50 pour le menuisier. Il est inadmissible que dans une ville, le salaire du journalier soit de 0 fr. 50 de différence avec le menuisier, et dans l'autre qu'il y ait 2 fr. 50 de différence.

Je pense que le Congrès s'intéressera aussi aux travaux de la Commission d' ducation syndicale des Jeunes Gens et des Jeunes Filles ; le Secrétaire, du reste, dont je ne veux pas prendre la place en la circonstance, vous en parlera certainement ici. D'ailleurs, le Rapport qui vous est soumis vous édifiera complètement.

Voilà, Camarades, le compte rendu sommaire de ce que peut être l'Office, c'est à vous d'examiner si on peut encore mieux faire, nous sommes ici du reste pour étudier. Je vous ai apporté ma façon de voir, ajoutez-y la vôtre, modifiez la mienne au besoin. Il n'y a de véritable bon travail que celui qui est fait en commun.

Narbonne. — J'appelle l'attention du Congrès sur la tournée de conférences dont il est parlé dans le rapport du Comité Fédéral dans le chapitre : *Office National Ouvrier de Statistique et de Placement*. Deux causes ont suggéré cette idée. La première est la nécessité absolue d'établir pour la France et l'Algérie une statistique du marché du travail. La seconde est le peu d'empressement manifesté par les Secrétaires des Bourses à répondre aux questionnaires de l'Office. Nul ne mettra en doute le besoin de faire cette statistique, mais le moyen préconisé par le Comité Fédéral ne nous paraît pas efficace.

En effet, c'est au-dessus de l'effort d'un homme, quelle que soit sa bonne volonté de mener à bien une pareille tâche. Il serait préférable puisque la plupart des Secrétaires des Bourses sont ici présents de les inviter à faire eux-mêmes cette enquête et ce sera facile :

A la réunion des délégués des divers Syndicats, ils n'ont qu'à se renseigner sur les salaires corporatifs de chaque délégué et à établir le coût de la vie moyenne pour une famille de 3 ou 4 personnes.

On arrivera ainsi plus rapidement et plus justement qu'avec un camarade allant enquêter sur place et à qui le temps fera matériellement défaut.

Il faut enfin que les camarades de province se pénètrent du devoir qui leur incombe et montrent, chacun dans leur sphère d'action, l'activité indispensable pour faire prospérer l'organisation ouvrière.

Puisque nous voulons la décentralisation, il faut la faire nous-mêmes et les Bourses de province devraient plutôt compter sur elles-mêmes que sur des camarades de Paris. Ces camarades de Bourses pourront s'enquérir auprès des préfets, des maires, des entrepreneurs, des travaux en perspective et les renseignements seraient communiqués à l'Office pour être répandus dans toute la France.

Si l'on envisage ce que coûterait une pareille tournée, on peut affirmer qu'il serait préférable d'éditer une brochure démontrant l'utilité de l'association en général : de la Fédération des Bourses, de l'Office de Placement, de tous les groupements ouvriers et de faire pénétrer cette brochure dans les centres où il n'existe pas de Bourses du Travail.

On pourrait, en outre, indemniser les Secrétaires des Bourses qui, n'étant pas permanents, seraient obligés de perdre quelques journées de travail pour se livrer efficacement à l'enquête demandée.

Il faudrait demander également aux Secrétaires des Bourses de s'intéresser du nombre de syndiqués et non-syndiqués contenus dans chaque corporation pour mieux juger de l'effort à faire.

C'est ainsi qu'a procédé la 21e section des Travailleurs du Livre, lorsqu'elle a adressé un questionnaire à chaque syndiqué, lui demandant combien il y avait d'ouvriers, ouvrières et apprentis dans son atelier, etc.

En un mot, le Comité Féderal pourrait envoyer un questionnaire aux Bourses du Travail contenant tous les renseignements à fournir et, si les Secrétaires des Bourses, comme nous n'en doutons pas, comprennent l'importance, l'urgence et la nécessité de créer une statistique relatant les divers salaires payés aux diverses industries, répondent rapidement à ce questionnaire, nous aurons avant peu un travail de réelle importance et une source de renseignements précieux.

Quant à la tournée projetée, si le Congrès en désire le maintien, nous croyons qu'elle serait plus utile faite dans les milieux où il n'existe pas encore de Bourses du Travail.

Je dépose pour sanction à mon argumentation l'ordre du jour suivant :

« Le Congrès des Bourses du Travail confiant dans le zèle et l'initiative des » secrétaires de Bourse les invite à répondre au questionnaire qui leur sera » adressé par les soins du Comité Fédéral, pour l'établissement d'une statisti- » que du marché du travail.

« NARBONNE. »

POITIERS démontre l'utilité d'une tournée de propagande et combat les arguments de NARBONNE par les exemples d'AMIENS et d'OURSCAMP. Les conférences qui pourront être faites ne peuvent qu'être un efficace moyen de propagande; les secrétaires de Bourses ne peuvent parler à brûle-pourpoint d'une institution, d'un organisme qu'ils connaissent imparfaitement. Il faut d'abord leur apprendre ce qu'il est pour qu'ils l'apprennent aux autres. Je sais bien que NARBONNE dit qu'il y a pour cela les publications, les imprimés, mais il faut tenir compte que les secrétaires de Bourses sont tellement débordés par l'affluence d'imprimés de toutes sortes que ceux-ci finissent par les laisser indifférents et que les choses utiles sont mises au même panier que les inutiles.

LE SECRÉTAIRE FÉDÉRAL. — Il semble toujours que lorsqu'on insiste un peu sur une chose que l'on croit sincèrement utile, l'on veuille plutôt défendre la proposition d'une ballade. Eh ! bien, j'estime que celui qui, se rendant de ville en ville, ferait toute la besogne que comporterait sa mission n'aurait guère le loisir de vivre en pacha aux dépens de la classe ouvrière. Si, arrivé dans une localité, il se rend à la Bourse du Travail, enseigne au secrétaire le travail qu'il demande pour l'Office et que, le soir, il réunisse le Conseil d'administration pour lui faire une causerie sur le même sujet, tandis que dans la journée il se sera enquis des renseignements de statistique et qu'il aura demandé au maire ou au préfet de se mettre en communication avec l'Office de Placement par l'intermédiaire de la Bourse, j'estime qu'il aura bien rempli sa journée. Dans d'autres villes, il aura pu dans la journée initier complètement le secrétaire et le soir faire une réunion sur le sujet. Or, comme il est impossible de parler de l'Office sans parler de l'organisme dont il n'est qu'un rouage, le conférencier a une belle occasion de propagande. Rien n'empêchera ensuite les secrétaires de Bourses de faire le nécessaire, s'ils en ont le temps.

Narbonne. — Je n'ai pas eu l'intention de parler de ballade mais je maintiens mes arguments contre la proposition d'une tournée de conférences. J'estime qu'une enquête peut se faire à l'aide du *referendum* sous forme de questionnaire.

Amiens. — On met sur le dos des secrétaires de Bourses du Travail bien des choses. On ne songe pas assez au travail qu'ils donnent chacun et on ne tient pas compte que la plupart ne sont pas permanents et donnent leur temps d'un sommeil réparateur à la cause syndicale. C'est ainsi que le secrétaire ne peut s'occuper d'action quand il est dans l'administration de sa Bourse sans que l'une ou l'autre de ces formes et de ces exigences de l'organisation ouvrière souffre aux dépens de l'une ou de l'autre.

Nimes. — Avec de la bonne volonté, les secrétaires des Bourses pourraient répondre à l'enquête sur les conditions du travail, mais je demande qu'une délégation ait lieu dans toutes les Bourses pour faire connaître l'Office de Placement.

Lyon. — Les communications de demandes ou offres d'emploi de l'Office sont trop lentes pour être efficaces. Il faudrait qu'elles soient télégraphiques ou téléphoniques et que, pour elles, on essaie d'obtenir du Ministre des Postes la gratuité. Comme Narbonne, je repousse la délégation.

Alger. — Je suis tout acquis à la proposition du Comité Fédéral. J'estime que la propagande n'est pas faite du tout par la Fédération. Il y a déjà six ans que j'avais fait la proposition d'envoyer un délégué de la Fédération en tournée de propagande. Des fonds avaient même été versés par certaines Bourses pour cela. J'appuie énergiquement la demande d'une tournée de propagande et qu'on n'excepte pas l'Algérie. Cette propagande portera ses fruits lors de l'entreprise de grands travaux.

Versailles. — Il y a des corporations qui ignorent les salaires d'autres localités de la même région Par la publication de la Statistique, elles seraient instruites de cette chose indispensable. Il faut donc, au plus tôt, établir cette Statistique.

Alger. — Je propose qu'une tournée de conférences bi-annuelle ou annuelle soit faite par les soins du Comité Fédéral.

La suite de la discussion est renvoyée au lendemain.

On passe à la nomination du bureau pour la séance du mardi matin.

———

DEUXIÈME JOURNÉE

Troisième séance. — MARDI matin, 16 Septembre

La séance est ouverte à 8 h. 1/2.

Président : Le Mans.
Assesseurs : Béziers et Constantine.

Carcassonne, pour éviter les pertes de temps, demande au Congrès de décider que la parole ne soit accordée que pendant dix minutes à chaque orateur et que le même délégué ne parle que deux fois sur chaque question.

Paris s'élève contre cette proposition. Qu'on limite à cinq minutes, si l'on veut, le temps de parole, mais il importe que tout délégué, pour remplir son mandat, parle autant de fois qu'il lui paraît nécessaire.
Le Congrès croit inutile de statuer sur le point soulevé.

L'ordre du jour appelle la suite de la discussion sur l'Office du Placement.

Lyon. — Nous devons employer scrupuleusement les fonds de l'Office du Placement ; j'estime que les dépenses qu'occasionnerait une tournée de propagande sont bien inutiles, sans compter la fatigue qui en résulterait pour celui qui l'entreprendrait. Le même résultat peut être obtenu, à mon avis, par voie de *referendum*.

Alençon. — J'estime qu'il serait bon, afin que chaque Bourse puisse bien connaître sa responsabilité, d'émettre un vote *par appel nominal*, chaque fois que ce vote concernerait les finances de la Fédération.

Paris. — La meilleure solution serait, je crois, de laisser aux Bourses du Travail l'initiative d'organiser les tournées nécessaires dans leur région, en demandant, au besoin, aide pécuniaire au Comité Fédéral. Les frais seraient certainement bien moindres et les résultats peut-être meilleurs. Cela n'empêcherait pas le Comité Fédéral d'organiser des tournées de propagande là où les Bourses ne peuvent pas s'en charger, mais il ne faudrait pas croire qu'il en soit seul capable.

Poitiers (délégué de l'Office) indique les nombreuses démarches faites pour assurer à ce Service les ressources nécessaires pour son bon fonctionnement.
Grâce au concours de MM. Léon Bourgeois, Mesureur et Astier, députés, ces efforts aboutirent et l'Office obtint une subvention de 10,000 francs, prise sur le budget du Ministère du Commerce, et destiné à permettre l'institution d'un service de renseignements sur l'état du marché du travail, appelé à rendre les meilleurs résultats.
Il y a donc là une somme importante dont peut disposer la Fédération, mais dont le renouvellement n'est pas assuré. Le Comité Fédéral aurait pu en établir l'emploi ; mais il a préféré laisser ce soin au Congrès. Cette somme servira donc à venir en aide aux Bourses qui organiseraient des tournées de propagande régionale.
En terminant, il demande à l'Assemblée si elle croit devoir envoyer un délégué au Congrès de Berlin, où des questions très importantes, intéressant les travailleurs du monde entier, doivent être discutées, et dont il lit l'ordre du jour.

Outre l'ordre du jour de Narbonne, les ordres du jour suivants sont déposés :

« Le Comité fédéral des Bourses aura la faculté d'envoyer une délégation
» dans certaines régions pour faire de la propagande et enquêter sur tout ce qui
» concerne les intérêts des travailleurs.

» Levallois ».

« Je propose qu'on étudie la création d'offices de placement régionaux, pour
» les régions trop éloignées de Paris. Par exemple, un office de placement à
» Bordeaux et un autre à Marseille.

» Nice ».

« Sur la question de la propagande à faire en faveur de l'Office du Travail,
» après les explications fournies par le délégué de Narbonne et par le Comité
» fédéral, le Congrès décide qu'après la tournée de conférences faite par le
» Comité fédéral, des fonds destinés à l'Office du Travail, soient mis à la
» disposition des Bourses qui pourraient faire de la propagande dans leur
» région.

» Macon ».

Finalement, ces deux ordres du jour mis aux voix sont adoptés à l'unanimité moins une voix (Lyon).

Paris explique la nécessité de régler la consommation sur la production, pour éviter les crises économiques. Les Bourses du Travail pourraient, à ce sujet, donner des indications utiles, au cours de leurs tournées de conférences.

Comme conclusion, il dépose l'ordre du jour suivant :

« Afin de pouvoir déterminer quelle serait la puissance de fabrication des
» divers métiers, ainsi que les divers produits alimentaires de chaque région,
» les Bourses du Travail devront établir une statistique de l'outillage, ce qui
» permettra, au lendemain de la révolution, d'assurer la consommation.
» Les Bourses du Travail devront soumettre au prochain Congrès, le résultat
» de leur enquête ».

Adopté à l'unanimité.

Montpellier. — Je crois que la meilleure façon de terminer le débat et de mettre tout le monde d'accord serait de voter ensemble les ordres du jour Macon et Narbonne qui ne se contredisent nullement, mais se complètent.

L'ordre du jour de Narbonne auquel est joint celui de Macon est adopté.

Narbonne, revenant à la question soulevée par Poitiers, demande qu'il soit envoyé au Congrès de Berlin un délégué connaissant la langue allemande.

Paris. — Les Congrès sont des moyens de propagande et d'éducation que nous ne devons pas négliger. Narbonne a l'air d'ignorer que dans les Congrès allemands, il y a des interprètes. La seule question à discuter, c'est si nous avons les fonds nécessaires pour envoyer un délégué.

Levallois-Perret. — Le Comité fédéral a-t-il des propositions à faire ?

Rochefort-sur-Mer. — Au moment où nous affirmons sans cesse nos principes internationalistes, nous ne devons pas négliger l'occasion qui nous est offerte, en déclinant l'invitation des camarades allemands.

La clôture sur la question est demandée et adoptée après les orateurs inscrits.

Tours. — Ne ferions-nous pas mieux d'employer notre fonds de propagande à notre organisation propre, plutôt que de le dépenser à constater que nos camarades étrangers sont mieux organisés que nous ?

Alençon. — Ce sont là de gros frais. Je crains qu'en s'engageant ainsi dans l'envoi d'une délégation à Berlin, le Comité Fédéral soit peut-être contraint de refuser son aide aux Bourses qui lui en feraient la demande pour effectuer des tournées régionales.

Le Secrétaire Fédéral. — En ce moment, nous avons de l'argent, nul ne sait si nous en aurons plus tard. J'estime qu'on ne peut mieux l'employer qu'à participer à toutes les manifestations internationales ouvrières, surtout lorsque nous pouvons y puiser un précieux enseignement d'organisation, d'administration et d'éducation économiques.

Finalement, le principe d'envoyer un délégué est voté par 30 voix contre 6.

Poitiers demande que le Congrès désigne quel sera le délégué.

Le Congrès décide que le soin sera laissé au Comité fédéral de désigner le camarade le mieux qualifié pour remplir cette mission.

ENTENTE INTERNATIONALE

Le Secrétaire Fédéral donne lecture de la correspondance échangée avec les différentes organisations étrangères.

Marseille fait observer qu'aucune discussion ne peut s'engager à ce sujet, et que l'on ne peut qu'approuver la conduite du Secrétaire Fédéral.

Le Congrès approuve.

ADOPTION DU RAPPORT MORAL

Le Président. — La discussion sur le rapport moral du Comité Fédéral étant terminée, je vais le mettre aux voix.

Le Congrès adopte à mains levées le Rapport moral du Comité.

Le Secrétaire Fédéral. — Après les discussions auxquelles a donné lieu l'énumération des travaux du Comité Fédéral, je demande au Congrès de signifier d'une façon plus catégorique, moins indifférente, s'il approuve entièrement le Rapport moral du Comité Fédéral. Malgré que nulle main ne se soit levée à la contre-épreuve, j'estime que le nombre d'abstentions à la première épreuve peut prêter à équivoque et, si le Comité n'a fait que contenter à demi le Congrès, celui-ci doit le lui dire.

Albi. — Je comprends le scrupule du Secrétaire Fédéral. Lorsque pendant un an, on a fait tous ses efforts pour mener à bien l'œuvre à laquelle on s'est attaché, on ne veut pas d'une demi-approbation par un demi-vote.

Alger. — Moi aussi, j'approuve l'observation du Secrétaire Fédéral qui croit que le Comité et lui-même ont fait leur devoir et, puisque nous sommes justement tous ennemis des félicitations pour le devoir accompli, c'est bien le moins que nous ayons à signifier carrément notre appréciation sur les travaux accomplis durant l'année. Je propose le vote au bulletin secret.

Le *Président* fait procéder au vote secret qui donne l'*unanimité* pour l'*approbation* du Rapport moral du Comité.

RAPPORT FINANCIER

Le Président. — L'ordre du jour appelle la discussion sur le rapport financier du Comité Fédéral.

Montpellier. — Je vois dans le rapport que 7 ou 8 Bourses n'ont rien payé à ce jour. Sur 83 Bourses, 69 ont versé des cotisations. Je voudrais bien que le Trésorier Fédéral nous fournisse des explications là dessus. D'un autre côté, comment se fait-il que des Bourses portées comme d'adhésion récente aient voix délibérative, n'ayant rien payé. Je demande que la même règle soit appliquée à tous et que l'art. 10 soit mis en vigueur.

MARSEILLE. — Je tiens également à signaler une anomalie. La Bourse de Marseille paie pour un plus grand nombre de Syndicats que celle de Paris.

PARIS. — Je répondrai de suite aux observations de MARSEILLE que je trouve justes. Il y a 280 Syndicats à la Bourse de Paris, mais tous ne font pas partie de l'Union des Syndicats de la Seine qui, seule, adhère à la Fédération. Pourtant, à mon retour, je m'efforcerai de faire payer par l'Union un nombre supérieur de cotisations.

REIMS. — MONTPELLIER a parlé des Bourses d'adhésion récente. La mienne étant dans ce cas, je tiens à donner quelques explications : La Bourse de Reims est toute nouvelle ; elle a été fondée le 1er mai, et, dès le 1er juin, a envoyé son adhésion à la Fédération. Elle justifie donc de trois mois de présence et l'art. 10 ne peut lui être appliqué.

POITIERS (Trésorier Fédéral). — Ce n'est pas moi qui ai soulevé le cas d'Agde ; mais toutes les autres Bourses dont a parlé MONTPELLIER sont en règle. Seulement la situation financière étant arrêtée au 30 juin, je ne puis indiquer les Bourses adhérentes qui ont payé après et qui ont pourtant trois mois de présence. Du reste, sur le compte-rendu même, j'ai noté des Bourses qui ont payé au dernier moment. Je termine en demandant la radiation de la Bourse d'Issy-les-Moulineaux qui, depuis plus d'un an, n'a plus donné signe de vie. Quant à la Bourse de Lons-le-Saulnier, c'est une vieille Bourse qui payait autrefois régulièrement. Je demande à ce qu'il ne soit pas prononcé sur son cas.

Une discussion s'engage à propos de la date d'adhésion.

LE SECRÉTAIRE FÉDÉRAL dit que lorsqu'une Bourse demande son adhésion, si l'on est au 15 du mois, il la fait adhérente du 1er, à moins qu'elle ne spécifie elle-même qu'elle veut adhérer au 1er du mois suivant.

POITIERS. — Pour répondre aux observations des délégués d'Alençon et d'Albi qui trouvent les dépenses de la correspondance trop élevées et demandent comment s'effectue le contrôle, je dois dire que la correspondance a été si élevée parce qu'il y figure les 5 francs environ de chaque semaine où l'on envoya la feuille de statistique avant de toucher la subvention. Quant au contrôle, environ tous les trois mois, le Comité Fédéral désigne une Commission, et c'est la dernière Commission nommée qui, conformément à l'article des statuts ajouté par le dernier Congrès, a signé le présent compte-rendu financier et non pas le trésorier.

LE SECRÉTAIRE FÉDÉRAL. — La Fédération des Bourses profite largement de l'Office pour amoindrir ses frais de correspondance, car le bureau s'arrange pour envoyer ses circulaires en même temps que la feuille de l'Office, ce qui n'augmente pas les frais de l'Office, mais diminue ceux de la Fédération.

LYON. — Mais il y a des frais de délégation qui me paraissent excessifs.

MARSEILLE. — On ne peut reprocher au Comité Fédéral de gaspiller l'argent, car la décision qu'il prit, pour le cas de Nice, d'envoyer un délégué de Marseille, désigné par cette Bourse, montre bien que le Comité sait ménager les sommes qui lui viennent des cotisations.

LE SECRÉTAIRE FÉDÉRAL. — Les frais de délégation ne sont jamais trop grands, car chaque fois qu'une Bourse éloignée demande un délégué, elle en paie les frais. Mais il arrive que le permanent se déplace lorsqu'il est demandé dans une grève, lorsqu'il y a urgence, mais lorsque cette grève n'est pas très éloignée et n'occasionne qu'au plus une dizaine de francs de voyage.

La discussion se termine par l'approbation, à l'*unanimité*, du compte rendu financier.

Au sujet des Bourses dont les cotisations ne sont pas à-jour, on décide que des lettres de rappel seront envoyées. Le Comité fédéral est chargé de statuer après réception des réponses.

ALGER demande qu'au Congrès prochain, le délégué à l'Office du Placement donne le compte rendu de la gestion financière de ce service.

NIMES, dans le but d'éviter les pertes de temps causées par les questions portées devant les Congrès à brûle-pourpoint, propose la motion suivante :

« Le Congrès est d'avis que, pour l'avenir, les rapports concernant les ques-
» tions à l'ordre du jour des Congrès soient communiqués aux Bourses en même
» temps que l'ordre du jour définitif.
» Les rapports des propositions du Comité fédéral devront être présentés au
» moins deux mois avant l'ouverture du Congrès.
» Les Bourses du Travail qui feront inscrire des propositions à l'ordre du
» jour seront tenues de les motiver par un rapport et de les communiquer aux
» Bourses comme il est dit ci-dessus.

» NIMES, SAINT-ÉTIENNE, ALAIS, AMIENS. »

BÉZIERS déclare se rallier à cette proposition.

VERSAILLES estime que, pour le rapport financier, le délai de deux mois est exagéré et ne permettrait pas au Congrès d'avoir une situation financière récente à examiner.

Finalement, le Congrès adopte la motion de NIMES avec les réserves présentées par VERSAILLES relativement au rapport financier.

NARBONNE émet le vœu que les délégués des Bourses au Comité fédéral se réunissent deux fois par mois au lieu d'une fois, ainsi que cela a lieu actuellement.

LE SECRÉTAIRE FÉDÉRAL objecte que le Comité a de multiples difficultés à se réunir une fois par mois. Cela provient de ce que ses membres, appartenant également à d'autres organisations, doivent contenter un peu tout le monde. Il serait facile, d'ailleurs, pour les Bourses du Travail, tout en conservant le *statu quo*, d'exiger de leurs délégués de les tenir au courant des décisions prises. Il faudrait bien pour cela que les délégués au Comité soient plus exacts.

SAUMUR. — Les Bourses devraient exiger de leurs délégués à la Fédération une correspondance plus suivie. Par exemple, moi, j'ai pris l'engagement envers la Bourse que je représente d'écrire au moins une fois par mois et de faire un compte rendu au moins deux fois par an.

CONSTANTINE reconnait que le recrutement des délégués à la Fédération est très difficile ; il n'a jamais pu arriver à être représenté au Comité fédéral. On arriverait, selon lui, à un meilleur résultat en permettant aux délégués de représenter plusieurs Bourses.

Cette proposition est appuyée par MONTPELLIER.

Le Congrès décide que ces propositions devront être formulées au moment de la revision des statuts.

SAUMUR. — Le recrutement des délégués est très difficile, car appartenant tous à différentes organisations, ils sont toujours tentés d'épouser les opinions de l'une au détriment de l'autre.

Montpellier. — Je pense, en effet, qu'un militant a de la peine à faire partie de plusieurs organisations ; mais il ne faut pas penser qu'il prenne fatalement les opinions de l'une. Je crois, au contraire, qu'il retire de chacune ce qu'elle a de mieux. Il y a donc en face des inconvénients de grands avantages.

Paris. — Qu'on laisse au Comité fédéral le soin de faire une ou deux réunions par mois.

Amiens. — Puisque cette question doit revenir lors de la revision des statuts, je demande la clôture.

Saint-Etienne. — Je me promets de revenir sur cette question à ce moment.

La clôture est adoptée.

Marseille. Rapporteur de la Commission de Vérification, donne lecture des mandats de Niort déléguant le camarade Marty ; d'Angoulême déléguant le camarade Alié ; de la Fédération des Alpes-Maritimes déléguant le camarade Aprosio. Les mandats d'Angoulême et de Niort sont validés sans contestation.

Aprosio, délégué de la Fédération des Alpes-Maritimes, demande que le Congrès se réserve jusqu'à la discussion du cas de Nice, pour lui permettre de prendre connaissance des documents qui lui sont parvenus le matin même.

Poitiers. — La Bourse de Nice n'a été admise que sous réserves. Le plus simple serait que les deux délégués : celui de la fraction restée dans la Bourse, et celui de la Fédération des Alpes-Maritimes aient voix consultatives. Je sais qu'ils ont des mandats identiques sur à peu près toutes les questions. Il n'y aura donc qu'à reporter dans le compte rendu du Congrès les votes de Nice sur la fraction qui sera admise.

Paris. — Ne ferions-nous pas mieux, puisque l'occasion s'en présente, de discuter ce cas tout de suite ?

Broch (Bourse de Nice). — Il ne peut pas y avoir de discussion sur cette adhésion. En effet, la Fédération des Alpes-Maritimes n'a pas trois mois de présence à la Fédération, et par conséquent ne peut avoir voix délibérative.

Poitiers. — Ceci n'est pas un argument, si la Fédération des Alpes-Maritimes est formée de la majorité des Syndicats qui adhéraient à la Bourse avant le conflit.

Le Secrétaire Fédéral. — Le différend existant entre la Bourse et la Fédération dissidente, ainsi que les démarches infructueuses faites par le camarade Bron, délégué de la Bourse de Marseille et moi-même, en vue d'arriver à une conciliation, seront assez longs à expliquer.

Si le Congrès veut discuter de suite, il est indispensable qu'il ait connaissance du Rapport du camarade Bron ainsi que du compte rendu de mes démarches. Je dois dire au Congrès que j'ai tout fait pour que l'entente s'établisse entre les Syndicats niçois et, si le Congrès consent à m'entendre, il lui faudra quelques heures. Il vaut mieux attendre.

Alger déclare partager tout à fait l'opinion du camarade Aprosio et du Secrétaire Fédéral.

Montpellier demande que l'on nomme une Commission de 5 membres pour étudier le cas de Nice et éviter au Congrès une grande perte de temps.

Sont nommés pour en faire partie : Montpellier, Lyon, Toulouse, Constantine et Narbonne. Cette Commission entendra les représentants des deux Bourses et désignera un rapporteur chargé de déposer son avis sur ce cas. Il est bien compris que le Secrétaire Fédéral sera également entendu.

Après constitution du Bureau pour l'après-midi, la séance est levée à 11 h. 1/2.

Quatrième séance. — MARDI, 16 septembre, après-midi

La séance est ouverte à 2 heures.

Président : Paris.
Assesseurs : Tours et Alençon.

Le Président annonce que la Bourse du Travail d'Alger invite les congressistes à une excursion projetée aux environs d'Alger, à Staouëli.

En dehors des congressistes, les adhérents sont priés de se faire inscrire. Le prix de la cotisation n'est que de 2 fr. 50.

Soulery explique que le but de la Bourse d'Alger est de montrer aux délégués de la Métropole la magnifique campagne de notre ville, afin qu'ils emportent de la capitale de l'Algérie le meilleur souvenir.

Ils ne regretteront pas leur dérangement.

Les syndiqués qui voudront se joindre aux congressistes seront les bienvenus.

Chateauroux. — En présence de la longue et fatigante discussion qui va avoir lieu, je demande qu'une suspension d'un quart d'heure ait lieu vers 4 heures. — *Adopté*.

Narbonne, Rapporteur de la Commission du cas de Nice, rend compte de la réunion tenue à l'issue de la séance du matin, il donne lecture du rapport de la Commission.

RAPPORT

sur le cas de la Bourse du Travail de Nice

Camarades,

Après les explications fournies par le délégué de la Bourse de Nice et par le délégué de la Fédération indépendante, votre Commission a jugé qu'il fallait tenter encore un effort de conciliation, et, après entente avec les deux délégués et les observations des membres de votre Commission, il avait été décidé d'envoyer un télégramme à la Bourse officielle de Nice.

Ce télégramme avait été inspiré par ce fait que chacune de ces deux organisations ayant élaboré un règlement particulier, il y avait un terrain d'entente : l'acceptation par les deux parties de l'ancien règlement.

Voici les réponses que les délégués ont reçu :

Bourse Officielle : « Adversaires ayant rompu conciliation, décision prise : Démissionnez Fédération, quittez Congrès. Corbani ».

Fédération Indépendante : « Acceptons décision Congrès, Maire refuse rentrer Syndicats, pose condition inacceptable, sommes toujours même résultat, pourparlers continuent, difficile arranger. Morel ».

Après avoir entendu les deux camarades, sur l'affirmation du délégué de la Bourse Officielle qu'il ne recevait pas, par la dépêche citée plus haut, un mandat impératif, mais un mandat conditionnel impliquant que la démission ne devait être donnée qu'au cas d'un vote hostile du Congrès, et après acceptation des deux camarades de Nice, votre Commission propose d'adopter l'ordre du jour suivant :

« Le Congrès, constatant avec regret le conflit qui a éclaté parmi les camara-
» des de la Bourse du Travail de Nice est d'avis que la Fédération des Syndicats
» des Alpes-Maritimes devra rentrer à la Bourse du Travail de Nice.
» Le règlement élaboré par la Bourse, en dehors des camarades dissidents
» devra être annulé et l'ancien règlement appliqué, sous cette réserve qu'il
» pourra être revisé au bout d'une année.
» Le Congrès décide que, au cas où l'une des deux organisations ne se confor-
» merait pas à cette décision, elle ne pourrait faire partie de la Fédération des
» Bourses ».

La Commission ne crut pas devoir entrer dans les détails du conflit. Ils risqueraient trop de ressusciter des vieilles rancunes, ou de blesser quelques susceptibilités et, ainsi, de mettre un obstacle à la fusion nécessaire pour la prospérité du Prolétariat niçois organisé.

Votre Commission décide également que la présentation des travailleurs niçois sera assurée par les deux délégués de Nice avec, pour chacun d'eux, voix consultative, et la faculté, quand les deux délégués de Nice seront en communion d'idées de disposer d'une voix. Si une question discutée au Congrès divise les deux délégués, votre Commission compte sur leur désir de conciliation pour s'abstenir.

Constantine, Lyon, Marseille, Montpellier,
Toulouse, Narbonne (Rapporteur).

Le Congrès décide, pour éviter toute nouvelle cause de froissement, que les votes émis avant la décision définitive par les délégués des organisations niçoises, ne figureront pas dans la brochure du Congrès.

Le Président. — L'ordre du jour appelle la discussion sur l'Unité Ouvrière.

L'UNITÉ OUVRIÈRE

Carcassonne. — Que chaque orateur ne parle que dix minutes.

Paris. — Il serait illogique de limiter la parole. Cela empêcherait à chacun d'exposer sa conception particulière et empêcherait la discussion. Qu'on limite la parole pour les questions de détail si l'on veut ; mais sur les grandes lignes c'est impossible.

Bagnères-de-Bigorre. — On ne peut pas limiter la parole pour les orateurs qui ont des projets à exposer ou à développer, mais il serait possible de décider, comme à Nice, que deux orateurs de chaque opinion auraient la parole pour défendre ou combattre un projet et le Comité Fédéral pour donner son avis.

Rouen. — Ce serait le moyen le plus simple d'arriver à une solution rapide.

Après une courte discussion à laquelle prennent part : Alger, Levallois-Perret, Lyon, Le Mans, Amiens, Marseille :

Le Congrès décide, étant donnée l'importance de la question, de laisser toute latitude à ceux des congressistes qui se seront fait inscrire à l'avance pour exposer leurs idées sur l'Unité Ouvrière.

Le Président. — La parole est à Montpellier.

Montpellier. — Si la question de l'Unité a froissé quelques susceptibilités, c'est qu'elle fut mal comprise. Aussi est-il utile de donner quelques explications qui, certainement, satisferont tout le monde.

Il est une loi à laquelle tout est soumis, aussi bien dans l'ordre moral que dans l'ordre matériel, c'est la loi fatale de l'évolution

Les monuments eux-mêmes subissent des modifications apportées par le temps et par les événements : voilà la preuve de l'influence de l'évolution sur les choses matérielles. Au point de vue moral, il suffit pour se rendre compte de cette influence, de se souvenir des croyances sur le mouvement de la terre, croyances qui ont varié au fur et à mesure des progrès réalisés par l'humanité.

La transformation morale, il faut le dire, est plus douloureuse, parce qu'elle touche de plus près aux divers éléments constituant l'existence humaine.

L'organisation syndicale ne pouvait échapper à cette loi, et la question d'unité n'est qu'une phase de cette évolution syndicale.

Si nous remontons, en effet, dans l'histoire des syndicats, nous voyons successivement se produire différents effets qui doivent être attribués à cette force, occulte, mais réelle.

Les Syndicats se sont groupés tout d'abord en Bourses du Travail et en Fédérations corporatives ; puis les Bourses du Travail, à leur tour, se sont fédérées entre elles ; l'Unité Ouvrière était faite, puisque le prolétariat possédait un organisme central.

Au sein des différents Congrès tenus par la Fédération des Bourses, des discussions s'élevèrent pour raffermir encore cette unité ; c'est ainsi que l'on songea à créer la Confédération générale du Travail.

C'est aux assises du congrès de Limoges, en 1895, que s'est fait jour, que s'est constitué cet organisme social ; il s'était déjà perfectionné au congrès de Toulouse en 1897, et enfin il fut discuté à fond l'an dernier au congrès de Nice.

Deux organisations ouvrières en France ont le droit de dire qu'elles représentent chacune tous ou presque tous les syndiqués. Il y a eu antagonisme sur la valeur des deux organisations. Aujourd'hui, ils ne font plus que deux organismes centraux représentant une seule chose. Nous voudrions que l'unité se fit partout, dans les syndicats, dans les fédérations, dans les Bourses et enfin dans la confédération.

Cependant, l'idée d'unité a toujours rencontré dans ces assemblées, une hostilité sourde, parce que, à première vue, on craignait qu'elle crée des papes et des empereurs ouvriers. Mais il n'en est rien. Les militants qui emploient tous leurs efforts à assurer l'unité sont les adversaires acharnés de toute autorité concentrée entre les mains de quelques hommes ; s'ils combattent les tyrans capitalistes, ce n'est certes pas pour les remplacer par des despotes ouvriers.

La deuxième objection était que les deux organisations n'étaient pas les mêmes. Mais si les attributions sont différentes, le but est absolument le même. Les statuts de chacune sont identiques. Cependant, l'antagonisme existait toujours et de chaque côté des décisions pareilles étaient prises.

C'est ce que comprit le Congrès de Nice qui, par 42 voix contre 5, vota l'ordre du jour présenté par le délégué de la Bourse du Travail d'Orléans, ainsi conçu :

« Considérant que la motion proposée par Aix implique non pas la fusion de » la Fédération des Bourses du Travail dans la Confédération générale du » Travail, mais la disparition complète de cet organisme central, qui a donné » des résultats excellents pour la marche en avant du prolétariat ;

» Le Congrès rejette cette proposition.

» Que d'autre part, après la démonstration d'Unité Ouvrière faite par » Montpellier, laquelle a été intéressante et laquelle n'a rien de commun avec » la proposition d'Aix,

» Le Congrès décide qu'une étude approfondie de ce projet soit soumise par » le Comité fédéral à toutes les Bourses du Travail avant la réunion du prochain » Congrès ;

» A ce dernier incombera le soin de définir cette unité ».

Si tous ces louables efforts n'aboutirent pas, c'est qu'un antagonisme s'établit entre la Fédération des Bourses et la Confédération du Travail. De deux choses l'une : ou bien ces deux organisations peuvent, sur certains points, diverger de vues, et alors cette dualité ne permettrait pas l'entente recherchée ; ou bien, au contraire, elles seront du même avis avec toutes les questions, et l'utilité de deux institutions pour poursuivre le même but avec les mêmes moyens n'apparaît plus.

Le seul moyen de réaliser l'unité désirée serait de réorganiser l'Internationale des Travailleurs, jadis supprimée, mais sur des bases nouvelles, essentiellement économiques. Mais il faudrait, pour cela, régler les rapports entre les diverses unités nationales. Or, à qui s'adresserait, aujourd'hui, le Bureau International, s'il devait soumettre des questions au prolétariat français? A la Fédération des Bourses ou à la Confédération du Travail ?

Voilà le défaut de la cuirasse de l'organisation syndicale actuelle, source de conflits entre personnalités.

Ces querelles font rire nos adversaires, et nous devons y mettre un terme. L'Internationale des Travailleurs, sous la forme du fédéralisme, appuyée sur les syndicats, répond absolument à ce but, puisqu'elle réunirait toute la classe des malheureux, des spoliés, contre la classe des capitalistes, des accapareurs.

On a prétendu que mon but était de décapiter la Fédération des Bourses. Je proteste hautement contre cette affirmation. Comme je l'ai dit au Congrès corporatif de Lyon, la Fédération doit devenir une section de l'organisme général ; mais ce n'est là qu'un changement de titre et ce n'est pas pour une modification aussi insignifiante que le Congrès repoussera mon projet.

D'ailleurs, fatalement, l'organisation syndicale est portée vers l'Unité, car l'unité capitaliste est déjà formée, et, pour lutter contre elle, l'entente générale des travailleurs s'impose.

Or, elle ne saurait se faire que par la création d'un organisme central unique : la Confédération générale du Travail, réunissant les deux grands corps ouvriers actuels qui deviendraient ainsi, en quelque sorte, deux sections de la Confédération : l'une prendrait le nom de Section des Fédérations corporatives, et l'autre, celui de Section de la Fédération des Bourses.

Ainsi disparaîtrait la dualité dont nous parlions tout à l'heure ; ainsi seraient supprimées les contradictions entre les deux institutions dont nous souffrons tous et qui paralysent l'action syndicale dans une certaine mesure.

Chacune d'elles, en effet, tout en conservant son autonomie, aurait une tâche particulière, un programme de travaux bien défini et bien distinct.

Un autre avantage de notre projet serait de réaliser des économies budgétaires par l'organisation d'un seul Congrès, alors que l'ordre de choses actuel en exige deux.

La seule raison d'être invoquée en faveur du *statu quo* consiste dans l'opinion que l'existence des deux éléments constitue un stimulant. Mais cette idée est fausse : représentant tous deux les mêmes intérêts, poursuivant le même objet, non seulement les deux corps ne déterminent pas une émulation fertile en résultats, mais, au contraire, ils sont en butte à des dissensions intestines, dangereuses pour la marche en avant de la classe ouvrière

Le Congrès d'Alger accomplira un acte important, une œuvre appelée à avoir le plus grand retentissement si, de ses assises, sort le vote de l'Unité Ouvrière.

En élevant contre l'exploitation capitaliste, sans cesse croissante, une solide barrière prolétarienne, il rendra un signalé service aux travailleurs du monde entier et préparera, dans une large mesure, leur émancipation. (*Applaudissements*).

Levallois-Perret dans son projet voudrait que l'on supprimât purement et simplement la Confédération du Travail et que l'on ne conservât que la Fédération des Bourses, organe logique de l'action syndicale.

L'organisation ouvrière doit reposer sur les syndicats appelés à prendre la tête de la Société future et sur les Bourses du Travail. Je serais heureux, dit-il, d'entendre des contradicteurs afin d'élargir le débat, et, par la discussion, de bien établir la question.

Le délégué de Levallois donne lecture de son projet :

Projet de Levallois

Article premier. — L'Unité Ouvrière est proclamée et fonctionne désormais conformément aux articles qui suivent :

Article 2. — Les syndicats ouvriers forment la base constitutive de l'organisation ouvrière en France.

Seuls, les Syndicats qui adoptent le *Label* comme trait d'union ouvrière sont admis dans l'organisation collective.

En dehors de cette obligation, les Syndicats sont absolument autonomes.

Article 3. — L'organisation collective est définie comme il suit :

Dans tous centres et régions où il y a des Bourses du Travail, tout Syndicat est tenu d'y adhérer.

Dans les centres et régions dépourvues de Bourses, les Syndicats doivent se constituer en Fédérations, au même titre que les Bourses, quel que soit leur nombre.

Article 4. — Les Syndicats fédérés ainsi par régions et par cités seront reliés et unis par une organisation centrale dénommée Comité central confédéral.

Ce Comité sera composé uniquement de un membre par Bourse et par Fédération.

Les délégués seront nommés directement par chacune des Bourses et resteront constamment en rapport avec elles.

Article 5. — Les attributions générales du Comité confédéral sont définies comme il suit :

1° Il nommera son bureau général ordinaire ;

2° Il nommera dans son sein un Sous-Comité d'étude, d'initiative et de rédaction ;

3° Les Comités fédéraux locaux ou régionaux seront tenus de lui adresser des rapports sur ce qui se passe dans leurs contrées, notamment : sur les abus de pouvoir des agents ou fonctionnaires de l'autorité ; sur les conditions de salaire de tous les travailleurs ; sur les abus du patronat ; sur les fortunes, industries et domaines, terrains que possèdent certains individus ; sur le nombre de pauvres sans ressources ; sur le nombre de travailleurs sans travail ; sur l'étendue des terres incultes qui sont propres à la culture ; en un mot sur tout ce qui intéresse tous les travailleurs, sans exception.

Article 6. — Le Sous-Comité devra étudier à fond ces divers renseignements ; il devra en rédiger des projets de réformes ouvrières et sociales et les faire porter à la tribune du pouvoir souverain du peuple.

Il est bien entendu que le Comité d'étude ne donnera suite à ces projets qu'après avoir été sanctionnés par le Comité confédéral réuni en Assemblée plénière.

Article 7. — Le Comité d'étude, aussitôt en fonctions, devra rédiger un projet tendant à faire reconnaître les Bourses du Travail par voie législative, avec un budget particulier attribué à chacune.

Article 8. — L'organe syndical sera sous la direction du Comité central confédéral. Il aura pour titre : *La Voix du Travailleur*.

Il prendra une véritable allure révolutionnaire, au moyen d'articles raisonnés sur la puissance coupable de l'argent, sur les fortunes scandaleuses qui s'étalent avec cynisme en face de la misère ouvrière et sur la nécessité de faire disparaître ces hontes et ces crimes prémédités et voulus.

Les discussions et les résolutions du Comité d'étude et du Comité confédéral y seront insérées.

Article 9. — Le Comité confédéral créera une caisse de propagande et d'action, pour envoyer des propagandistes dans tous les milieux ouvriers.

La caisse sera alimentée au moyen des quêtes que les Syndicats devront faire dans toutes leurs réunions publiques et privées.

Saint-Quentin. — Deux organismes constituent le mouvement syndicaliste ouvrier : d'un côté, les fédérations corporatives unies sous le nom de Confédération générale du travail et de l'autre les Unions locales ou départementales de syndicats divers, ou Bourses du travail, unies sous le nom de Fédération des Bourses.

Chacun de ces organismes à sa raison d'être et d'agir particulière, et répond à des besoins différents.

En effet, dès que des syndicats ont été formés, ils ont senti la nécessité de se mettre en rapport avec les organisations syndicales de leur corporation dans toutes les villes d'un même pays et même de l'étranger : afin de s'unir et d'acquérir par la cohésion des efforts de chacun une puissance susceptible de combattre avantageusement les forces capitalistes auxquelles les travailleurs sont assujettis dans la société bourgeoise, comme aussi, de pouvoir étudier et discuter avec accord. les questions afférentes à leur branche d'industrie.

Mais, ce terrain, si étendu qu'il soit, et malgré les efforts qu'il réclame, n'aurait pas suffi pour répondre aux besoins constants d'initiative et d'activité des travailleurs, en marche vers leur émancipation.

Il leur fallait un terrain plus près d'eux, un point de contact permanent en dehors et contre la vie officielle du régime capitaliste, c'est pourquoi ils se sont unis avec les syndicats de leur localité ayant le même but.

Ce qui leur a permis de manifester en face de l'ordre bourgeois établi, la volonté de faire triompher le droit des travailleurs à une vie meilleure par une tactique et une action de classe qui entraîne tout le prolétariat dans la lutte émancipatrice et qui développe en lui une nouvelle mentalité conforme à ses intérêts et à ses fins.

Mais cette action continuelle ne peut s'exercer que dans les milieux mêmes où les syndicats évoluent. De là, les Bourses du travail.

Donc, deux organismes, ayant des raisons d'être et des fonctions différentes et un but final commun.

La Bourse du Travail n'a pas seulement un rôle moral et éducateur, surtout en province. c'est véritablement un centre d'action ouvrière permanent.

Si les Bourses du Travail sont subventionnées; celà ne peut nous donner les craintes qui ont été soulevées, et nous n'en voulons pour preuve que les cas qui ont été cités de Syndicats ou d'Union de Syndicats privés de subventions parce qu'ils ont défendu l'intégralité des droits du prolétariat organisé. Ces cas sont donc une preuve et un exemple qui garantit et garantira dans l'avenir la marche des Bourses du Travail vers le but commun sans compromission avec les pouvoirs de la société bourgeoise.

Ceci établi, le travail du Congrès est clairement indiqué. Il suffit de respecter l'initiative et l'autonomie de chacun et d'assurer une entente entre eux et une unité de direction et d'exécution dans les questions d'ordre général.

Pour l'instant. nous ne devons modifier ou régler que les points litigieux qui peuvent créer la gène ou la contradiction, au sein même du corps syndical.

Prendre le mot d'Unité dans un sens absolu, et modifier des points où la nécessité ne s'en est pas encore fait sentir, ce serait risquer de jeter un trouble; dont on ne peut prévoir les suites, dans le corps syndical.

C'est pourquoi la Bourse du Travail de Saint-Quentin se rallie au projet Briat.

Toutefois, pour partager également les chances et équilibrer la représentation de chaque organisation dans les Congrès et les réunions extraordinaires faites en commun, chacun des Comités des deux organisations centrales désignera le même nombre de délégués pour constituer le Comité confédéral appelé à siéger pour des questions déterminées.

Sur la proposition de Paris, l'Assemblée décide qu'il y aura séance de nuit.

La réunion se termine à 6 h. 1/2.

Cinquième séance. — MARDI, 16 septembre

SÉANCE DE NUIT

La séance est ouverte à 8 h. 1/2.

Président : Toulouse.

Assesseurs : Amiens et Toulouse.

Lyon expose les grandes lignes du projet déposé par son organisation.

Pour répondre, dit-il aux craintes déposées par quelques camarades de voir s'établir, avec la centralisation, une sorte de pouvoir autoritaire, il me suffit de faire remarquer que ces mots ne sont que des expressions trouvées dans la littérature pour nous permettre de désigner telle ou telle chose. Mais il vous appartiendra, lorsque vous élaborerez la réglementation régissant le fonctionnement de l'organisme central que nous voulons créer, de prendre toutes les garanties, toutes les mesures de nature à parer à cette éventualité.

Ainsi tomberont d'elles-mêmes les préventions auxquelles nous faisons allusion.

Le projet de Lyon comporte la suppression complète de la Fédération des Bourses. Tous les services de la Fédération des Bourses seraient régis par un Comité Confédéral, composé comme suit : trois délégués de chacune des Fédérations nationales ou des Syndicats nationaux, ainsi que les branches d'industrie constituées dans la Fédération ; deux délégués de chacune des Fédérations régionales ou locales ; un délégué de chacun des Syndicats admis isolément, jusqu'à ce qu'ils soient constitués en sections d'industrie; enfin, d'un délégué par Bourse du Travail.

Le Comité Confédéral se subdiviserait en quatre grandes commissions :

1° Commission d'administration et d'initiative ;
2° Commission des grèves et de la grève générale ;
3° Commission du journal et de la propagande ;
4° Commission des Bourses du Travail.

La Confédération aurait pour mission de soutenir les institutions des Bourses, de leur apporter, par son action, toute la force qui leur est nécessaire pour permettre aux organisations ouvrières de pouvoir discuter les intérêts qui leur sont communs. *(Un rapport est déposé.)*

Paris. — Il est nécessaire que le monde du travail déjà uni dans la même pensée révolutionnaire le soit aussi dans la forme. En outre des projets Briat et Thierrart, plusieurs autres ont été publiés dans la *Voix du Peuple,* mais ils en découlent tous, et ne diffèrent guère que par les détails.

La question — et il ne faut pas oublier que se sont des *Bourses du Travail* qui en sont les initiatrices, Aix d'abord, puis Montpellier — ne cherchons pas à nous le dissimuler à nous-mêmes, ni à vouloir le cacher à personne, est d'enlever à l'actuelle Fédération des Bourses son caractère d'organisation centrale. Nous nous sommes conformés à ce qui semble être l'avis de la majorité des organisations, mais nous avons tenu à ce que fussent assurés tous les services jugés utiles qu'a créés la Fédération des Bourses du Travail.

Pour cela, nous croyons que ce que nous appellerons désormais la Commission des Bourses du Travail doit jouir au sein de la Confédération générale du Travail d'une grande autonomie. Vous verrez que nous avons tenté, sinon réussi à concilier cette autonomie avec une bonne organisation unitaire. Mais avant, peut-être n'est-il pas inutile de présenter quelques explications d'ordre général sur les attributions des divers organismes composant la Confédération, sur le rôle dévolu à chacun, et enfin sur les causes qui nous font demander, en ce qui concerne la Commission des Bourses du Travail, une large autonomie ne pouvant que fortifier l'organisation unitaire.

Les Bourses du Travail ont avant tout, dans l'organisation Syndicale, un rôle presque exclusivement moral et éducateur. En même temps qu'une Bourse doit organiser le marché du travail dans une ville ou dans une région, c'est-à-dire s'occuper de procurer du travail à ses adhérents; elle doit être un centre éducatif pour les travailleurs et, par ses cours professionnels et ses conférences, viser à relever la valeur technique et intellectuelle de la classe ouvrière.

Elle doit aussi dans l'avenir, en créant des « Musées du Travail » parvenir à ce que les travailleurs, obligés à se déplacer, soient à même de se rendre compte des prix de la main-d'œuvre dans les différentes corporations et en même temps du coût de l'existence dans la région; besogne toute morale et utilitaire.

Et c'est justement ce rôle joué par les Bourses dans l'organisation Syndicale qui fait qu'en cas de conflit nous devons chercher à les préserver. En effet, nous devons prévoir les grèves se généralisant et atteignant les forces vives des nations, et nous devons éviter, dans ces moments de lutte, de fournir des prétextes aux pouvoirs publics pour les fermer ou les dissoudre.

A la Fédération de métiers, d'industrie ou au Syndicat de mener le combat, de chercher les moyens qu'elle juge les plus aptes à procurer des améliorations à ses adhérents — augmentation de salaire, diminution du temps de travail, hygiène des ateliers, etc., etc. — l'obtention de ces améliorations entraînant presque toujours un conflit avec le patronat; tandis que la Bourse, en tant que Bourse, tout en restant le centre de réunion, s'abstient de prendre part au conflit, son administration s'en tenant absolument en dehors.

Et ce sont ces différences d'attributions, que nous n'avons pas créées, mais qui répondent bien à deux besoins qui font, qu'en se complétant, l'organisation syndicale se présente sous deux aspects différents.

En laissant aux seuls Syndicats intéressés ou aux Fédérations le soin de mener le combat, nous enlevons aux pouvoirs publics toutes raisons de fermer les Bourses en cas de conflit entre le capital et le travail. C'est là l'une des causes principales qui nous font penser que ce serait agir sagement et surtout avec prévoyance en laissant, dans le sein même de l'organisme unifié, l'autonomie de fait que nous assurons dans le présent rapport à la Commission des Bourses du Travail.

Nous nous sommes donc efforcés, nous servant de l'expérience du passé, de doter la classe ouvrière d'un organisme unifié, mais qui, avant toute autre chose, conservât ce qui a été reconnu bon, utile, qui a rendu des services incontestés et même, nous pouvons le dire, incontestables à l'organisation économique de la classe ouvrière.

Nous croyons inutile de reproduire le « Rapport sur l'Unité Ouvrière », de l'Union des Syndicats de la Seine; celle-ci a déclaré qu'elle l'enverrait à toutes les Bourses qui en feraient la demande.

Narbonne. Il ne rentre dans l'esprit de personne d'attenter à l'autonomie des Syndicats, ni à celle des Bourses du Travail. Mais si nous sommes partisans de l'Unité Ouvrière, c'est que nous estimons qu'il faut simplifier les rouages de nos organismes ouvriers centraux.

Il y a trop de camarades, aujourd'hui, dans les organisations dirigeantes, et cela entraîne de très grands frais; les Syndicats se fatiguent, à la fin, de payer de nombreuses cotisations.

Je préconise la création d'une caisse pour aider à trouver du travail; les Bourses se borneraient à soutenir les syndiqués en lutte.

Mais il faut, avant tout, essayer de rallier au sein des Bourses tous les Syndicats.

L'Unité faite comme je le désire, ne rencontrera peut-être pas beaucoup de sympathie: C'est par l'habitude qu'on prendra en France de payer de fortes cotisations que l'organisation ouvrière y acquerra la force et l'indépendance. Les Syndicats pourront adhérer à l'Unité par les Bourses du Travail ou par les Fédérations de métier ou d'industrie. J'insiste sur la création d'une caisse pour soutenir tous les adhérents des Bourses et Syndicats.

Alger. — Nous sommes de ceux, qui, au Congrès de Nice, ont combattu avec acharnement la motion d'Aix, sur laquelle, il faut le rappeler, la question préalable ne fut repoussée qu'à une voix de majorité Dans le cours de la discussion, Niel, adroitement, reprit la question et nous présenta un véritable projet d'unité. A la suite d'une longue discussion fut adopté l'ordre du jour d'Orléans donnant mission au Comité Fédéral d'étudier la question et de la présenter au Congrès suivant. Niel a si bien compris les fautes de son premier projet qu'il y a apporté des modifications profondes depuis le Congrès de Nice. Pour moi je me rallie au projet Briat. On peut très bien maintenir la Fédération des Bourses et la Confédération du Travail. Les causes de conflit disparaîtront, si leurs attributions respectives sont exactement définies.

Le rôle des Bourses n'est pas de lutter, mais bien de rester sur le terrain économique des réformes ouvrières. La Confédération, elle, qui ne s'appuie que sur des Syndicats est tout à fait libre et peut se placer sur la défensive, et même au besoin prendre l'offensive. Les Bourses ne pourraient en faire autant, que si les Syndicats étaient assez puissants pour fonder des Bourses indépendantes. Malheureusement, nous n'en sommes pas encore là. C'est à peine sur 103 Bourses, dont 83 sont fédérées s'il y en a 10 indépendantes, si le pouvoir local enlève la subvention, c'est la désorganisation à bref délai, et la plupart du temps la disparition. Le cas de la Bourse du Havre est là pour nous instruire. Nous sommes aussi partisans de l'Unité, mais nous la voulons bien solide, laissant à la Fédération des Bourses dont les progrès sont constants toute son autonomie. L'Unité ne doit pas être empêchée par des rivalités personnelles. Des résultats tangibles doivent sortir de ce Congrès, plus de scission, et ainsi nous aurons fait du bon travail, pour les Bourses, pour l'Unité, pour le Prolétariat.

Toulouse et Tours donnent lecture de rapports présentés par leurs organisations.

Versailles. — Je crois que sur la question de principe, l'opinion de tous les militants est unanime. Tous, nous voulons l'Unité complète sur le terrain corporatif, mais je ne crois pas qu'elle puisse se réaliser dans les Congrès décidés à maintenir deux appareils différents. Si nous voulions suivre la pensée de Pelloutier en dehors de toute polémique, nous verrions qu'il avait conçu une Unité réalisée sur le terrain d'administration, et de statistique. Les étiquettes de partis, les suspicions de personnalité doivent disparaître sur le terrain économique, où tous nos efforts doivent converger vers un but commun : la défense syndicale. Tous les Syndicats reconnaissent le même idéal révolutionnaire et internationaliste, mais il faudrait supprimer cet état de choses qui fait que, dans beaucoup de Syndicats, c'est la personnalité qui est à la tête qui fait tout. Il faudrait plus d'initiative collective : que tous les Syndicats soient imbus de la même pensée, qu'une déclaration de principes économiques synthétiserait d'une façon large, en tête des Statuts de l'Unité. La même pensée créerait l'Unité dans les Fédérations, dont l'action est plutôt interne, tandis que celle du Comité Fédéral est plutôt externe. L'Unité ouvrière sera complètement réalisée, lorsque, repoussant toute ingérence politique, la classe ouvrière sera bien préparée à l'avènement d'une Société communiste. J'ai mandat de voter pour le maintien de la Fédération et le projet Briat ou tout autre rédigé dans le même sens. A mon avis, l'Unité doit avoir un *maximum dans la pensée*, par l'union complète réalisée dans les Syndicats ou Fédérations, un *minimum dans l'action*, et ce minimum, c'est l'entête de papier à lettre qui portera en titre : *Confédération Générale du Travail* et en sous titre : *Section des Bourses* ou *Section des Fédérations*.

Nimes. — Il semblerait que la question d'Unité ne date que de l'année dernière. Or, il n'en est rien :

La Fédération des Syndicats qui exista de 1886 à 1892 et disparut à Nantes, parce qu'elle se tenait plutôt sur le terrain politique que sur le terrain économique, fut une première tentative d'Unité. Il est inutile de rappeler dans quelles circonstances prit naissance la Fédération des Bourses. On sait aussi ce que fit cette fédération, et ce qu'elle fait encore. Comme ALGER, je suis partisan de l'Unité à la condition qu'elle ne soit point comprise dans le sens de *fusion.* Du jour où la fusion se ferait et où il n'y aurait qu'une organisation, l'action qu'accomplirait son Comité pourrait être préjudiciable aux Bourses qui ont encore besoin de se développer. D'ailleurs, les syndicats et les Bourses ne sont pas les seuls moyens d'émancipation que peuvent trouver les travailleurs sur le terrain économique. Il y a aussi les coopératives qui prépareront les individus à s'emparer des moyens de production. Je repousse toute tendance à la fusion et je reste partisan de l'Unité comme je le fus depuis le Congrès de Limoges 1895 où cette question nous absorba. J'appuierai donc le Rapport Briat et je prie le Congrès d'entendre la déclaration que fit ma Bourse à ce sujet, laquelle déclaration fait suite à notre rapport :

« Ainsi, disions-nous avec Claude Gignoux, l'expérience d'une année fait revenir en entier devant le Congrès de Tours, la question de la Confédération, pour y être examinée de plus près. Que l'on n'oublie pas surtout que la simplification si utile des rouages politiques et administratifs, ne l'est pas moins en matière d'organisation ouvrière. On obtiendra ce résultat en laissant à chaque organe appelé à concourir à son fonctionnement les attributions qui lui sont propres, en les fortifiant au besoin :

» A la Fédération des Bourses du Travail, la centralisation et la publication des documents sur les conditions du Travail et la condition ouvrière ; la statistique dans chaque ville et région des salaires et frais d'entretien ; la généralisation du placement des ouvriers, ouvrières et employés des deux sexes ; la mise à la disposition des syndicats de tout ce qui peut faciliter leur fonctionnement et assurer leurs services : salles de réunion, de cours, de conférences, bibliothèque, fournitures, etc.

» Aux Syndicats nationaux, Unions et Fédérations de métiers et de métiers similaires, la défense et l'amélioration des intérêts professionnels, par des secours de grève, de chômage, de déplacement, de maladie, d'incapacité de travail, basés sur, l'esprit de solidarité ouvrière ; l'initiative de cours professionnels, pour le relèvement de l'apprentissage.

» Aux Unions et Fédérations nationales de syndicats, la mission de grouper les syndicats là où n'existe pas de Bourses du Travail, et une propagande active pour fortifier les organisations ouvrières.

» A la Confédération générale du Travail :

» 1° La direction morale du mouvement corporatif ;

» 2° L'administration intérieure de la Confédération (secrétariat, correspondance, trésorerie, comptabilité et archives) ;

» 3° Rapports et correspondances avec les organisations corporatives centrales des autres pays ;

» 4° Unification de l'action corporative (propagande syndicale, individuelle, agricole et commerciale) ;

» 5° Arbitrage dans les conflits entre organisations confédérées ;

» 6° Centralisation des renseignements relatifs aux grèves : cause des conflits, leurs solutions sommes versées, souscriptions recueillies, subventions accordées, etc. ;

» 7° Organisation des congrès annuels corporatifs et exécution de leurs décisions.

» Quant aux Syndicats isolés, aux Unions et Fédérations régionales et locales de syndicats, ils auront la faculté de se grouper autour d'une organisation centrale (Fédération nationale de métiers ou de syndicats), ou bien de devenir les auxiliaires des Bourses du Travail les plus rapprochées et de rentrer en relation avec leur Comité fédéral tout en pouvant adhérer à ces diverses organisations à la fois.

» En résumé, la constitution d'une organisation centrale comprenant tous les éléments corporatifs ouvriers du pays s'impose tous les jours avec une impérieuse nécessité, d'autant plus grande que les conditions du travail sont de plus en plus intolérables. Mais que l'on s'habitue surtout à ne créer, autant que possible, que des organes administratifs, simples agents exécutifs des décisions des Congrès, tout en donnant au mouvement corporatif, par trop délaissé, une impulsion plus continue. S'il se rencontre, parfois, dans l'organisation ouvrière des rouages secondaires, inutiles ou surannés — tel est le cas du *Secrétariat national du Travail*, du moins tel qu'il a été organisé — qu'on n'hésite pas d'en alléger l'ensemble de nos institutions.

» Les avantages d'un mode d'organisation corporative unitaire dans son action et simplifié dans son fonctionnement sont indiscutables, tant au point de vue des économies à réaliser par les organisations confédérées que pour la propagande des revendications sociales. Ainsi, les Fédérations de métiers, la Fédération des Bourses du Travail et les Fédérations nationales de Syndicats, qui tiennent des Congrès périodiques ou intermittents, pourraient économiser des sommes importantes en s'habituant à tenir leurs Congrès dans la même ville et à la même époque que le Grand Congrès annuel corporatif.

» Ce moyen permettrait assurément de donner plus d'importance à ces assises, dont bénéficieraient ces associations.

» N'oublions pas, d'autre part, qu'une trop grande centralisation serait incompatible avec les aspirations démocratiques et contraire au développement de la personnalité.

» L'individu doit conserver toute sa liberté d'action dans la corporation libre, comme la commune son autonomie dans la nationalité, indépendante elle-même dans la Confédération des peuples.

» Cet idéal est réalisable, tout au moins en ce qui concerne l'organisation ouvrière. Un peu d'abnégation et cela suffirait. — Claude Gignoux et Victorien Bruguier (Rapporteurs) ».

Déclaration de la Bourse du Travail de Nîmes

« Le Conseil d'administration,

» Convaincu que les efforts en vue de réaliser l'unité d'action ouvrière — sur le terrain ouvrier et social — seront vains s'ils ne sont pas précédés par une unité morale correspondante, ce qui ne paraît pas le cas pour la fusion projetée des divers éléments dans une même et seule organisation du prolétariat.

» Du reste, l'expérience a parfaitement démontré combien il serait chimérique de prétendre assimiler des éléments aussi peu homogènes que ceux appelés à constituer la prochaine Confédération générale du travail, par le fait même de la diversité des moyens d'action et des intérêts particuliers qui les séparent pour la conquête de leurs revendications immédiates.

» Les tergiversations ont présidé à l'élaboration des diverses constitutions de la Confédération, depuis le Congrès de Limoges (1895) ne font que confirmer ses appréciations sur le projet de fusion que certaines organisations méditent d'instaurer.

» Par tempérament, par esprit d'initiative, par la nature des ressources et des attributions variées des groupements importants que l'on veut lier, s'opposent absolument à la concentration de l'effort ouvrier entre les mains d'un comité unique.

» Ce comité, fut-il des mieux intentionnés, qu'il ne lui serait pas possible de mener plusieurs tâches à la fois, et le mouvement corporatif et l'administration des Bourses, dont l'action sinon le but, diffèrent considérablement.

» Les Bourses du Travail ont un caractère administratif et éducatif très bien caractérisé : c'est l'administration des services usuels dont l'ouvrier a besoin dans la société actuelle pour être mis à même de défendre ses droits ; tandis que les syndicats nationaux, les fédérations d'industries et de métiers sont plus directement préoccupées de l'action contre les forces oppressives du Travail et plus ou moins imprégnées de la vie corporative pour l'amélioration des conditions d'existence des travailleurs.

» D'autre part, les Bourses du Travail constituent de véritables services publics municipaux — voire même nationaux par la Fédération des Bourses — sous l'administration directe des syndicats ouvriers. Elles sont, en général, assez largement subventionnées pour faire face aux dépenses qui découlent de leurs attributions.

» Pour si enthousiaste partisan de l'unité que l'on puisse être, ce serait compromettre l'avenir du mouvement syndical que de fusionner les Bourses avec les Fédérations de syndicats et de métiers et nécessairement les deux actions finiraient par se confondre au détriment de l'une ou de l'autre.

» La pratique de l'association, sous ses formes différentess, n'a point suffisamment pénétré les masses ouvrières, pour compromettre au hasard d'une conception, sans doute généreuse, l'avenir d'une institution comme celle de la Fédération des Bourses du Travail qui a déjà rendu des services indiscutables au prolétariat.

» Et puis la fusion des éléments corporatifs ne constitue pas à elle seule l'action sociale du prolétériat. Un contre élément avec les associations ouvrières — et non des moins importants — pénètre de plus en plus profondément la vie ouvrière. Faut-il s'en tenir à l'écart ou s'en approcher ? Cette question se posera un jour à l'attention des esprits, préocupés de réalisations immédiates.... En attendant, ces associations forment un puissant noyau d'activité qui porte en germes les moyens d'indépendance qui font défaut aux syndicats.

» Pénétrée du désir sincère de réaliser la plus grande somme d'unité compatible avec les devoirs réciproques que se doivent entre elles les organisations ouvrières, approuve de toutes ses forces le projet présenté par le camarade Briat qui, tout en laissant la porte ouverte aux améliorations que l'expérience aura démontrées, sauvegarde l'autonomie morale et financière des organisations appelées à participer à la Confédération générale du Travail.

» En outre il est d'avis que les Congrès — le Congrès des Bourses et le Congrès de la Fédération — ne se tiennent que tous les deux ans afin de laisser aux organisations ouvrières le temps nécessaire pour mettre en application les décisions des Congrès précédents et de pouvoir en apprécier les résultats.

» *Le Délégué rapporteur,*

» Victorien Brugnier. »

Grenoble. — L'Unité peut facilement se faire sans briser pour cela aucune des organisations existantes. Chaque organisation n'aurait qu'à voter des résolutions et des vœux qui, si la Confédération devait être un Comité exécutif serait étudié par le Comité confédéral. Certains points doivent être particulièrement discutés. Je demande donc, s'il est constitué une Commission, à être entendu par elle.

Albi dépose une motion d'ordre faisant observer que tout le monde étant à peu près du même avis, il est inutile d'éterniser la discussion pour se répéter sans cesse.

Marseille donne lecture du mandat de Laval, qui fut réservé au début du Congrès. Le Congrès valide.

Angers. — Les causes de dissentiments qui existent entre les deux organisations de la Confédération générale et la Fédération des Bourses échappent au premier abord aux syndiqués à vue simple qui ne peuvent comprendre avec juste raison une division entre deux forces ouvrières tendant au même but, c'est-à-dire à l'émancipation sociale des travailleurs.

En effet, pour réussir dans nos revendications, il nous faut la complète cohésion de toutes les forces de la masse des travailleurs contre la masse des capitalistes.

Toute trace de dissension doit donc disparaître; il le faut.

Ces discussions stériles et néfastes sur lesquelles se greffent le plus souvent des questions de personnes ou d'école politique sont désastreuses pour le monde du travail, et ce, à la plus grande joie des exploiteurs qui se gaussent de nos efforts impuissants.

Les origines de cette division proviennent, paraît-il, de ce que la Confédération générale du Travail n'accepte dans son sein que des Fédérations nationales de métier, laissant ainsi de côté les petits Syndicats non fédérés appartenant aux Bourses du Travail et pour cette raison considérant les Bourses du Travail au simple point de vue administratif et presque comme une non-valeur dans le prolétariat.

En cela, à notre avis, la Confédération a tort; mais cependant tout nous fait prévoir une détente dans les rapports de ces deux organisations centrales puisque dans leur Congrès respectif d'Alger et de Montpellier, la question de l'Unité ouvrière figure à l'ordre du jour.

Nous espérons que le Congrès d'Alger saura jeter les bases d'un accord faisant respecter les droits de la Fédération des Bourses du Travail qui sont le berceau des Syndicats et rendent d'immenses services aux travailleurs, aussi bien au point de vue syndical qu'au point de vue du placement et de l'éducation prolétarienne.

Nous sommes certains que la Confédération Générale du Travail saura reconnaître ces services et abandonnera tout empiètement sur l'autonomie des Bourses, considérant que si les Bourses du Travail abritent de petits Syndicats, il faut tenir compte des militants placés à leur tête, de leurs efforts, et prendre les bonnes volontés où elles se trouvent.

Nul doute que les délégués de ces deux organisations sauront, tout en respectant les droits et l'autonomie de chacune d'elles, faire cesser les divergences de vues qui tendent néanmoins au même but et faire cette union nécessaire pour dresser, menaçante, la masse colossale des prolétaires devant la coalition capitaliste.

En terminant, Camarades, je déclare que la Bourse du Travail d'Angers m'a donné le mandat ferme de voter la proposition Briat, qui n'est autre, à son avis, que celle de feu regretté Pelloutier, développée ainsi au Congrès de Toulouse :

« Ainsi donc, les Congrès de Toulouse auront achevé la constitution du Prolétariat : à la base, le Syndicat, d'où doit partir toute décision ; puis, d'un côté, l'Union des Syndicats d'un même métier ou de métiers similaires ; les diverses unions ainsi formées se fédérant en un Conseil National Corporatif ; d'autre part, les Syndicats de toutes professions groupés localement dans les Bourses du Travail, et l'ensemble de ces Bourses, de ces unions de Syndicats, constituant la Fédération des Bourses ; au sommet, enfin, l'Union du Conseil Corporatif et du Comité Fédéral des Bourses du Travail, c'est-à-dire la Confédération. »

Camarades,

Je demande maintenant à vous présenter les vues conformes aux nôtres des Bourses du Travail de Cholet et du Havre qui n'ont pu, pour les causes que vous connaissez, envoyer de délégué et m'ont chargé de leur mandat :

« Nous acceptons l'Unité Ouvrière tout en laissant la plus grande autonomie à la Fédération des Bourses ; nous sommes pour la cotisation actuelle ou la proposition qui s'en rapprochera le plus, parce qu'une cotisation plus élevée porterait un préjudice aux organisations faibles.

» Par contre, nous repoussons la proposition de Laval et d'Alençon : parce que, en admettant que les cotisations soient proportionnelles aux membres adhérents de chaque Syndicat, vous ne pouvez pas admettre que les droits de chaque Syndicat soient également proportionnels à ses membres adhérents, comme une Fédération d'Industrie ou de Métier dont les avantages vont plutôt aux membres adhérents (comme dans une grève par exemple), qu'aux organisations, comme dans la Fédération des Bourses.

» Bourse de Cholet. »

« Comme vous le savez, camarades, il y a à Paris deux organismes centraux : la Confédération du Travail, réunion des Fédérations de métiers ou d'industrie, et la Fédération des Bourses du Travail, qui, comme son nom l'indique, est la réunion des Bourses du Travail. Des camarades mènent, depuis plusieurs mois, une campagne énergique pour rapprocher et même pour fondre ces deux organisations en une seule ; le mouvement, disent-ils, aura plus de cohésion, de force s'il part d'une même place, d'un même milieu. Aujourd'hui, les travailleurs paraissent plutôt divisés, parce qu'il y a deux organisations : du jour où il n'y en aura qu'une, tout ira pour le mieux. Il y a là une erreur absolue. Changer de milieu des éléments qui paraissent irréconciliables n'est pas faire de l'unité et tant que les uns ou les autres ne voudront ou ne pourront changer de méthode, il vaut mieux rester chacun dans sa sphère. Il faudrait, d'ailleurs, bien se pénétrer de ceci : la Bourse du Travail est une institution absolument indispensable et qui aurait besoin d'avoir sa pleine autonomie ; son rôle consiste à organiser localement le Prolétariat, à fonder des Syndicats afin d'amortir d'abord le dur choc de l'exploitation capitaliste, réunir ces Syndicats par l'intermédiaire de délégués pour échanger des vues et résoudre, du moins théoriquement, les problèmes sociaux ; s'occuper des salaires, des heures de travail, du placement, de statistique, etc. Voilà sa mission. La Confédération du Travail, composée des délégués de fédérations, s'occupe de donner plus d'extension au mouvement ouvrier, de fonder des fédérations afin de faire rayonner partout les syndicats qui s'efforceront d'unifier les conditions de la production. Voilà aussi sa mission.

» En l'état actuel des idées qui ont cours dans les milieux ouvriers, il serait utile, que ces deux éléments subsistent. Dans tous les cas, et sous aucun prétexte, il ne doit être touché à notre Fédération des Bourses du Travail, ni aux Bourses qui la composent. Maintenant, les délégués de la Fédération des Bourses et de la Confédération du Travail pourraient parfaitement se réunir, à un moment donné, pour discuter ensemble certaines questions, lorsqu'il y aurait nécessité. Sur ce point, il ne saurait y avoir d'opposition sérieuse. Mais, à notre avis, tout doit se borner là.

» Bourse du Havre ».

Arles. — Puisque tous les délégués sont revêtus du même mandat, je trouve inutile la prolongation de cette discussion et j'en demande la clôture.

Albi appuie.

Cette. — Ne voulant pas ici répéter en quelque sorte les propositions diverses exposées par les précédents orateurs, je vous donne comme conclusion sur l'Unité Ouvrière ces points principaux :

Un titre unique ; un Congrès unique ; une cotisation unique ; un statut fondamental ; un classement de travail pour chaque Commission constituée dans le Comité Confédéral,

Le Comité Fédéral et le Comité Confédéral tels qu'ils sont maintenant compris, devront se réunir pour élaborer ensemble les Statuts de la Nouvelle Confédération Générale du Travail suivant les motions présentées, adoptées et les indications fournies par les Congrès de 1902. Ils soumettront ces Statuts à la ratification du prochain Congrès qui suivra le Congrès de Montpellier. Ainsi l'Unité Ouvrière dûment réalisée, après des études sérieuses, des discussions sages et point trop hâtives, où auront véritablement pris part, sans aucune précipitation nuisible, tous les délégués du Prolétariat organisé ; entrera dans la pratique des faits et produira des résultats appréciables et féconds pour l'émancipation des travailleurs. Je propose, en outre, que l'on procède immédiatement à la nomination d'une Commission tendant à fusionner les divers projets d'unité, et qu'un projet unique soit élaboré par ladite Commission tendant à mettre d'accord les auteurs des différents projets qui lui seront soumis et je demande la priorité pour ma proposition.

Lyon. — Que chacun ait au moins la liberté d'exposer son projet.

(A la majorité, la clôture est repoussée).

Levallois. — Je constate qu'aucun orateur n'a encore déposé un projet.

Au nom de Levallois, je tiens à soumettre au Congrès un supplément d'études à mon projet :

« Quoi de plus anormal qu'un Syndicat adhérant en même temps à deux organisations antagonistes. Il faut organiser le Prolétariat pour la lutte et centraliser son action. Tant que cette organisation ne sera pas faite, les deux organismes du travail se gêneront et annuleront mutuellement leur travail. L'organisation d'ensemble que présente Levallois est la meilleure, puisque tous les éléments y sont représentés au même titre et y jouiront de la plus grande autonomie. Une autorité trop grande de l'organisation centrale présenterait de grands inconvénients, principalement dans les cas de grève. Notre projet ne se base que sur les Syndicats qu'il groupe non par un lien autoritaire, mais par un lien fraternel et tout de solidarité, grâce aux Bourses du Travail ou aux Unions de Syndicats à défaut de Bourses qui, elles-mêmes, sont groupées par un Comité central, composé d'un délégué de chacune d'elles. L'entente entre les Syndicats de même métiers se ferait par l'intermédiaire de ces mêmes Bourses.

» Voilà, camarades, un moyen simple et économe. »

Albi. — J'ai mandat de conserver l'autonomie de chaque organisation, mais je crois que nous sommes en train de discuter à perte de vue un principe sur lequel nous sommes tous d'accord.

Saint-Étienne. — Il serait temps d'entrer dans la véritable discussion et de nommer une Commission composée de tous les auteurs de projets et de quelques camarades qui, après étude et discussion, nous fourniraient un rapport sur lequel nous n'aurions plus qu'à nous prononcer.

Rochefort. — J'ai quatre mandats sur cette question : deux pour le projet Briat et deux pour le projet Dulucq; mais je n'ai pas les mains liées pour cela. J'accepterai n'importe quel projet, même celui de Paris, pourvu que l'autonomie des Bourses soit sauvegardée.

Lyon. — Dans les différents exposés faits par la majorité des orateurs, on semble croire que Lyon condamne le travail fait par la Fédération des Bourses. Il y a là erreur. Lyon rend un hommage sincère à la Fédération des Bourses pour ses travaux, mais il ne s'ensuit pas de cela que ce qui a été fait doit disparaître. Cependant, dans l'intérêt du Prolétariat tout entier, nous estimons qu'une organisation unique doit suffire. Dans notre projet, où nous supprimons l'organisme : « Fédération des Bourses », qui est remplacé par une « Commission des Bourses » (ou tout autre titre), partie intégrante de la Confédération, nous n'avons pas la prétention de supprimer les Bourses. Nous laissons à indiquer le fonctionnement en partie de la Fédération des Bourses. Nous pensons aussi que par l'organisation unique, vers laquelle nous nous efforçons de tourner les yeux de tous nos camarades, nous leur donnerions cette impression de force et de confiance qui leur est nécessaire pour l'accomplissement des efforts qui nous feront arriver au but que nous poursuivons.

D'autre part, comme le dit notre Rapport, nous n'avons pas l'intention de créer un pouvoir impérieux, autoritaire. Non, ce n'est point notre intention; au contraire. Mais par une réglementation aussi libérale que possible, nous pouvons arriver à contenter tous les sentiments, à satisfaire toutes les susceptibilités.

Nous disons aussi, au point de vue financier, et ceci contrairement au projet de Montpellier, qu'il ne doit exister qu'une cotisation unique et qu'une caisse unique, certains que chacun des rouages de cette organisation unique n'en usera qu'à bon escient et pour œuvre utile.

PARIS. — Le projet de LEVALLOIS est un projet de Fédération et non de Confédération, qui regarderait plutôt le Congrès corporatif.

MONTPELLIER. — Je suis heureux de constater que personne n'a parlé contre le principe de l'Unité, ni pour le maintien du *statu quo*. Du Congrès d'Alger sortira, j'en ai la conviction, une nouvelle organisation plus forte, plus efficace. Je tiendrais pourtant à répondre en quelques mots aux objections qui ont été présentées. SAINT-QUENTIN a dit que les deux organisations existantes avaient des attributions différentes. J'ai déjà expliqué l'exagération de cette affirmation puisqu'elles ont un même but et y marchent par des moyens identiques. LYON a préconisé, lui, la suppression complète de la Fédération des Bourses; mais je trouve dans son projet une petite contradiction, puisqu'il propose ensuite la création d'une « Commission des Bourses ». NARBONNE est partisan de mon projet, sauf pour la cotisation qu'il voudrait unique. Ce système présente ce grand inconvénient que, nécessitant la création d'une caisse unique, d'un seul bureau central, il créerait par là une sorte de Parlement ouvrier permanent, ce que nous ne voulons pas. ALGER a dit que le projet que je présentais à ce Congrès n'était pas le même que celui que j'avais présenté l'an dernier. Cela prouve tout simplement que j'ai compris mes erreurs et que, m'éclairant de la longue discussion soulevée dans la *Voix du Peuple*, je les ai corrigées. Je tiens, en outre, à relever une de ses expressions : « *Niel fut assez adroit* ». Je ne suspecte certes pas la bonne foi d'ALGER, mais cette expression prête à équivoque et peut me faire soupçonner d'hypocrisie.

CONSTANTINE. — Au nom d'ALGER, momentanément absent, je tiens à affirmer que la sincérité du camarade Niel n'a jamais été mise en doute.

MONTPELLIER — Je répète que je n'ai jamais suspecté la bonne foi d'ALGER. J'ai voulu simplement empêcher une équivoque de se produire. Mon opinion n'a pas varié depuis ma déclaration au Congrès corporatif de Lyon, que voici : « A mon avis, c'est la Fédération des Bourses qui doit disparaître. Disparaître ? entendons-nous. Disparaître en tant qu'organisation centrale, oui. Mais disparaître dans ses fonctions et ses services, non. Car, je le répète, il faut bien s'entendre, s'il y a des camarades qui soient partisans de la disparition totale de la Fédération des Bourses, je n'en ai jamais été. Je connais trop les services qu'elle a rendu et qu'elle rendra encore, pour méconnaître l'utilité de sa fonction ».

Si j'ai modifié mon projet, c'est que je me suis laissé convaincre par les arguments sérieux qui m'ont été présentés et que j'ai discuté de bonne foi. Je ne suis pas adroit, je suis sincère. ALGER a présenté comme obstacle à la réalisation de l'Unité qu'il y avait en France à peine un 1/8 d'ouvriers syndiqués. Mais dans les syndicats, comme dans les fédérations, attendons-nous l'unanimité pour commencer notre propagande ? Faisons donc ainsi. Commençons l'Unité avec toutes les bonnes volontés qui la veulent; nous ferons ensuite comprendre l'utilité aux autres de venir à nous. TOURS demande une concentration. J'ai déjà répondu à cet argument, je n'insisterai plus. VERSAILLES préconise l'Unité sur tous les terrains. L'expression « tous les terrains » est trop large. Les décisions des congrès précédents veulent qu'elle se fasse exclusivement sur le terrain exclusivement syndicaliste et corporatif. C'est sur le terrain du Travail que tous les exploités ont intérêt à se grouper. C'est ce que je fais valoir, du reste, dans la déclaration qui précède mon projet.

VERSAILLES. — Notre camarade de Montpellier a dit qu'il voulait lui aussi l'Unité par la base, dans les Syndicats et Fédérations, par l'union des exploités sur le même terrain : le terrain syndical. Il sait que son projet n'est pas encore l'Unité idéale et que celle-ci se fera par la suite, lorsque tous les petits groupements syndicaux épars dans tous les lieux auront pu se réunir en une fédération adhérente à la Confédération générale du Travail, en même temps qu'à son Union locale de syndicats ou Bourse du Travail. Mais en attendant, il faut, comme il en fut décidé au Congrès corporatif de Lyon, après une grande discussion, que les petites organisations aient la faculté de se prononcer et d'avoir leur part dans tout ce qui intéresse le monde du travail organisé. C'est pour cela qu'à Lyon, il fut décidé, que ces petites organisations auraient le même nombre de voix proportionnellement aux grandes. Et c'est ainsi que la propagande d'émancipation pourra atteindre partout les ouvriers groupés en syndicats seulement au lieu de les laisser isolés, proie facile au découragement et à la désorganisation. Puisque l'Unité maximum n'est pas encore possible, faisons toujours cette Unité minimum que demande le projet de MONTPELLIER, et je suis certain qu'en très peu de temps, grâce à l'éducation syndicale et sociale que nous saurons faire au sein de cette Unité, celle-ci se complètera toujours davantage et d'elle-même arrivera à la perfection possible.

PARIS. — Les deux organisations doivent fusionner, c'est-à-dire n'en faire qu'une sans pour cela s'annuler l'une par l'autre. Elles doivent encore avoir leurs attributions distinctes et par conséquent garder toutes deux leur autonomie. Et voici comment PARIS entendrait que se versent les cotisations ainsi qu'elle le dit dans son projet :

Article 23. — La cotisation mensuelle des organisations adhérentes est fixée comme suit :

» Pour les Fédérations nationales d'industrie ou de métiers ou pour les Syndicats nationaux, à 0 fr. 45 par cent membres ou par fraction de cent membres.

De même pour les Syndicats isolés qui ne sont pas formés en section d'industrie, mais sans que cette cotisation soit inférieure à 1 franc par mois.

» Pour les Bourses du Travail, Unions de Syndicats locales et régionales, à 0 fr. 40 par Syndicat adhérent et par mois, mais sans que chacun de ces organismes puisse payer pour moins de cinq Syndicats

» Article 24. — Les cotisations des Bourses du Travail ou Unions locales doivent, avant toute autre destination, servir à assurer les services relatifs aux Bourses.

S'il y a lieu, le reliquat servira à la propagande générale.

» Article 25. — Un prélèvement de 10 0/0 est fait sur toutes les cotisations perçues par le Comité confédéral, qui sera mis à la disposition du Comité de la grève générale, qui l'emploiera à la propagande. »

Le projet prévoit : 1° une augmentation de 0 fr. 05 par 100 membres adhérents à chacune des Fédérations qui font partie de la Confédération générale du Travail ; 2° une augmentation de 0 fr. 05 par Syndicat adhérent à une Bourse du Travail ; autrement dit nous portons à 0 fr. 40 la cotisation des unités syndicales qui font partie du Comité des Bourses du Travail.

Il est peut-être utile que j'explique pourquoi PARIS veut cette augmentation de cotisation qui n'est que la suppression d'une superfétation dans le versement des cotisations multiples qu'ont à faire nos organisations. Si l'on songe qu'il y a actuellement des cotisations à verser : 1° à la Confédération ; 2° à la Fédération des Bourses ; 3° au Comité de la Grève générale, on ne s'étonnera pas que l'une ou l'autre de ces trois organisations aient eu souvent à constater la négligence ou l'oubli absolu de certains groupes syndicaux pour le versement périodique de leurs cotisations. C'est ainsi qu'à l'Union des Syndicats de la Seine nous avons conclu qu'il y avait lieu de proposer l'établissement de la cotisation unique.

NARBONNE. — J'estime qu'il faut établir une cotisation unique et je demande que mon projet soit retenu par la Commission qui sera nommée tout à l'heure.

BAGNÈRES-DE-BIGORRE. — Je tiens à déclarer que ce n'est pas le secrétaire fédéral, mais le délégué de Bagnères-de-Bigorre qui parle en ce moment.

Je me suis abstenu autant que possible de prendre part à la discussion sur l'Unité qui eut lieu dans le cours de l'année, parce que j'estime avoir assez dit quelle était ma façon de penser lorsque je répondis à Niel au Congrès de Nice. Mon opinion n'a guère varié, et puisque maintenant il faut se prononcer sur l'Unité, voici très brièvement comment je l'entends :

La Confédération générale du Travail serait constituée en deux sections :

1° Section des Bourses du Travail ou Fédération des Bourses ;

2° Section des Fédérations de métier ou d'industrie et Syndicats isolés.

Comme les attributions de chacune de ces deux sections restent bien distinctes, elles conserveraient chacune leur complète autonomie : autonomie morale et autonomie financière. Chacune des deux sections nommerait son bureau. Trois Commissions seraient formées d'une partie égale de membres de chacune des deux sections. Ce seraient :

1° La Commission de contrôle, qui vérifierait les comptes des deux sections de la Confédération et de leurs Commissions ;

2° La Commission du journal syndicaliste la *Voix du Peuple* devenu réellement l'organe de la Confédération générale du Travail ; mais la responsabilité morale et financière de ce journal resterait toute à la section des Fédérations de métier et d'industrie et Syndicats isolés, parce que cet organe d'action immédiate et permanente rentre bien dans les attributions de cette section et aussi parce que cette section en a assumé la gestion et s'est ingéniée à lui conserver l'existence ;

3°. La Commission de la Grève générale. Cette Commission, ainsi composée de membres des deux sections signifierait bien que le moyen en lequel nous espérons pour l'affranchissement social du travailleur comporte aussi bien de l'éducation que de l'action. En outre, il donnerait satisfaction aux partisans les plus convaincus de la grève générale qui peuvent se trouver dans le Comité Fédéral et qui trouveraient ainsi l'emploi, au sein de cette Commision, de leur activité révolutionnaire.

Voilà comment je conçois l'Unité ouvrière.

Je sais que beaucoup ne partageront pas mon idée; d'ailleurs, je ne lui ai pas assez donné de publicité; mais j'estime qu'à l'encontre de beaucoup d'autres projets qui compliquent l'organisation au lieu de la simplifier, le projet que j'émets, ne tente nullement à amoindrir une des deux organisations à l'avantage de l'autre.

Maintenant, en deux mots, je veux répondre à l'argumentation, qui n'est pas nouvelle, du camarade Niel, redisant encore comme à Nice et à Lyon, que les Congrès des Bourses ont discuté des questions qui n'étaient pas dans leurs attributions. Ce fut tant mieux que la Fédération des Bourses s'occupât de ces questions, puisqu'elle était, à ces moments, la seule organisation qui le pouvait faire. Et d'ailleurs, une question comme la grève générale sera, à mon avis, toujours mieux discutée par les Bourses du Travail que par les organisations adhérentes, parce qu'elles sont forcées d'avoir sur ce sujet des idées plus générales, plus larges, plus pratiques. Je ne relèverai pas d'autres arguments puisqu'ils l'ont été à Nice et, si j'ai gardé un obstiné silence, je l'ai dit à plusieurs qui me le demandaient, c'est, outre que je ne tenais pas à me répéter, parce que, étant donné ma situation de Secrétaire Fédéral, si j'avais dit d'une façon, on aurait peut-être pensé que je défendais ma situation et, d'autre part, si j'avais dit le contraire, on aurait pensé que je manquais de franchise. D'une façon comme de l'autre, j'eus été certainement mal jugé, il était préférable que je reste neutre.

D'ailleurs, n'y a-t-il pas parmi les camarades de nos Bourses du Travail qui savent ce qu'a fait, ce que fait et ce que peut faire encore leur Fédération, d'assez éloquents et sincères défenseurs de ce rouage économique et social, devenu indispensable à la classe ouvrière organisée, pour que je puisse moi-même, me dispenser d'en parler davantage.

La Bourse de Bagnères-de-Bigorre, en conformité absolue avec moi sur celà et me mandatant pour la représenter ici, je profite de l'occasion pour exprimer ma pensée et je n'en abuse pas, on le reconnaîtra.

Poitiers. — Il faut qu'il y ait réciprocité en ce qui concerne les droits et devoirs des adhérents à la Confédération, c'est-à-dire qu'on n'admette pas à la Confédération des organisations qui, sans motif valable, refuseraient d'adhérer à leur Fédération de métier ou d'industrie, d'une part, et à leur Union locale ou Bourse du Travail, d'autre part.

Alger. — Narbonne met les Syndicats dans l'obligation d'adhérer à leur Fédération. C'est là de l'autoritarisme nuisible. Déjà nous voulons empêcher deux Syndicats de même corporation de se former au même endroit Ce n'est pas le moyen de faire l'Unité, qui ne peut être créée que sur un terrain d'entente où la liberté de tous sera respectée.

Bagnères-de-Bigorre. — Il est matériellement impossible d'empêcher la formation de deux Syndicats, car sans cela, les camarades qui seraient exclus de leurs Syndicats à cause de leurs opinions, se verraient, de ce chef, exclus du mouvement syndicaliste. Il ne s'ensuit pas, certainement, qu'on doive encourager l'éparpillement des forces d'un groupement ; au contraire. Mais il ne faut pas être absolu, car des cas, malheureusement, se sont déjà présentés où des camarades ont été mis en dehors de leur organisation parce qu'ils faisaient trop de louables efforts pour que cette organisation marche mieux dans les principes d'émancipation que nous préconisons.

Le Mans. — On a tout à l'heure discuté la question de cotisations. Je rappelle à Niel la longue discussion qui eut lieu à Lyon à ce sujet. L'Unité ne peut se faire que si l'on tient compte d'un minimum de cotisation pour les Syndicats pauvres (qui sans cela sont exclus des Fédérations), en leur demandant un engagement pour plus tard. D'autre part, si, au Mans, nous devions payer de deux côtés différents, nous serions forcés de nous retirer. Décider qu'il y aura deux cotisations, c'est, pour ainsi dire, exclure la Bourse du Mans de l'Unité.

Paris. — J'ai mandat de déposer la motion suivante :

« Les Bourses du Travail devront inviter tous leurs Syndicats à adhérer à leur Fédération d'industrie ou de métier.

» La Confédération générale du Travail devra, de son côté, inviter les Syndicats à adhérer à leur Bourse du Travail respective.

» Un délai de : .... est accordé aux Syndicats pour se conformer à la décision du Congrès.

» Les Syndicats qui ne se conformeront pas à cette décision seront rayés de leur Fédération de métier ou d'industrie ainsi que de leur Bourse du Travail. »

Si le Congrès adoptait cette manière de voir, la formation de deux Syndicats de la même corporation deviendrait impossible.

Poitiers. — Si l'on prenait à la lettre les paroles de Paris, il faudrait commencer par exclure l'Union des Syndicats de la Seine, qui comprend trois Syndicats d'Employés de Commerce. Je trouve que ce serait une mesure antilibertaire que de vouloir restreindre le nombre de Syndicats.

Angers. — Il est inadmissible qu'on tolère deux syndicats de la même profession dans la même ville. Le secrétaire fédéral doit se rappeler le mal qu'a donné aux Congrès du Livre en 1893, la fusion des deux syndicats typographiques parisiens de la rue Bailleul et de la rue de Savoie. Ce n'est pas au moment où nous tentons d'amener une conciliation entre les deux Bourses de Nice et où nous faisons tout pour réaliser l'Unité Ouvrière, qu'il faut ouvrir la porte aux divisions. Il y a là une question de discipline qu'il est nécessaire d'observer pour tous les syndiqués.

Le Secrétaire Fédéral. — Très bien. Mais dites-nous ce que feront les camarades qu'une majorité mal éclairée aura rejetée du Syndicat pour leurs idées. Je le répète, cela s'est produit et peut se reproduire partout où quelques individus mènent une majorité inconsciente et arriérée.

Lyon. — Que cette question soit renvoyée à la Commission de l'Unité.

Constantine. — Il y a deux Fédérations d'Employés : une à Rouen, une à Paris; une Fédération Culinaire et une Fédération de l'Alimentation. Il faudrait savoir laquelle est la bonne.

Angers. — Restons dans le débat.

(Plusieurs voix : *La clôture !)*
La clôture est prononcée à l'unanimité moins deux voix, après les orateurs inscrits.

Paris. — La seule bonne Fédération sera celle qui adhérera à la Confédération.

Angers. — Je partage absolument cette opinion.

Les ordres du jour suivants sont déposés :
« Le Congrès d'Alger passe à la nomination d'une Commission composée des » auteurs de projets et des camarades qui assisteront au Congrès de Montpellier. » Cette Commission présentera un rapport et le rapporteur de cette Commission » sera chargé, après la discussion, de soutenir les vues du Congrès des » Bourses sur la question de l'Unité, au Congrès de la Confédération.

» Toulouse, Niort, Brive. »

« Une Commission de sept membres est nommée à charge de fournir un » rapport sur l'Unité ouvrière.
» S'inspirant des indications données par la majorité des délégués entendus, » cette Commission fournira un projet d'Unité maintenant l'institution de la » Fédération des Bourses et l'autonomie de ces Bourses.
» Le Congrès des Bourses pourra se tenir à la même date et au même lieu » que le Congrès national corporatif.
» La Fédération des Bourses pourra mettre en tête de ses circulaires le titre » de *Confédération générale du Travail.*

» Saumur, Versailles ».

« Le Congrès, donne mandat à la Commission, et à titre d'indication, pour » l'elaboration du projet des conditions de l'Unité ouvrière, des points » suivants :
» 1° Sur le mode et la tenue des Congrès ;
» 2° Sur la participation des deux organismes, aux charges communes ;
» 3° Sur la fixation des attributions communes aux deux organisations.

» Nîmes, St-Étienne, Nice, Arles, Reims, Bordeaux, Alais, Angers ».

« Le Congrès donne, comme indication, le principe de la cotisation unique, » c'est-à-dire qu'un Syndicat paiera soit par l'entremise des Fédérations, soit » par l'entremise des Bourses du Travail.

» Alençon, Narbonne, Marseille. »

« Les projets Briat, Niel et de l'Union de Paris étant similaires, ces trois » projets serviront d'indication à la Commision à élire.

» Besançon. »

Toulouse demande la priorité pour son ordre du jour.

La priorité est accordée.
L'ordre du jour Toulouse mis aux voix est adopté à l'unanimité.

Versailles demande qu'on le complète par son ordre du jour.

Montpellier. — Il est inutile de donner des indications à la Commission que la discussion éclairera.

Versailles. — J'insiste parce que mon ordre du jour indique déjà à la Commission dans quel sens elle doit faire sont projet.

L'ordre du jour Versailles mis aux voix est adopté à l'unanimité moins une voix.

On procède à la nomination de la Commission. En font partie :

Le Mans, Levallois, Tours, Toulouse, Lyon, Reims, Montpellier, Narbonne, Angers, Bagnères-de-Bigorre, Versailles, Saint-Quentin, Amiens, Chateauroux, Alais, Béziers, Cette, Niort, Paris, Grenoble, Valence et bien entendu tous les auteurs de projets.

La Commission siégera de suite afin de pouvoir fournir son rapport demain.

Après constitution du bureau, la séance est levée à minuit et demi.

TROISIÈME JOURNÉE

Sixième Séance. — MERCREDI matin, 17 Septembre

La séance est ouverte à 9 h. 45.

Président : SAINT-ÉTIENNE.
Assesseurs : ANGERS et CETTE.

Plusieurs délégués auteurs de projets sur l'Unité Ouvrière étant absents, le Congrès décide de renvoyer la continuation de la discussion générale sur cette question et d'aborder la suite de l'ordre du jour.

NICE annonce qu'il a reçu la réponse au télégramme adressé, hier, à la Bourse de cette ville, au sujet du conflit existant entre elle et la Fédération indépendante, et demande la réunion de la Commission pour statuer définitivement sur le cas.

Il est décidé que les membres de cette Commission se réuniront dès qu'ils seront tous présents.

AUTONOMIE DES BOURSES

L'ordre du jour appelle la discussion sur les projets déposés sur l'autonomie des Bourses.

TOULOUSE. — Je veux développer un projet dans lequel la vitalité des Bourses est assurée : 1° par une cotisation des Syndicats adhérents, au prorata du nombre des membres ; 2° par les bénéfices réalisés à l'aide des coopératives de production et de consommation à créer dans ce but. *(Voir le rapport aux annexes.)*

NIMES. — Je suis d'avis que les Bourses ne peuvent conserver leur indépendance qu'en se tenant à l'écart des partis politiques et de l'action électorale.

Les Bourses du Travail, d'après mon projet, seraient reconnues d'utilité publique. Ce qui n'exclurait pas les autres moyens pour se procurer des ressources qui pourraient être affectés à des œuvres de solidarité. *(Voir ce projet aux annexes).*

ROUEN. — Je vois la vitalité des Bourses dans l'union coopérative et syndicale, et je propose de porter cette question à l'ordre du jour du prochain Congrès. Chaque Bourse fournirait une étude. A mon avis, une étude approfondie permettrait d'assurer l'autonomie des Bourses, grâce à des coopératives de production ou de consommation, qu'appuierait au besoin une banque coopérative, dépendant exclusivement des Syndicats, qui y verseraient tout leur avoir. La Banque et la Coopérative s'adresseraient à la Bourse du Travail pour le recrutement de leurs employés.

PARIS. — Je doute que l'autonomie des Bourses soit acquise, même par la coopération, si une loi n'intervient pas qui leur donne cette autonomie. L'autorité gouvernementale ou municipale pourra toujours et aussi bien faire fermer une Coopérative-Bourse du Travail qu'elle le fait pour une Bourse du Travail simplement.

Peu importe la forme du domicile pour ceux qui ont ordre de le violer. Lorsque l'action syndicale gênera l'autorité, celle-ci ne manquera pas de prétextes pour ordonner la fermeture. Cela s'est déjà produit au Havre, où des agents municipaux suscitèrent des troubles avec des non-syndiqués afin que, par la fermeture de la Bourse, le mouvement syndical du Havre soit arrêté.

Une autre raison encore nous fait prendre garde à cette façon de rendre autonomes les Bourses, c'est qu'à l'Union des Syndicats de la Seine, nous considérons qu'avec un local à nous, nous abdiquerions aux *jaunes* le local officiel qu'ils convoitent ; ceux là seront sans scrupules sur les principes syndicaux, tous les amis du patronat trouveront asile et le reste.

Nous sommes partisans d'un projet de loi où serait indiqué que chacune des Bourses du Travail se meut, conformément à la loi de 1884, en défendant les intérêts professionnels et économiques des travailleurs en général sans ingérance gouvernementale ni municipale et que toute violation de la loi ne puisse, en aucun cas, entraîner la fermeture du local, que ceux qui auront contrevenu aux lois, décrets et règlements régissant l'institution des Bourses du Travail, soient poursuivis par le pouvoir judiciaire et non par le pouvoir administratif.

NIORT. — Je serais heureux que CONSTANTINE nous lise son projet, car j'ai des observations à son sujet.

CONSTANTINE. — Je me rallie absolument aux projets de TOULOUSE et de PARIS. Je vais cependant vous donner lecture du projet de CONSTANTINE. (*Voir aux annexes*).

ALGER. — Il serait intéressant de connaître l'avis du SECRÉTAIRE FÉDÉRAL, délégué du Comité pour la Bourse d'Alger, ainsi que le rapport qu'il a préparé sur cette question.

NIORT. — L'autonomie ne pourra se faire que lorsque les Syndicats assureront l'indépendance de leur Bourse par des cotisations. Le projet de CONSTANTINE est un projet de garantie et non d'autonomie.

TOURS. — Cette question de l'indépendance des Bourses du Travail est d'une importance très grande ; discutée dans différents Congrès, elle n'a été l'objet d'aucune résolution pratique jusqu'à ce jour.

Pour rendre nos Bourses du Travail indépendantes, quels moyens a le Prolétariat ?

Peut-il s'imposer d'un coup des cotisations extraordinaires pour faire vivre les Bourses ? Nous ne le pensons pas, ce serait impossible. Puis aussi, nous disons que les Bourses du Travail qui peuvent arracher une subvention à leur municipalité ne perdent généralement rien de leur indépendance.

Ce serait donc impossible, à l'heure actuelle, de rechercher une indépendance plus grande que, du reste, nous le répétons, il serait impossible de réaliser avec les gros sous des Travailleurs.

L'étude des différents moyens proposés par des organisations nous rend, avouons le, quelque peu perplexes, si ce n'est celui de la coopération. Nous ne pensons guère que les pouvoirs publics prennent en considération la proposition d'ALGER, qui consiste à demander une subvention directement au Gouvernement.

Puis cela serait-il, nous nous demandons si vraiment ce serait aller vers l'indépendance que d'accepter que ce soit l'Etat au lieu de la Commune qui subventionne, même législativement, les Bourses du Travail.

Il est certain que, par la coopération sous ses différentes formes, par la création, à cet effet, de coopératives de production et de consommation, on peut arriver à un résultat très appréciable ; ce que nous voulons signaler ici, c'est que, par ce moyen, le résultat peut être long à atteindre. Ce sera par de longs et laborieux efforts que le Prolétariat français pourra, avec ses Coopératives, subvenir aux Bourses du Travail.

Cependant seul jusqu'ici ce moyen nous a paru pratique et pouvant donner des garanties suffisantes pour que l'effort prolétarien soit connu. Si donc nous considérons que l'indépendance des Bourses du Travail doit être recherchée par les travailleurs, nous considérons aussi que cette indépendance, c'est-à-dire le but proposé, ne soit pour une demi-mesure, qu'au contraire ce soit vers une véritable, une entière indépendance, que l'orientation soit faite par le Coopératisme, tout en admettant que ce résultat ne sera obtenu que par un travail obstiné des militants Coopérateurs.

Est-ce à dire, Camarades, qu'en attendant ces résultats nous n'avons rien à faire? Hélas! des coups trop rudes et trop récents nous rappellent à la réalité. Si, nous avons quelque chose à faire: c'est de préparer notre défense en cas d'attaque, de parer aux coups qui pourront nous être portés dans l'avenir.

Des faits récents, disions-nous tout à l'heure, rappellent à la réalité. Ne vous souvient-il pas, Camarades, en effet, d'avoir vu les Bourses du Travail de Cholet, Blois, Le Havre, Chalons, Saint-Nazaire et d'autres encore succomber par suite du retrait de la subvention qui leur était accordée.

La classe bourgeoise nous réserve sans doute d'autres coups. Elle se résigne difficilement à voir s'organiser cette masse que jusqu'alors elle avait trompé et exploité à merci.

Parons les coups.

Il ne faut plus qu'une Bourse du Travail tombe frappée par les meurtriers bourgeois. Et pour cela que faut-il faire? Nous vous proposons ce moyen :

Que chaque Syndiqué se dispense pour une fois de rentrer au café et de verser tous les ans la modique somme de cinquante centimes pour venir en aide aux Bourses du Travail, victimes d'un retrait de subvention.

Si le Prolétariat le veut, cela est possible car cela est réalisable du jour au lendemain, ces fonds centralisés seraient employés à soutenir une Bourse frappée par la main des gouvernements. Et ensuite nous pourrions à l'abri de cette crainte de nous voir disparaître un jour ou l'autre, poursuivre notre travail vers l'indépendance et l'autonomie de nos Bourses du Travail.

Levallois-Perret. — En ce qui concerne l'autonomie des Bourses, la Bourse de Levallois demande au Congrès d'adopter les résolutions suivantes :

« Considérant qu'il est impossible à la classe ouvrière de créer et de faire fonctionner par elle-même les Bourses du Travail ;

» Considérant qu'il est démontré que les Bourses du Travail rendent de grands services, non seulement à la classe ouvrière, mais à tout le monde à plusieurs points de vue ;

» En conséquence, le Congrès décide :

» Qu'il est de toute urgence d'assurer l'autonomie complète à toutes les Bourses, en leur assurant une existence légale avec un budget suffisant.

» A cet effet, la Fédération des Bourses devra étudier et rédiger un projet de loi et l'envoyer directement à la Chambre sans aucune sorte d'intermédiaire, en demandant l'urgence.

» La proposition devra être précédée d'un rapport étudié, indiquant clairement le bien fondé des Bourses, les services qu'elles rendent et les services bien plus considérables qu'elles rendront par leur développement incessant. »

Paris. — Je reviens à l'observation faite par Alger ; il serait préférable, indispensable même, d'attendre pour continuer la discussion que le Secrétaire Fédéral soit présent.

Cette. — Je crois que la meilleure manière de résoudre cette question sur laquelle tant de rapports, tant de projets ont été déposés, serait de procéder comme pour l'Unité Ouvrière et de nommer une Commission qui amalgamerait les projets et en ferait un rapport qu'elle présenterait au Congrès.

Chateauroux. — J'ai un rapport à vous présenter et je ne suis pas d'avis qu'il soit formé une Commission, car j'estime que cette question d'Indépendance des Bourses est aussi importante que celle de l'Unité Ouvrière.

Je demande, en outre, vu l'absence de nombreux orateurs inscrits, que la séance soit renvoyée à cette après-midi.

Le Congrès adopte et l'on procède à l'élection du bureau pour la séance de l'après-midi.

La séance est levée à 11 h. 1/2.

Septième Séance. — MERCREDI après-midi, 17 Septembre

La séance est ouverte à 2 heures.

Président : AMIENS.
Assesseurs : BOURGES et NIORT.

CHATEAUROUX. — En présence de l'obligation où se trouve le délégué de Montpellier de hâter son départ pour préparer le Congrès corporatif, j'invite le Congrès à bien vouloir suspendre la discussion entamée ce matin sur L'autonomie des Bourses et à reprendre celle de l'Unité Ouvrière.

Le Congrès adopte.

LE PRÉSIDENT. — La parole est au délégué de Montpellier, rapporteur de la Commission de l'Unité Ouvrière.

MONTPELLIER donne lecture du Rapport de l'Unité Ouvrière.

L'UNITÉ OUVRIÈRE

Rapport présenté par la Commission nommée par le Congrès d'Alger pour étudier les diverses propositions relatives à la question de l'Unité Ouvrière et préparer le projet qui devra être soumis au Congrès de Montpellier, après adoption par le Congrès d'Alger.

CAMARADES,

Après les longues et intéressantes discussions auxquelles se sont livrés les représentants des Bourses du Travail de France et des Colonies, sur la question d'Unité Ouvrière, il était indispensable qu'une Commission fût désignée pour présenter, sous forme de projet, les divers désirs exposés de part et d'autre dans le Congrès.

Nous avons l'honneur de vous présenter et de soumettre à votre approbation, les conclusions de nos travaux.

La discussion s'est engagée d'abord sur le point de savoir s'il fallait se prononcer définitivement sur un projet quelconque dans tous ses détails, ou s'il ne serait pas préférable de se prononcer surtout sur les questions de principe et d'ordre général, laissant au camarade que vous nommerez pour vous représenter au Congrès de Montpellier, le soin de décider les divers points de détail sur l esquels des modifications pourront être acceptées.

C'est cette dernière manière de voir qui a prévalu, et immédiatement la Commission a fixé les points de principe devant garantir l'autonomie des Bourses et de leur Fédération, tout en accomplissant la plus grande somme possible d'Unité Ouvrière.

Ces points sont au nombre de trois :

1° La place de la Fédération des Bourses dans la Confédération Générale du Travail ;

2° L'Emploi des Cotisations ;

3° La tenue des Congrès.

Sur le premier point, la Commission a décidé que l'article 1er des Statuts de la Confédération Générale du Travail serait ainsi rédigé :

« La Confédération Générale du Travail est constituée de deux Sections autonomes :

La première section prend le nom de Fédération des Bourses.

La deuxième section prend le nom d'Union des Fédérations d'Industrie ou de Métiers et des Syndicats isolés.

Sur le deuxième point, il est décidé que chacune des deux Sections percevra les cotisations des éléments qui les constituent et en disposera selon les besoins de ses attributions.

A propos de cette question, quelques Bourses du Travail demandaient que les cotisations fussent uniques, centralisées dans une caisse commune, et réparties ensuite aux divers services de la Confédération selon leurs besoins.

Sur le troisième point, la Commission estimant que la tenue d'un grand Congrès ouvrier auquel pourraient assister toutes les organisations, ainsi que l'indiqueront les Statuts, était nécessaire pour manifester la preuve de l'Unité Ouvrière enfin réalisée, a décidé que ce Congrès aurait lieu chaque deux ans, au mois de septembre.

Toutefois, et afin que la possibilité soit laissée aux Bourses du Travail de se réunir pour discuter des questions d'administration qui lui sont plus spéciales, la Commission a décidé d'ajouter à l'article concernant les Congrès, l'amendement suivant :

« Les Bourses du Travail tiendront, si elles le jugent utile, dans la semaine qui précèdera le Congrès de la Confédération, une réunion où seraient discutées les questions purement administratives, du ressort de ces institutions ; un rapport d'ensemble sera soumis au Congrès. »

Mais, comme indication générale devant servir aussi bien à la Fédération des Bourses qu'à l'Union des Fédérations d'Industries ou de Métiers et à toutes les organisations syndicales, la Commission déclare qu'il y a lieu désormais de faire une large application du *referendum* pour traiter des questions qui nécessitent quelquefois l'organisation de conférences ou de Congrès coûteux. Après avoir décidé que le titre générique de *Confédération générale du Travail* devrait être désormais apposé sur les imprimés des deux sections de la Confédération, comme sur ceux de toute organisation confédérée, la Commission a aussi adopté la proposition suivante :

« Le principe de l'Unité ouvrière ne peut en rien entraver la liberté de chaque syndiqué. Mais il doit être entendu que dans une ville, il est de toute importance qu'il n'y ait qu'un syndicat de même profession.

» Les sections de l'Unité ouvrière devront faire tous leurs efforts pour que les syndicats de même profession, existant dans une même ville, fusionnent au plus tôt. »

Enfin, après les explications fournies par divers camarades, la Commission a décidé que le statut fondamental de la Confédération générale du Travail serait précédé d'une déclaration indiquant que le but poursuivi par les organisations qui viendraient se grouper dans l'organisme central, était la suppression du Salariat et du Patronat.

Des discussions se sont aussi produites sur les autres articles des statuts de la Confédération générale du Travail.

Nous estimons qu'il serait puéril de les relater dans un rapport ; nous préférons, du reste, vous les faire connaître par la lecture du projet d'ensemble qui a été enfin adopté par la Commission. Voilà, Camarades, les conclusions que la Commission a l'honneur de vous présenter sur cette passionnante, mais intéressante question de l'Unité ouvrière.

Nous nous réjouissons de ce que la discussion pourtant passionnée n'est jamais sortie des limites de la correction et de la loyauté, et nous avons la conviction que le Congrès de Montpellier saura la maintenir dans le même voie.

Le projet qui sortira des assises ouvrières de 1902 ne réalisera peut-être pas l'idéale Unité, mais nous avons la conviction que le syndicalisme suivant sa voie naturelle d'évolution et d'éducation ouvrière, sera dans un avenir prochain suffisamment puissant pour réaliser à son profit la parfaite Unité.

Le Rapporteur,
L. NIEL.

La séance, ouverte le mardi, 16 septembre, à 11 h. 45 du soir, sous la présidence de Levallois-Perret, a été levée le mercredi, 17 septembre, à 7 heures du matin.

Ont signé :

Bagnères-de-Bigorre, Le Mans, Levallois-Perret, Tours, Toulouse, Dijon, Reims, Béziers, Paris, Versailles, Narbonne, Montpellier, Angers, Chateauroux Lyon, Grenoble, Niort.

Ensuite, il est donné lecture des Statuts du Projet d'Unité de la Commission.

Marseille. — Je crois que le Congrès sera de mon avis pour adresser des compliments aux membres de la Commission pour le courage et le dévouement qu'ils ont montré en cette circonstance.

Saumur. — Avant d'entrer dans la discussion des articles, il serait bon de donner de suite une indication nette pour l'application du *referendum*, dont toutes les organisations ouvrières reconnaissent aujourd'hui l'utilité.

Montpellier (Rapporteur), relit le passage du Rapport ayant trait au *referendum*.

Saumur. — J'ai une autre observation à faire au sujet de la Commission de la Grève générale. Dans l'article 15, relatif à cette Commission, il est dit :

« Elle s'efforce en outre de faire toute la propagande utile pour faire pénétrer dans l'esprit des travailleurs organisés, la *nécessité* de la Grève générale, »

Il me semble que le mot *efficacité* conviendrait mieux, qu'il exprimerait d'une façon plus exacte notre pensée et le but que nous poursuivons. Mais ce n'est là qu'une question de mots. Je relève également le titre d'*entente internationale* que souhaiterait le Rapporteur. Vous n'ignorez pas qu'il existe une loi contre l'association internationale des Travailleurs, sous laquelle il ne faudrait pas que nous tombions. Ce que nous voulons, c'est que, de même que dans les observations scientifiques, les astronomes et les mathématiciens correspondent de pays à pays pour se communiquer les renseignements nécessaires, de même pour le grand observatoire du Travail, il n'y ait plus de nations, plus de frontières, mais une union large, féconde, universelle.

Paris. — Je suis tout à fait opposé à l'avis de Saumur. J'estime que le mot *nécessité* est bien celui qu'il faut employer, car, alors que le mot *efficacité* semblerait signifier que la Grève générale peut être plus ou moins bonne, le mot *nécessité*, au contraire, implique bien qu'elle est le seul moyen pour les Travailleurs d'obtenir cette liberté vers laquelle tendent tous nos efforts ; cette expression traduit bien notre pensée révolutionnaire. Ce n'est qu'une question de mots, a dit Saumur : j'estime, moi, que c'est presque une question de principe.

Montpellier. — Je m'étonne que des membres de la Commission fassent maintenant des observations au Rapport à l'élaboration duquel ils prirent part. Pour cette raison, ils devraient l'approuver.

Paris. — Nous n'entendons pas, parce que membres de la Commission, nous solidariser d'une façon absolue avec le Rapport. Nous voulons conserver notre droit de prendre part à la discussion qu'il peut soulever et même de susciter la discussion.

Montpellier. — De n'importe quelle façon, le Congrès ne peut pas se prononcer définitivement sur toutes les questions, car cela risquerait de créer des conflits avec le Congrès de Montpellier, auquel doit être également soumis ce Rapport, et la plus petite contradiction pourrait compromettre gravement l'Unité.

A Montpellier, où les Bourses et les Fédérations de métiers et d'industries seront représentées, il pourra être pris, d'une façon plus efficace, des décisions définitives.

Poitiers. — Un seul mot peut suffire pour changer le sens du Rapport.

Bagnères-de-Bigorre. — Nous n'avons qu'à prendre des décisions définitives sur les points fondamentaux qui doivent être la base solide de l'Unité que la Commission et le Congrès désirent tout en laissant au Congrès de Montpellier la faculté de statuer définitivement sur les questions de détails qui constituent en quelque sorte la dentelle du projet.

Nimes. — Passons de suite à la discussion des articles.

Le Président. — La parole est au rapporteur pour donner lecture de chacun des articles qui devront être adoptés un par un.

Montpellier. — Voici les statuts que vous présente votre Commission :

DÉCLARATION

La Confédération générale du Travail est, au point de vue matériel, la force unitaire et agissante de la classe ouvrière pour ses revendications immédiates comme pour ses aspirations futures; elle groupe, en dehors de toute école politique, tous les travailleurs conscients de la lutte à mener pour la disparition du salariat et du patronat et l'élaboration sur le terrain économique de la société communiste.

STATUTS

CHAPITRE PREMIER

Constitution

Article premier. — La Confédération Générale du Travail est constituée de deux sections autonomes :

La première section prend le nom de *Fédération des Bourses;*

La deuxième section prend le nom d'*Union des Fédérations de Métier et d'Industrie et des Syndicats isolés.*

L'article premier est adopté à l'unanimité.

Article 2. — Nul Syndicat ne pourra faire partie de la Confédération s'il n'est adhérent à une Fédération d'Industrie ou de Métier ou à une Bourse du Travail ou Union de Syndicats divers.

Toutefois, il sera statué sur les cas des Syndicats qui se croiraient être dans l'impossibilité de remplir ces obligations et qui demanderaient à être admis isolément.

L'article 2 est adopté à l'unanimité moins une voix.

Article 3. — Chaque organisation adhérant directement à la Confédération sera représentée par un délégué. L'ensemble de ces délégués constituera le *Comité Confédéral.*

Le même délégué pourra représenter, au maximum, trois organisations.

Paris. — Je propose à ce chapitre l'addition suivante :

« Le Comité Fédéral est constitué :

» 1° Par un délégué et un délégué suppléant par Fédération de métiers ou d'industrie.

» Les Syndicats admis isolément ne sont représentés au Comité Confédéra que par des délégués à titre consultatif, tant qu'ils ne sont pas au nombre d *trois*, chiffre minimum pour former une section d'industrie.

» Toute section d'industrie formée d'après les présents statuts, a droit à un délégué et à un suppléant.

» Il ne pourra être admis plusieurs sections d'une même industrie ;

» 2° Par un délégué par Bourses du Travail, Union de Syndicats locale ou régionale de Syndicats divers.

» Ces délégués doivent appartenir à l'une des organisations adhérentes et être syndiqués depuis au moins un an. Cette condition de stage n'aura pas d'effet rétroactif et ne sera pas applicable aux organisations n'ayant pas trois ans d'existence. »

Le Congrès adopte l'article 3 avec l'addition proposée par Paris.

Saint-Étienne. — Il est bien entendu que ces articles ne sont pas revisables par le Congrès de Montpellier.

Le Rapporteur. — Certainement.

Article 4. — Le Comité Confédéral se divise en deux grandes Sections autonomes indiquées à l'article premier. En outre, il nomme trois Commissions permanentes, ainsi qu'il suit :

1° *Commission du Journal ;*
2° *Commission des grèves et de la grève générale ;*
3° *Commission de contrôle.*

CHAPITRE II

Composition et attributions des Sections et des Commissions

1re Section. — *Fédération des Bourses*

Article 5. — La Fédération des Bourses du Travail est formée par les représentants des Bourses du Travail ou Unions locales ou régionales de Syndicats divers.

Elle nomme son Bureau composé de : un secrétaire, un secrétaire-adjoint, un trésorier, un trésorier-adjoint, un archiviste et fixe les attributions de chaque membre du Bureau.

Elle perçoit les cotisations des Bourses du Travail ou Unions locales ou régionales de Syndicats divers et en dispose selon les besoins de ses attributions.

La réunion de ses délégués prend le nom de *Comité des Bourses du Travail.*

Adopté.

Article 6. — La Fédération des Bourses du Travail a pour objet d'entretenir des relations entre toutes les Bourses dans le but de coordonner et de simplifier le travail de ces organisations; de créer ou de provoquer la création de nouvelles Bourses ou Unions de Syndicats divers dans les centres, villes ou régions qui en sont dépourvues; d'engager les Syndicats de ces organisations, non fédérés par métier ou industrie, à adhérer à leurs Fédérations respectives.

Elle dresse périodiquement, avec les renseignements fournis par les Bourses du Travail ou toute autre organisation syndicale, des statistiques de la production en France, de la consommation, du chômage; des statistiques comparées des salaires et du coût des vivres par région, ainsi que du placement gratuit qu'elle généralise aux travailleurs des deux sexes et de tous corps d'état.

Elle surveille avec attention la marche de la juridiction ouvrière pour en signaler les avantages ou les inconvénients aux organisations confédérées.

Elle s'occupe de tout ce qui a trait à l'administration syndicale et à l'éducation morale des travailleurs.

Adopté.

Article 7. — La Fédération des Bourses du Travail se réunit, selon les besoins, sur convocation de son secrétaire, et prend toutes les mesures qui sont nécessaires à la bonne marche des fonctions qui lui sont dévolues.

Adopté.

Montpellier (Rapporteur). — Les articles 8, 9 et 10 concernant les Fédérations de métier ou d'industrie ne peuvent qu'être approuvés de nous en laissant au Congrès de Montpellier le soin de les discuter et de les modifier. Mais j'en vais cependant donner lecture :

2e Section. — *Union des Fédérations d'Industrie ou de Métier et des Syndicats isolés*

Article 8. — L'Union des Fédérations d'Industrie ou de Métier et de Syndicats isolés est formée par les représentants de ces Fédérations et par les représentants des syndicats qui pourraient être admis isolément.

Elle nomme son bureau composé de : un secrétaire, un secrétaire-adjoint, un trésorier, un trésorier-adjoint, un archiviste et fixe les attributions de chaque membre du bureau.

Elle perçoit les cotisations des Fédérations d'Industrie ou de Métier et des Syndicats isolés et en dispose selon les besoins de ses attributions.

La réunion de ses délégués prend le nom de *Comité des Fédérations d'Industrie ou de Métier et des Syndicats isolés.*

Les syndicats admis isolément ne sont représentés au Comité Confédéral que par des délégués à titre consultatif, tant qu'ils ne sont pas au nombre de *trois*, chiffre minimum pour former une section d'industrie.

Toute section d'industrie formée d'après les présents statuts a droit à un délégué et à un suppléant.

Il ne pourra être admis plusieurs sections d'une même industrie (Paris).

Article 9. — La section des Fédérations d'Industrie ou de Métier et des Syndicats isolés a pour objet de créer ou de provoquer la création de fédérations d'Industrie ou de Métier et de grouper en branches d'industries, les syndicats de même profession ou de même industrie, pour lesquels il n'existe aucune Fédération.

Elle s'efforce de faire adhérer aux Bourses du Travail ou Unions locales ou régionales de syndicats divers, les syndicats de ces organisations qui en sont en dehors, afin de compléter l'union syndicale.

Elle entretient des relations entre les Fédérations de Métier ou d'Industrie pour coordonner l'action spéciale de ces organisations, et prend toutes les mesures nécessaires pour soutenir l'action syndicale sur le terrain de la lutte économique.

Article 10. — La section des Fédérations d'Industrie ou de Métier et des Syndicats isolés se réunit, quand c'est nécessaire, sur convocation de son secrétaire et rend toutes les mesures indispensables à la bonne marche des fonctions qui lui sont dévolues.

Adoptés.

Commission du Journal

Article 11. — La Commission du journal est composée de 12 membres pris à raison de 6 dans chacune des deux sections de la Confédération.

Elle nomme son secrétaire chargé de la convoquer et de rédiger les procès-verbaux. Le secrétaire de cette commission est, en outre, spécialement chargé de l'administration proprement dite du journal : abonnements, vente, expédition, correction des articles et correspondance y afférente.

Le gérant du journal fait partie de droit de cette commission.

Adopté.

Article 12. — La Commission du journal a pour objet de recevoir, de classer et de vérifier les articles et communications.

Le journal étant l'organe officiel de la Confédération Générale du Travail, ne peut être rédigé que par des ouvriers confédérés.

La Commission du journal veille à ce qu'en aucun cas, l'organe de la Confédération ne devienne la tribune publique de polémiques injurieuses, de querelles personnelles ou politiques.

Au cas où un article demanderait rectification, elle en aviserait l'auteur.

Les délibérations officielles de la Confédération, de ses sections ou de ses commissions sont insérées dans le journal.

Les dépenses et recettes de cette commission sont communes aux deux sections de la Confédération.

Paris. — Je souhaite qu'à l'avenir on tienne compte des Statuts et que le journal soit bien exclusivement rédigé par des confédérés.

Poitiers. — Pour quelles raisons les dépenses doivent-elles être communes ?

Montpellier. — Parce que ce journal devenant l'organe de l'Unité Ouvrière, il est logique que les dépenses en soient supportées par les deux organismes qui la composent.

Poitiers. — Si le journal faisait des pertes, il serait impossible à la Fédération des Bourses d'en assumer la responsabilité. La question est de savoir si le Congrès veut engager la Fédération à faire des dettes qu'elle ne pourra jamais payer, à moins que les Bourses consentent à augmenter leurs cotisations.

Nîmes. — Mais le journal publierait tous les rapports de la Fédération ; en outre, il remplacerait avantageusement les imprimés de propagande et la Fédération réaliserait des économies, puisque ce journal lui épargnerait des frais d'impression.

Versailles. — Si les dépenses sont communes aux deux organisations, il est certain que la rédaction serait également prise des deux côtés et la Fédération en retirerait de sérieux avantages.

Bagnères-de-Bigorre. — Si la *Voix du Peuple* fait face à ses affaires, elle ne le doit pas aux abonnements. Ceux-ci lui arrivent, hélas ! en trop petite quanlité. La tombola lui a permis de vivre ; mais rien ne prouve qu'un jour elle ne soit encore dans une situation précaire par l'indifférence des organisations ouvrières et des camarades qui les composent. La Fédération arrivant juste, ainsi que vous l'avez pu voir par nos comptes rendus financiers, nous serions obligés, s'il y avait à prendre une part de déficit, de faire appel aux Bourses du Travail. Je ne sais comment se résoudrait la difficulté qui consisterait à répartir les frais d'une dette probable selon l'importance de chaque Bourse.

MONTPELLIER. — C'est là chercher la petite bête, car il faut admettre aussi la possibilité d'un bénéfice, et du reste ce serait précisément une raison s'il y a des pertes pour qu'elles soient supportées par les deux organisations.

BAGNÈRES-DE-BIGORRE. — Je le répète, les cotisations font juste vivre la Fédération ; c'est pourquoi il est indispensable de discuter les probabilités d'un déficit du journal. S'il fallait s'arrêter à la seule possibilité de bénéfices, il n'y aurait certainement pas lieu à discussion Mais n'est-il pas loyal de prendre des décisions avec réflexion avant de s'engager dans une voie problématique. Qu'on ajoute, si l'on veut, un article instituant une cotisation supplémentaire s'il y a lieu.

PARIS. — Les Bourses s'engageront à payer s'il le faut, mais en retour, les avantages devront être en proportion des sacrifices.

ALBI. — Il convient de réfléchir avant d'engager les Bourses dans certains frais. Nous publions à Albi un journal trimestriel. Je ne puis donc prendre aucun engagement ferme. Cependant, je puis affirmer que nous ferons l'impossible si la nécessité s'en fait sentir et que, soit par des fêtes ou tombolas, nous pourrons faire notre devoir.

NIMES. — Le journal pourrait se suffire à lui-même si la Fédération s'en servait régulièrement, mais la *Voix du Peuple* actuelle ne répond guère à nos *desiderata*.

LEVALLOIS. — Il doit y avoir un vice de fonds : la vente est presque nulle.

ROUEN. — Qu'on en finisse et qu'on mette l'article aux voix.

LE MANS. — Nous aurions pu créer au Mans un organe. Nous ne l'avons pas fait et nous voudrions voir notre exemple suivi par toutes les Bourses et Fédérations. Par la suppression de tous ces organes, la *Voix du Peuple* serait facilement quotidienne.

BRIVE. — Puisque les Bourses et les Fédérations se serviraient de ce journal, elles en assumeraient les unes et les autres les responsabilités.

MARSEILLE. — Je m'engage, moi, à faire abonner tous les Syndicats de ma Bourse.

POITIERS. — Je vois dans le Rapport du Comité Confédéral que la *Voix du Peuple* a produit un bénéfice d'environ 300 francs ; mais, d'autre part, je remarque que la rédaction est payée par la Confédération, ce qui fait une perte d'environ 3,000 francs par an que, seule, la tombola a permis de couvrir. Si l'argent qui reste encore de cette tombola est remis à la Commission du journal, je ne demande pas mieux que d'adopter l'article 12. En conséquence, je dépose, l'addition suivante : « A condition que l'encaisse actuelle du journal sera versée à la nouvelle Commission qui deviendra autonome ».

L'article 12, avec l'addition VERSAILLES-POITIERS, est mis aux voix.

Ont voté pour : SAINT-QUENTIN, MONTPELLIER, SAINT-ÉTIENNE, REIMS, ALBI, ARLES, ROANNE, RENNES, FOUGÈRES, LYON, CETTE, NIMES, MUSTAPHA, ROUEN, BÉZIERS, LE MANS, BRIVES, ALAIS, LA ROCHELLE, COGNAC, VALENCE, TOULOUSE, BORDEAUX, CARCASSONNE, PERPIGNAN, CONSTANTINE, ROCHEFORT-SUR-MER, PARIS,

Versailles, Saumur, Saintes, Marseille, Bourges, Poitiers, Nice, Chateauroux, Romans.

Ont voté contre : Alençon, Laval.

Se sont abstenus : Narbonne, Amiens, Nevers, Bagnères-de-Bigorre, Grenoble, Levallois-Perret, Tours, Niort, Angers, Dijon, Aix, Villeneuve-sur-Lot, Agen, Toulon, Le Havre, Cholet, Macon, Thiers, Angoulême.

N'ont pas pris part au vote : Alger, Limoges, Belfort.

Albi, Arles, Saint-Etienne ont voté *pour*, à condition que la politique soit bien exclue du journal.

Paris et Poitiers ont voté *oui* en insistant pour qu'on use du *referendum* le plus possible.

Saintes, Carcassonne, Rouen et Brives : *Oui* sous réserves.

Lyon : *Oui*, mais que les Bourses et Syndicats soient tenus de s'abonner.

Alençon et Laval : *Non*, parce qu'ils ne veulent pas engager les fonds de la Fédération.

L'article 12 avec l'addition Poitiers-Versailles est adopté par 38 pour, 2 non, 20 abstentions et 3 absents.

Article 13. — La Commission du journal se réunit sur convocation du secrétaire avant l'apparition de chaque numéro, et prend toutes les dispositions nécessaires pour assurer le succès et la prospérité du journal.

Adopté.

Commission des Grèves et de la Grève générale

Article 14. — La Commission des Grèves et de la Grève générale est composée de 12 membres, pris à raison de 6 dans chacune des sections de la Confédération.

Elle nomme son secrétaire chargé de la convoquer et de rédiger les procès-verbaux.

Adopté.

Article 15. — La Commission des Grèves et de la Grève générale a pour objet d'étudier le mouvement des grèves dans tous les pays.

Elle recueille les souscriptions de solidarité et en assure la répartition aux intéressés

A cet effet, elle crée ou provoque la création, partout où il est possible de sous-comités de Grève générale.

Elle perçoit les cotisations des sous-comités de Grève générale et en dispose selon les besoins de ses attributions.

Saumur. — Je reviens à la question que j'ai soulevée au début de la discussion. Je demande que le mot *nécessité* soit remplacé par *efficacité*, qui donne mieux le véritable sens de notre pensée.

Paris. — Non, notre pensée est que la Grève générale est nécessaire, et nous devons l'affirmer d'une façon catégorique.

Brive. — Il serait possible de relier tous les Comités de grèves partielles au Comité général qui fixerait des cotisations fixes pour les Bourses selon l'importance des grèves.

Montpellier (Rapporteur). — La différence entre *nécessité* et *efficacité* est tellement subtile, que je m'étonne de l'importance qu'y attache Versailles.

Les différents Congrès et la plupart des Syndicats ont affirmé sur cette question une opinion conforme à la mienne. Au nom de la Commission, je maintiens le mot *nécessité*.

Lyon, Poitiers, Marseille, déclarent partager l'opinion de Montpellier.

Versailles. — Il peut y avoir eu changement depuis ; c'est mon opinion, et le Congrès n'est pas tenu de se conformer religieusement aux opinions ultérieures.

Plusieurs membres demandent le vote immédiat et nominal.

Versailles. — Il convient de bien préciser que ce vote a lieu, non pas sur le principe de la Grève générale, mais uniquement sur une question de mot.

Le Président. — Je vais ouvrir le vote. Ceux qui sont pour le mot « *nécessité* » voteront *oui*. *Non* signifiera efficacité.

Ont voté oui : Saint-Quentin, Montpellier, Narbonne, Reims, Arles, Nevers, Lyon, Cette, Mustapha, Bagnères-de-Bigorres, Grenoble, Levallois-Perret, Rouen, Béziers, Le Mans, Brives, Alais, Tours, Valence, Toulouse, Niort, Bordeaux, Angers, Carcassonne, Perpignan, Constantine, Paris, Orléans, Dijon, Marseille, Bourges, Poitiers, Villeneuve-sur-Lot, Chateauroux, Toulon, Romans, Macon, Thiers, Angoulême.

Ont voté non : Albi, Amiens, Rennes, Fougères, Nîmes, La Rochelle, Cognac, Alençon, Laval, Rochefort-sur-Mer, Versailles, Saumur, Saintes, Nice.

Se sont abstenus : Saint-Étienne, Roanne, Aix, Besançon, Belfort, Agen, Le Havre, Cholet.

N'ont pas pris part au vote : Alger, Limoges.

Résultat du vote : 32 *oui*, 14 *non*, 8 *abstentions ;* Alger et Limoges étaient absents au moment du vote.

Le Congrès adopte le mot « nécessité ».

Article 16. — La Commission des Grèves et de la Grève Générale se réunit sur convocation de son secrétaire et envoie, si possible, aux organisations en grève qui en feraient la demande, des camarades pour soutenir leur action.

Nîmes. — Il est préférable d'envoyer de l'argent dans les grèves que des propagandistes. On en a davantage besoin.

Lyon. — Que la Commission s'inspire de ces observations et choisisse des propagandistes parmi les plus militants de la localité.

Albi. — La Commission pourrait envoyer des délégués aux organisations qui en feraient la demande.

L'article 16, mis aux voix, est adopté.

Commission de contrôle

Article 17. — La Commission de contrôle est formée par douze membres pris à raison de six dans chacune des deux sections de la Confédération. Elle nomme son secrétaire chargé de la convoquer et de rédiger les procès-verbaux.

Adopté.

Article 18. — La Commission de contrôle a pour objet de veiller à la bonne gestion financière des divers services de la Confédération. Chaque année, au mois de juin, elle procède à la vérification des comptes financiers, *Dépenses* et *Recettes*, de la section des Bourses du Travail, de la section des Fédérations d'industrie et de métiers, de la Commission des Grèves et de la Grève générale et de la Commission du Journal.

Le résultat de ses opérations est consigné dans un rapport d'ensemble qui est soumis au Comité Confédéral et publié, s'il y a lieu, dans le journal de la Confédération.

Plusieurs observations sont faites, auxquelles POITIERS (trésorier fédéral) répond en disant que le 30 du mois de juin est une époque convenable pour arrêter les comptes à présenter au Congrès de septembre.

L'article 18 est adopté.

Comité Confédéral

Article 19. — Le Comité Confédéral est formé par la réunion des deux sections. Il se réunit tous les trois mois pour permettre à chaque section d'exposer les observations qu'elle pourrait avoir à présenter et les modifications qu'elle pourrait proposer dans l'intérêt supérieur du prolétariat organisé. Il peut se réunir extraordinairement en cas de besoin ou d'urgence. Il est l'exécuteur des décisions des Congrès Nationaux ; il intervient dans tous les événements de la classe ouvrière et prononce sur tous les points d'ordre général.

TOULOUSE. — Cet article n'est pas assez explicite ; le nombre de délégués devrait être fixé à 60, par exemple, pris par moitié dans chacune des deux sections.

NARBONNE — Il est impossible de statuer sur le nombre, car il faut compter également avec le manque d'assiduité de la plupart des délégués.

MONTPELLIER. — Il n'est pas à craindre que le nombre de délégués soit majoré dans un sens ou dans l'autre, car tous les membres discuteront loyalement et sans arrière-pensée de prédominance de l'une ou l'autre des organisations.

TOULOUSE. — J'insiste pour que cet article soit modifié dans le sens que j'indique.

GRENOBLE. — Je partage absolument l'opinion de Toulouse.

PARIS. — Je combats la proposition de Toulouse, attendu que chacun des délégués est le représentant direct de l'organisation dont il émane.

MONTPELLIER. — Ce qu'il faut bien comprendre, c'est que ces articles seront présentés au Congrès de Montpellier et peuvent y être revisés. Il est par conséquent inutile de s'éterniser sur cet article.

Mis aux voix, l'article 19 est adopté.

Article 20. — Étant donné que tous les éléments qui constituent la Confédération doivent se tenir en dehors de toute école politique. les discussions, conférences, causeries organisées par le Comité Confédéral ne peuvent porter que sur des points d'ordre économique ou d'éducation syndicale et scientifique.

Adopté.

Bureau de la Confédération

Article 21. — Le Bureau de la Confédération est formé par la réunion des bureaux des deux sections.

Il prépare les réunions du Comité Confédéral et veille à l'exécution des décisions prises en Assemblée générale.

A tour de rôle, les deux secrétaires font fonction de secrétaire dans les réunions du Bureau et du Comité confédéral et dressent les procès-verbaux de ces réunions.

ALBI. — Je demande comment se départageront les voix, si le nombre est égal pour les représentants de chacune des deux sections.

MONTPELLIER. — Faites une proposition.

VERSAILLES. — Il faut laisser cela à la conscience des délégués qui agiront certainement sans parti-pris.

L'article 21 est adopté.

Article 22. — Les indemnités des fonctionnaires qui, en raison de l'importance de leurs fonctions, pourront être rétribués, seront fixées par le Comité confédéral.

Les fonctionnaires de la Confédération pourront être envoyés en délégation au nom de la Confédération.

TOULOUSE. — Ne serait-il pas mieux que ce soit les Congrès qui fixent les indemnités des fonctionnaires?

LEVALLOIS. — Je demande que les indemnités des fonctionnaires soient basées sur les salaires des ouvriers qui sont bien au-dessous de ce que nous payons nos fonctionnaires.

ALGER. — Nous ne pouvons entrer dans cette voie, car un fonctionnaire doit être payé d'après l'activité et l'intelligence qu'il déploie dans son travail. Le Comité confédéral seul peut juger si ses fonctionnaires méritent trente sous ou trente francs. Ce n'est pas, je suppose, à des ouvriers qu'il appartient de trouver trop élevés les salaires alloués à certains travailleurs, mais il leur appartient plutôt d'essayer de faire augmenter ceux-ci au niveau des meilleurs. Quand elle le peut une organisation ouvrière doit payer raisonnablement ceux qu'elle emploie.

NIMES. — Nous devrions tous connaître les appointements des fonctionnaires.

CONSTANTINE. — Les rapports annuels nous l'apprennent.

BAGNÈRES-DE-BIGORRES. — Les salaires des fonctionnaires ne peuvent être établis que d'après l'état de la caisse de l'organisation qui les emploie. Si votre fonctionnaire est un dévoué, il fera son travail aussi consciencieusement étant mal payé que l'étant bien, pourvu que la cause du mauvais paiement soit uniquement le manque de fonds de l'organisation. Est-ce que Pelloutier, mon prédécesseur, ne donna pas une somme d'intelligence, d'activité supérieure à la mienne ? Il n'avait cependant que 100 francs par mois, alors que j'en ai plus du double. J'estime qu'une organisation, lorsqu'elle peut payer son fonctionnaire, ne doit pas hésiter ; quitte à balayer ce fonctionnaire s'il ne remplit pas son rôle, s'il ne donne pas la somme de travail consciencieux qu'on attend de lui.

L'article 22 est adopté.

CHAPITRE III

Cotisations

Article 23. — Pour permettre à la Confédération d'assurer ses divers services, les organisations confédérées sont tenues de verser des cotisations fixées comme suit :

1° Les Bourses du Travail ou Unions de Syndicats divers : 35 centimes par Syndicat les constituant et par mois ;

2° Les Fédérations d'industrie ou de métiers : 50 centimes par cent membres ou fraction de cent membres et par mois ;

3° Les Syndicats isolés : 5 centimes par membre et par mois ;
4° Les Sous-Comités de Grève générale : 50 0/0 des cotisations qu'ils perçoivent des Syndicats qui les constituent.

PARIS. — Les Sous-Comités de Grève générale n'ont jamais d'argent. Je demande donc que le paragraphe 4, de l'art. 23, soit ainsi modifié :

« Un prélèvement de 10 0/0 est fait sur toutes les cotisations perçues par le » Comité confédéral, qui sera mis à la disposition du Comité de la Grève » générale qui l'emploiera à la propagande ».

ALENÇON. — J'ai mandat d'Alençon de déposer la proposition suivante :

« La cotisation est fixée à 0,01 centime par membre et par mois.
» Les cotisations seront versées par les fédérations de métiers ou d'industrie » pour les syndicats fédérés dont la fédération est adhérente à l'Unité, et par » les Bourses du Travail pour tous les syndicats non adhérents à l'Unité par » le canal d'une fédération ».

Je dépose cette proposition pour mettre les Bourses sur un pied d'égalité, car, avec la cotisation proposée, il se produit ce fait bizarre que certaines Bourses groupant un nombre de syndiqués inférieur à d'autres Bourses, mais se répartissant sur un plus grand nombre de Syndicats, paient plus que celles-là. La proposition de PARIS maintient même cette inégalité.

LAVAL appuie cette proposition.

NIMES. — J'estime qu'il est immoral de prélever sur les cotisations pour la propagande de la Grève générale.

MONTPELLIER. — Le projet de PARIS présente cet inconvénient qu'il nécessiterait la création d'un trésorier général et même d'un secrétaire général.

L'article 23 est adopté comme l'a présenté la Commission.

CHAPITRE IV

Règlement intérieur

Article 24. — Toutes les organisations confédérées directement ou indirectement par l'intermédiaire d'une Fédération de métier ou d'industrie ou d'une Bourse du Travail ou Unions de Syndicats divers doivent se servir de la marque distinctive de la dignité ouvrière appelée : *Label Confédéral.*

Adopté.

Article 25. — Toute organisation en retard de trois mois de ses cotisations est considérée comme démissionnaire, après une lettre d'avis restée sans effet. Si cette organisation demandait sa réadmission, elle serait tenue de payer les cotisations depuis son dernier versement.

Adopté.

Article 26. — Pour tous les cas autres que ceux prévus à l'article précédent, la radiation ne pourra être prononcée que par un Congrès. Toutefois, dans une circonstance grave, le Comité Confédéral peut prononcer la suspension de l'organisation incriminée jusqu'au Congrès suivant, lequel prononcera définitivement. Les cotisations versées par les organisations démissionnaires ou radiées restent acquises à la Confédération.

Adopté.

Article 27. — Les délégués du Comité Confédéral sont tenus d'assister régulièrement aux séances pour lesquelles ils sont convoqués dans l'intérêt même des organisations qu'ils représentent.

Lorsqu'un délégué aura manqué à plus de trois réunions, sans excuse, le Bureau de la Section en avisera l'organisation intéressée.

Adopté.

CHAPITRE V

Congrès et divers

Article 28. — La Confédération Générale du Travail organise, pour le mois de septembre, chaque deux ans, un grand Congrès National du Travail, auquel sont invitées à prendre part les organisations qui, soit directement, soit par l'intermédiaire d'une Fédération, d'une Bourse du Travail ou Union de Syndicats divers, sont adhérentes à la Confédération.

L'ordre du jour de ces Congrès sera établi par les soins du Comité Confédéral et adressé aux organisations confédérées après les avoir consultées.

Dans la plus large mesure possible, la Confédération, en outre des Congrès, usera du *referendum*.

Le Comité Confédéral peut déléguer partie de ses pouvoirs aux organisations confédérées ayant leur siège dans la ville où se tiendra le Congrès.

Ne pourront assister au Congrès que les organisations ayant rempli leurs obligations financières envers la Confédération Générale du Travail au moment où le rapport financier à présenter au Congrès sera établi.

Nîmes. — Cet article devrait contenir la fixation du délai donné pour la communication des rapports en le fixant à deux mois avant le Congrès et que les communications ou propositions soient faites en même temps.

Je propose en conséquence l'addition suivante à l'article 28 :

« Des rapports sur les questions à l'ordre du jour devront être adressés aux Bourses deux mois avant le Congrès ».

Versailles. — Il est bien entendu que cette adjonction ne vise pas le rapport financier.

Sous ces réserves, l'article 28 est adopté avec l'adjonction de Nîmes.

Article 29. — La Confédération Générale du Travail préparera, pour chaque Congrès, un Rapport général sur sa gestion, qui sera soumis à l'approbation du Congrès.

Adopté.

Article 30. — Le compte-rendu du Congrès sera publié sous la responsabilité de la Confédération Générale du Travail.

Un duplicata de la minute sténographique, les rapports des organisations et des commissions, ainsi que les propositions déposées sur le bureau seront versés aux archives de la Confédération.

Adopté.

Article 31. — Chaque organisation représentée au Congrès n'aura droit qu'à une voix.

Chaque délégué ne pourra disposer que de cinq mandats au maximum.

Un règlement spécial des Congrès fixera les autres détails d'organisation des Congrès.

Levallois. — Je ne comprends pas qu'un délégué consciencieux accepte seulement deux mandats qui peuvent être d'opinions opposées.

MARSEILLE. — J'ai quatre mandats. Dans plusieurs questions, j'ai voté *oui* pour deux et *non* pour les deux autres. Je prétends avoir agi consciencieusement.

NIMES. — Les Bourses devraient n'être représentées que directement.

BAGNÈRES-DE-BIGORRE. — Qu'importe, si les délégués ont des rapports et des mandats bien précis sur chaque question.

ALBI. — Nous ne pouvons pas décider qu'une Bourse du Travail qui a des vues à appuyer, mais qui n'a pas assez d'argent, ne puisse pas donner mandat à un délégué de la représenter et de parler en son nom.

CETTE. — Je propose que les mandats en blanc soient annulés et qu'un délégué ne puisse pas avoir plus de deux mandats.

SAINT-ÉTIENNE. — Je m'étonne que la Bourse de Roanne, qui est tout proche de St-Etienne se soit adressée à Alger pour la représenter, de même qu'Alençon.

ALENÇON. — Les Bourses ont le droit de se faire représenter par les personnes qu'elles trouvent le mieux représenter leurs intérêts. J'ajoute que, représentant LAVAL, mais n'ayant pas reçu de mandats fermes sur certaines questions, je me suis abstenu de parler ou voter en son nom.

NIORT. — Que le Comité Fédéral envoie quelque temps avant les Congrès une circulaire avec les formules de mandats. Cela évitera les pressions de personnalitée.

LE SECRÉTAIRE FÉDÉRAL — Nous avons toujours agi ainsi; mais souvent les secrétaires de Bourses, accablés d'imprimés et de circulaires de toutes sortes, n'y font pas attention

La preuve que nous avons agi ainsi c'est que le délégué de ROCHEFORT représente l'accord des Bourses qui l'ont délégué, après s'être accordées entre elles sur le mandat à lui donner.

ANGERS. — Pour éviter des abus regrettables, je propose l'addition suivante à l'article 31 :

« Les mandats arrivés au Congrès après le premier jour seront déclarés nuls. »

MONTPELLIER (rapporteur). — Je me rallie à cette proposition, d'autant plus qu'avec la large publicité que nous donnons à nos Congrès, les organisations ont toute facilité d'envoyer les mandats en temps utile.

LYON. — J'ai mandat de voter contre l'addition d'ANGERS.

Mis aux voix, l'article 31, avec l'addition d'Angers, est adopté à l'unanimité moins deux voix.

Article 32. — Les Bourses du Travail tiendront, si elles le jugent utile, dans la semaine qui précèdera le Congrès de la Confédération, une réunion où seraient discutées les questions purement administratives du ressort de ces institutions ; un rapport d'ensemble en serait soumis au Congrès.

Toutefois, le *referendum* devra être usité dans la plus large mesure.

Adopté.

Article 33. — Dans le but de favoriser la création d'une entente internationale des travailleurs, la Confédération entretiendra des relations avec les organisations ouvrières et Bourses du Travail des autres pays.

VERSAILLES. — Je demande que soit supprimée la première phrase de cet article, et qu'il commence à : « La Confédération entretiendra, etc..... » Je demande cette modification afin d'empêcher une mauvaise interprétation qui pourrait nous faire tomber sous le coup de la loi édictée contre l'ancienne « Internationale des travailleurs. »

Paris. — Nous devons affirmer notre volonté d'une entente.

Montpellier. — Je maintiens le texte de la Commission. Il est très curieux de constater qu'après tant de déclarations d'internationalisme, cet article, qui tend à la reconstitution de l'Internationale des Travailleurs trouve de l'opposition. Il y a une loi qui a condamné l'Internationale, mais il y en a une autre dont nous devons user et qui nous autorise à recevoir dans nos organisations les travailleurs étrangers. Je demande donc que le texte de la Commission soit maintenu.

Versailles. — Je m'étonne de la tournure contradictoire que prend la discussion, alors que tout le monde est d'accord sur le principe. Certes, aucun militant ne peut faire de réserve sur le caractère international que doit avoir l'organisation ouvrière ; nous sommes unanimes à vouloir des relations fraternelles internationales ; nous comprenons tous qu'il est nécessaire que nos sentiments internationalistes soient affirmés par des relations constantes avec les organisations ouvrières de l'étranger sur le terrain économique. Cela n'implique pas que l'entente internationale politique soit négligée en dehors du Syndicat ou de la Bourse du Travail, puisque l'entente que nous entendons ici n'est pas l'entente au point de vue politique. Aussi, je comprends que la déclaration soit faite sur le terrain économique et je ne serai jamais l'adversaire de toute action libertaire ou révolutionnaire lorsqu'il y a nécessité.

Le rapporteur consent à écrire « entente internationale du Travail » au lieu de « entente internationale des Travailleurs ».

Versailles se rallie à ce texte.

L'article 33 est adopté avec cette modification.

Article 34. — La Confédération Générale du Travail, basée sur le principe du Fédéralisme et de la Liberté, assure et respecte la complète autonomie des organisations qui se seront conformées aux présents statuts.

Adopté.

Article 35. — Le siège social de la Confédération Générale du Travail est fixé à Paris.

Un amendement de Béziers, tendant à nommer une Commission chargée de se rendre à Paris pour examiner les travaux du Comité Fédéral est renvoyé à la Commission des vœux après une discussion à laquelle prennent part Bagnères-de-Bigorre, Poitiers, Nîmes, Versailles et Paris.

Article 36. — Les présents statuts ne peuvent être modifiés que par un Congrès, à la condition que le texte des propositions de modification ait été publié dans l'ordre du jour de ce Congrès.

Adopté.

Le Président. — Je vais maintenant mettre aux voix l'ensemble des statuts et, étant donnée l'importance de ce vote, procéder à l'appel nominal.

Résultat du vote : *64 oui* sur 64 Bourses représentées.

Les statuts de l'Unité Ouvrière sont adoptés à l'unanimité. (Applaudissements prolongés.)

Saint-Quentin. — Au nom de Saint-Quentin, Saumur, Versailles, Nice, Saint-Etienne, Poitiers, Bagnères-de-Bigorre, Constantine, Angers, Le Havre, Cholet, Alais, Nîmes, Alger, Albi, Roanne, Châteauroux, Bourges, Arles, Le Mans, je présente l'ordre du jour suivant :

« Le Congrès des Bourses du Travail,

» Soumettant au Congrès national corporatif le projet d'Unité Ouvrière élaboré » à Alger, déclare : que les modifications qui pourraient être apportées à ce projet » au congrès de Montpellier ne pourront en rien atteindre :

» 1° Le titre et l'autonomie administrative et financière de la Fédération des » Bourses ;

» 2° Le taux des cotisations établies pour les Bourses par le Congrès d'Alger ;

» 3° L'article du projet des statuts qui donne à la Fédération toute garantie » pour tenir précédemment au Congrès National et dans la même ville, des réu- » nions de Bourses du Travail ».

Lyon. — Je vote contre parce que je le considère comme inutile.

Mis aux voix, cet ordre du jour est adopté à l'unanimité moins deux voix (Lyon et Paris).

Le Congrès, sur la proposition de Bagnères-de-Bigorre, a chargé le camarade Niel, délégué de Montpellier et rapporteur de la Commission de l'Unité Ouvrière, de défendre ces statuts devant le Congrès corporatif de Montpellier.

Après la constitution du Bureau, la séance est levée à 6 h. 3/4, après que le camarade Soulery eût annoncé aux congressistes que le Syndicat des typographes leur offrait un apéritif fraternel.

QUATRIÈME JOURNÉE

Huitième Séance. — JEUDI matin, 18 Septembre

La séance est ouverte à 9 h. 1/4.

Président : ALBI.

Assesseurs : CHATEAUROUX et ALAIS.

Brochure du Congrès

En vue d'assurer l'impression, dans les meilleures conditions, de la brochure du Congrès, le délégué d'Alger demande à ce que le Congrès décide que le secrétaire restera à Alger après le Congrès pour mettre debout la brochure, ainsi qu'il fut fait à Nice.

Adopté à l'unanimité.

La tenue du prochain Congrès

Sur la proposition de LYON et de MARSEILLE, il est décidé que le prochain Congrès se tiendra dans la même ville que celui de la Confédération du Travail

AUTONOMIE DES BOURSES (*Reprise*)

La question de l'autonomie des Bourses du Travail, dont la discussion avait été interrompue à la fin de la seance de mercredi matin, revient à l'ordre du jour.

LYON. — Je ne crois pas que l'autonomie se puisse faire complètement tant que nous serons obligés d'avoir besoin des subsides municipaux ou autres. Le seul moyen qui nous paraisse pratique serait la coopération.

LAVAL. — Le camarade de Constantine ayant pris le cas de l'échec de Laval comme principale argumentation pour combattre l'institution des coopératives de consommation ou de production, comme moyen de participation pour arriver à assurer l'autonomie des Bourses, ce qui est une absolue nécessité, car étant subventionnées par leurs municipalités, elles sont à la merci d'une décision de ces dernières, trop d'exemples l'ont démontré ; je crois qu'il est du devoir de LAVAL d'exposer les causes qui ont amené l'échec.

L'année dernière, la Bourse a cherché à créer une boulangerie coopérative, beaucoup de syndiqués avaient compris le but poursuivi, mais le nombre n'était pas suffisant. Une autre cause a participé à cet échec. Le travail de la région est assuré presqu'entièrement par une seule industrie : l'industrie cotonnière. Un chômage intensif ayant sévi sur cette industrie, les ouvriers furent contraints d'avoir recours au crédit des fournisseurs ; et voyez l'adresse de ceux-ci, ils préfèrent donner crédit au risque de perdre pour empêcher les ouvriers de s'adresser à la coopérative.

Maintenant, contrairement à ce qu'a dit le camarade de Constantine, j'estime que ce camarade ayant communiqué son projet d'autonomie des Bourses aux membres du Congrès, c'était pour que chacun le lise et y fasse les observations qu'il jugerait utiles. C'est pour cette raison que j'appellerai l'attention du Congrès sur l'article des ressources qui crée, au paragraphe 1er, une taxe frappant spécialement les ouvriers et employés en en écartant les patrons et les bourgeois. Je trouve que les ouvriers sont suffisamment taxés sans leur créer de nouvelles charges.

Saint-Étienne. — Je propose qu'une Commission soit nommée immédiatement pour l'étude du projet de l'autonomie des Bourses et qu'elle se réunisse immédiatement.

Le Secrétaire Fédéral. — L'autonomie des Bourses est, à mon avis, une question des plus importantes. Je crois même qu'elle est primordiale à toute autre question. Je regrette que la fatigue m'ait empêché d'assister ce matin aux discussions intéressantes qui ont eu lieu à ce sujet et quoique personnellement je ne sois pas du tout partisan des lois, je ferais comme Secrétaire Fédéral, et selon le désir des Bourses et du Comité, toutes les démarches nécessaires pour qu'aboutisse le projet présenté par Paris. Cependant, je dois le dire, je préférerais que l'autonomie soit obtenue par les seuls moyens dont disposent ou peuvent disposer les Bourses.

La Bourse de Bagnères-de-Bigorre, dont je suis ici le représentant, m'a chargé de vous soumettre le rapport suivant, dont vous voudrez bien entendre la lecture.

D'autre part, bien que le Congrès soit en retard sur ses travaux, je veux vous dire en quelques mots comment j'entends que les Bourses du Travail pourraient obtenir leur autonomie.

Par une loi spéciale déclarant autonomes les Bourses du Travail et leur allouant une subvention, j'estime que les Bourses n'auront pas dû tout leur autonomie. Elles dépendront du gouvernement et de ses lois et, par conséquent, seront sujettes à toutes modifications de ces lois qui pourraient ainsi devenir le contraire de ce qu'elles étaient.

Continuellement, nous disons que l'émancipation des travailleurs doit être l'œuvre des travailleurs eux-mêmes et toujours nous comptons sur quelqu'un ou sur quelque chose qui ne soit pas nous-mêmes ou qui n'émane pas de nous-mêmes.

Afin de ne pas dire ce que je voudrais parce que ce serait trop long, je vais vous lire la première partie du rapport que j'ai fait à ce sujet et vous donner de vive voix une idée du moyen que dans la deuxième partie je préconise et que, malheureusement, faute de place, je n'ai pu développer comme il aurait fallu. Ce moyen, vous le connaissez, c'est la *coopération*. Les critiques formulées jusqu'à ce jour contre ce moyen n'ont pas du tout fait varier mon opinion à ce sujet, car elles ne font que critiquer la coopération actuelle sans atteindre ce qu'il faut entendre par coopération. *(Voir rapport aux documents annexes)*.

Paris. — Je voudrais que la question de l'autonomie des Bourses soit renvoyée au Comité Fédéral qui, s'inspirant des différents projets présentés et de l'esprit du Congrès, rédigerait un texte de loi tendant à la reconnaissance légale des Bourses.

Ce projet serait adressé par voie de *referendum* à toutes les Bourses, qui auraient à donner leur avis et présenter leurs observations, afin d'arriver à une entente et à un projet définitif.

Chateauroux donne lecture du rapport suivant :

Une fois de plus, l'indépendance des Bourses est mise à l'ordre du jour. Une fois de plus divers projets, dont la discussion sera certainement fort longue, éclaireront le Congrès sur le moyen de rendre aux Bourses du Travail toute leur indépendance et ne plus être sous la tutelle et soumises, au point de vue de la vitalité, à l'ingérance et à la mauvaise humeur des municipalités bourgeoises, ou encore à la merci d'une circulaire ou d'un décret émanant d'un seul homme et qui brise, à lui seul, l'effort constant de tous les militants.

Certes, nous ne voulons pas dire par là que les militants se soumettent de gaieté de cœur aux exigeances des gouvernants, mais ce que nous ne pouvons nier c'est que la suppression brutale d'une subvention à la Bourse du Travail jette un certain désarroi parmi la classe ouvrière, un désarroi passager, nous voulons bien le reconnaître, mais enfin cela existe et c'est pour obvier à cet état de choses que la Bourse du Travail de Châteauroux propose que le moyen cherché et qu'elle préconise, qui semble à première vue impossible, mais qu'en examinant bien la conception même de l'idée, il en ressort qu'avec ce moyen l'autonomie la plus complète sera assurée non seulement à nos Bourses, mais encore à toutes les œuvres sociales émanant du prolétariat.

L'année dernière au Congrès de Nice, plusieurs rapports ont été présentés et aucun d'eux n'a reçu de solution.

Le rapport de la Bourse de Châteauroux porte absolument sur les coopératives sans distinction. .

L'action coopérative est la solution de la grande question de vitalité et d'indépendance. Mais, si les coopératives doivent arriver à ce but, il faut commencer par changer la direction de ces coopératives mêmes. Il nous appartient, militants fervents, de bien indiquer que lorsqu'une nouvelle coopérative sera en formation, ce n'est pas seulement au point de vue de l'intérêt particulier, c'est-à-dire être coopérateur pour avoir des bénéfices, comme nous ne voulons pas être syndiqués et payer des cotisations pour avoir des avantages pécuniaires dans un temps plus ou moins reculé.

Le système actuel des coopératives est de donner à ses adhérents, non seulement des marchandises meilleures et moins cher, mais encore de distribuer à ces mêmes adhérents des dividendes, et, si nous ne craignons pas d'aller trop loin, nous pourrions dire que nous, qui voulons abattre le capital, nous nous substituons aux capitalistes eux-mêmes.

Eh ! bien, que ces dividendes que l'on distribue aux adhérents ne soient pas distribués en entier, mais répartis en partie aux Bourses, ce qui assurerait leur indépendance.

Il nous semble que ce moyen est beaucoup plus pratique que celui de verser des cotisations. Nous ne sommes pas ennemis de verser des cotisations, loin de là, mais ici même, dans cette enceinte, rien que le mot de cotisation gênerait fortement le budget des petites Bourses, et nous estimons que ce moyen n'est pas pratique en vertu même que ceux qui sont intéressés par la question pécuniaire sont intéressés par le fait même qu'ils paient, mais sous une autre forme que le versement de cotisations, ce qui leur semblerait moins dur à consentir, car vous savez que, parmi certains syndiqués, la cotisation versée au Syndicat respectif est déjà très élevée. et nous sommes obligés de constater que, dans un temps plus ou moins éloigné, ces cotisations seront encore augmentées.

Au pis aller, ces cotisations minimes que les adhérents verseraient seraient les bienvenues et ne pourraient qu'augmenter, de concert avec les subventions, les ressources des Bourses qui n'en auront jamais trop.

La conclusion du rapport de la Bourse de Châteauroux est celle-ci : c'est que ces coopératives fondées comme il est indiqué ci-dessus sont bien les bases sur lesquelles non seulement l'indépendance des Bourses est fondée, mais encore l'indépendance des œuvres sociales préconisées par le prolétariat entier, et cette indépendance acquise sera l'aurore de la société à laquelle nous travaillons tous et nous mettrons en pratique ce que nous disons à tous :

L'émancipation des travailleurs par les travailleurs eux-mêmes.

Le Mans. — Je reviens sur ce que je voulais dire au moment de la discussion du Rapport du Comité fédéral, au sujet de la situation qui nous est faite, au Mans, depuis la circulaire Waldeck-Rousseau. Pour toucher notre subvention par parties, nous sommes obligés de justifier d'avance l'emploi de ces fonds. Nous avions adressé un questionnaire aux Bourses, afin de connaître la situation qui leur était faite par cette circulaire et ce qu'elles en pensaient. Quelques réponses nous furent faites. Quelques-unes résistèrent quelques mois à cette inquisition et finirent par subir l'application de cette circulaire.

Plusieurs délégués. — Ne supportant pas les inconvénients de la Bourse du Mans, à propos de cette circulaire, il nous semble qu'il y aurait lieu de ne pas agiter cette question qui n'est pas générale.

Le Mans. — C'est justement cette situation anormale faite à quelques Bourses qui m'oblige d'insister, pour que soit examinée la situation de la Bourse du Mans.

Lyon et Angers déclarent être, elles aussi, comme Le Mans, astreintes aux mêmes exigences.

Le Mans. — Puisque Lyon et Angers sont logées à la même enseigne, c'est une raison pour que le Congrès prenne une décision.

Sur notre demande le Comité fédéral a déjà fait une démarche au Ministère de l'Intérieur. Aujourd'hui, comme jadis au Congrès de 1900, pour la Bourse d'Alençon qui était aux prises avec la direction des postes, pour l'envoi d'imprimés concernant le Placement, j'estime que nous devons nous rendre solidaires les unes des autres.

Nous considérons, à notre Bourse, que le Congrès d'Alger, sans aucune restriction, doit prendre une décision pour que soit rapportée la circulaire Waldeck-Rousseau, autrement l'on pourrait se demander, au Mans, pourquoi nous sommes fédérés.

D'aucuns ont pu croire que la Bourse du Mans ne jouissait pas d'une suffisante autonomie administrative. A ceux qui pensent ainsi, je souhaite que leur Bourse soit comme la nôtre gérée par des syndicats exclusivement ouvriers, qui ont élaboré un règlement général qui nous réserve le droit de n'accepter dans la Bourse que des Syndicats ouvriers. Cela ne nous empêche pas d'être dans les meilleurs termes avec notre Municipalité, qui a toujours accordé ce que nous lui demandions.

Le Secrétaire Fédéral. — Les Bourses se souviennent de ce que fit le Comité Fédéral à propos de cette circulaire Waldeck-Rousseau. Elles se souviennent aussi de la circulaire détaillée et, certainement, toutes l'ont comprise. Je ne veux y revenir que pour dire aux Bourses qu'elles doivent s'attendre à subir ces sortes d'investigations tant qu'elles auront besoin de l'aide des pouvoirs publics.

Cela n'empêchera nullement le Comité de faire des démarches pour que soit rapportée cette circulaire.

Le Mans, Chateauroux, Lyon et Béziers proposent la motion suivante :

« Le Congrès des Bourses du Travail donne pleins pouvoirs au Comité Fédéral afin d'obtenir que la circulaire de M. Waldeck-Rousseau portant sur la perception et les dépenses des subventions accordées aux Bourses du Travail par les municipalités et les conseils généraux soit rapportée. »

Cette motion est adoptée.

Le délégué de la Bourse de Fougères, dépose la motion suivante :

« Fougères voudrait voir toutes les coopératives de consommation et de production laisser un *tant pour cent* sur leurs bénéfices pour aider ou assurer, selon leur chiffre d'affaires, l'autonomie des Bourses. Exemple à suivre : « L'Emancipation Fougeraise », coopérative de production (cordonnerie) nouvellement créée dans notre localité, de par ses statuts, laisse à notre Bourse 10 0/0 de ses bénéfices ».

Finalement, la discussion est close par le dépôt de l'ordre du jour suivant, présenté par les délégués de Saint-Etienne, Bourges, Albi, Constantine, Alais, Angers, Nîmes, Bordeaux, Reims et Amiens :

« Le Congrès,

» Désireux d'apporter toute l'attention des organisations ouvrières sur les » voies et moyens d'assurer l'autonomie et l'indépendance des Bourses du » Travail, donne mandat au Comité Fédéral de préparer un questionnaire ins- » piré par les diverses propositions soumises au Congrès et d'en élaborer les » conclusions en conformité des réponses qu'il aura reçues. »

Cet ordre du jour est adopté.

ÉDUCATION SYNDICALE DES JEUNES GENS ET DES JEUNES FILLES

Trois rapports, concernant les relations à établir entre les Bourses du Travail et les jeunes gens sortant des écoles, sont déposés.

On décide de nommer une Commission qui en prendra connaissance et les condensera en un seul.

Elle est ainsi composée : AMIENS, CONSTANTINE, SAINT-ÉTIENNE, ARLES, BELFORT et BAGNÈRES-DE-BIGORRE.

APPLICATION INTÉGRALE DES LOIS OUVRIÈRES EN ALGÉRIE

CONSTANTINE lit un long rapport très documenté sur les différences existant entre les lois ouvrières appliquées en France et les décrets régissant les travailleurs d'Algérie.

Il énumère les nombreuses lois non encore étendues à l'Algérie et indique les modifications profondes introduites dans celles qui y sont applicables.

L'orateur termine en soumettant au Congrès toute une série de résolutions dont l'adoption par le Parlement et le Gouvernement ferait enfin cesser une injustice flagrante et mettrait les travailleurs de la Colonie en égalité avec les travailleurs de la Métropole.

CETTE propose que non seulement les lois ouvrières soient appliquées à l'Algérie, mais encore à toutes les colonies françaises ou protectorats.

SAUMUR rappelle que, depuis plusieurs années, les camarades antillais réclament l'application des lois ouvrières, et signale les difficultés existantes pour l'application intégrale de ces lois dans toutes les colonies, où les conditions de vie et de travail sont différentes. Il insiste pour que le Congrès réclame l'application des lois ouvrières aux colonies antillaises, à la Guyane et à la Réunion.

POITIERS rappelle que la Commission Juridique fit un rapport très intéressant sur l'application des lois ouvrières à l'Algérie et qu'elle discuta l'application de ces lois à toutes les colonies.

LYON demande que cette mesure soit étendue aux colonies de protectorat.

La séance est levée à 11 h. 3/4.

Neuvième Séance. — JEUDI après-midi, 18 Septembre

Président : Versailles.
Assesseurs : Nîmes et Grenoble.

ÉDUCATION SYNDICALE *(Reprise)*

Le Secrétaire Fédéral. — La Commission que vous aviez nommée en vue d'élaborer un rapport sur la question de l'éducation syndicale des jeunes gens et des jeunes filles après un échange de vues, a décidé qu'il était meilleur pour le Congrès d'entendre le rapport présenté par la Commission d'Education au nom du Comité Fédéral.

Vous vous souvenez tous de la circulaire que terminait un questionnaire qui vous fut adressée tout dernièrement. Vous connaissez aussi la brochure de propagande que l'on nous demande de toutes parts. Tout cela vous montre que la Commission instituée par le Comité Fédéral mérite votre approbation et vos encouragements.

Je crois utile de vous donner immédiatement lecture du Rapport de la Commission d'Education Syndicale des Jeunes gens et des Jeunes filles.

COMMISSION D'ÉDUCATION SYNDICALE

DES JEUNES GENS ET DES JEUNES FILLES

RAPPORT

présenté au Congrès des Bourses du Travail

Au moment où se livre dans la France entière une lutte jusqu'ici sans égale sur la question de l'enseignement, au moment où cléricaux et républicains témoignent, par l'ardeur même qu'ils apportent à la discussion, de toute la valeur qu'ils attachent à la direction intellectuelle et morale donnée aux enfants pendant les années d'école primaire, les fervents de l'action syndicale et des groupements professionnels ne pouvaient pas rester inactifs et ne pas comprendre, eux aussi, que c'est dès le jeune âge qu'il importe d'instruire les enfants sur leurs devoirs sociaux et corporatifs.

Sur l'initiative du citoyen Albert Dupin. instituteur public à Aubervilliers, une commission s'est formée à la Bourse du Travail de Paris sous les auspices de la Fédération des Bourses pour organiser la propagande syndicale chez les jeunes gens, au sortir même de l'école, alors qu'ils ne sont encore qu'apprentis. Cette commission a pris le titre de « Commission d'éducation syndicale des jeunes gens et des jeunes filles ».

Historique. — Cette idée n'était sans doute pas nouvelle ; n'était-il pas naturel, en effet, que tout syndiqué conscient comprît l'utilité ou plutôt la nécessité pour le développement des syndicats, de cette action éducative exercée dès l'entrée à l'atelier sur l'esprit des jeunes apprentis ? Il était évident que c'était aux jeunes générations de la population ouvrière qu'il fallait faire comprendre que les améliorations et les transformations si nécessaires de la situation sociale de l'ouvrier, ne pouvaient venir que de l'action solidaire, du groupement de tous pour la défense des intérêts communs. Mais les charges et les soucis quotidiens avaient absorbé l'activité pourtant si grande des militants de la cause syndicale, et il avait fallu remettre à plus tard cette œuvre de longue haleine.

Notons d'ailleurs que du côté même de l'école, des vœux avaient été émis dans le sens de l'éducation syndicale des jeunes gens. Dans certaines associations d'anciens élèves d'écoles communales, des camarades syndicalistes avaient cherché à donner naissance à ce mouvement, et, au Congrès des associations d'anciens élèves, patronages et mutualités scolaires, tenu à Montpellier, le 25 juillet 1901, un vœu avait été émis en faveur de la création de syndicats et pour l'institution d'offices particuliers de placement gratuit en correspondance avec un office central à créer au Ministère du Commerce.

Pour donner suite à ce vœu, le citoyen Dupin fit à la fin de l'année dernière une démarche au Ministère du Commerce pour tenter d'organiser avec l'aide des Pouvoirs publics, un office central de placement gratuit pour les jeunes gens, qui eût constitué, par l'aide effective et les services qu'il pouvait rendre aux jeunes gens, un excellent organe de propagande syndicale au sortir de l'école; le Ministère adressa le citoyen Dupin aux camarades Briat et Yvetot avec le concours desquels fut organisé la Commission d'éducation syndicale.

Cette éducation devra surtout se faire dans les groupements déjà existants connus sous le nom d'Associations d'anciens élèves d'écoles communales (Petites A). Ces associations comprennent indistinctement tous les anciens camarades d'une ou de plusieurs écoles de la même ville, désireux de se revoir, de se distraire et de continuer à s'instruire en commun. Elles sont autonomes, sont dirigées par un comité de patronage indépendant. Elles sont de petites écoles de vie sociale et servent à donner aux jeunes gens des leçons pratiques de solidarité. Ces groupements déjà constitués et animés d'un esprit généreux et libre devaient naturellement être pour notre action syndicale d'excellents points d'appui. Leurs membres, sortant des écoles primaires et désireux de pousser plus avant leurs études, formeront l'élite de leur génération ouvrière et il n'est pas sans grand intérêt de nous attirer la sympathie et l'adhésion de ces jeunes gens dont la culture intellectuelle, relativement avancée, nous assureront pour l'avenir des camarades actifs et sincères. C'est donc par une tentative d'accord officieux avec les petites A. que nous avons commencé notre campagne de propagande.

Objet de la Commission. — Comme son nom l'indique, l'objet de la Commission est de faire l'éducation syndicale des jeunes gens et des jeunes filles, de préparer des ouvriers et des ouvrières conscients de leurs devoirs et sûrs de leurs droits.

La réalisation. — Les moyens pour réaliser notre simple programme sont assez nombreux, mais très complexes, parfois même délicats; nous demanderons au Congrès de bien vouloir nous donner son avis sur les méthodes que nous proposons.

Le moyen le plus facile et le plus naturel, c'est celui qui est d'ordinaire employé pour toutes les propagandes : la conférence, la circulaire, la brochure. Si, comme nous l'espérons, nos fonds nous le permettent, nous pourrons aller porter la parole syndicale dans les groupements industriels encore inorganisés ; et nous comptons sur ces séances pour frapper l'esprit de nos jeunes camarades. Mais ce moyen tout intellectuel est insuffisant ; une belle conférence peut éveiller un instant la curiosité d'un auditeur ; mais surtout pour les jeunes, la lutte idéale en vue d'une victoire lointaine — parfois douteuse — n'a pas un attrait suffisant pour secouer la nonchalance, même simplement l'habitude, et l'on voit les plus sincères après un court élan d'enthousiasme, continuer la même vie résignée faute d'un attrait momentané qui les pousse à un effort suivi. Aussi nous avons pensé que c'était à des moyens de propagande effective, appréciable et touchant les intérêts mêmes des jeunes gens qu'il fallait avoir recours. La première question, impérieuse et inévitable qui se pose au jeune garçon à son sortir de l'école, c'est la recherche du travail. Où s'adressera-t-il, pour trouver un emploi ? Où pourra-t-il faire son apprentissage ? Où pourra-t-il apprendre un métier dans des conditions équitables ? C'est dans cette recherche que nous voudrions l'aider, avec l'appui de la Fédération des Bourses et de l'Office national ouvrier de Statistique et de Placement. Vous connaissez assez ces organisations pour comprendre sans plus de développement l'aide qu'elles peuvent nous donner pour placer de jeunes apprentis. Mais ici se pose une question nouvelle et très délicate celle-là : c'est la question même de l'apprentissage. Nous n'avons pas l'ambition de l'entreprendre au moins pour le moment, mais nous voudrions vous signaler simplement, que par ce mode de placement, nous nous efforcerons d'éviter la concurrence, malheureusement trop fréquente que font les apprentis, après quelques années d'atelier, aux ouvriers adultes et chargés de famille. Nous lutterons toujours de toutes nos forces contre cette odieuse concurrence que le jeune homme fait trop souvent à l'ouvrier adulte, l'un et l'autre étant également aptes à faire un ouvrage, qui ne leur est cependant point payé du même salaire.

Certains membres de notre Commission nous ont proposé encore d'autres moyens de propagande : on a parlé de l'enseignement industriel, professionnel, qui largement organisé et généralisé pourrait avoir l'avantage de supprimer presque complètement la concurrence de l'apprenti et de l'ouvrier adulte, tout en assurant au premier un enseignement utile, qui l'armerait mieux dans la lutte économique ; on nous a également indiqué les projets de coopératives d'apprentis qui auraient sur l'enseignement professionnel l'avantage d'intéresser directement les enfants à la bonne qualité de leur travail, de leur donner des salaires supérieurs à ceux des apprentis actuels, tout en ne faisant pas concurrence à la main-d'œuvre adulte.

Toutes ces questions forment certainement le fond même de nos études et chacune d'elles sera en son temps étudiée et si possible résolue. Leur importance est considérable pour la classe ouvrière et prouve l'utilité de la Commission d'Education Syndicale, qui mérite l'appui moral et matériel du Congrès.

Pour la première année d'existence, la Commission devra naturellement borner son programme d'actions et voici ce qu'elle a déjà fait et veut faire immédiatement.

Le mouvement dont elle est née, ayant eu pour origine d'un côté le Syndicat, de l'autre les associations d'anciens élèves, il importait avant toutes choses de présenter l'une à l'autre ces deux organisations. Par deux circulaires adressées l'une aux Bourses du Travail, l'autre aux petites A., la Commission a fait connaître respectivement à ces groupes leur raison d'être, leur constitution et leur programme. Les brochures adressées aux petites A., répandues en grand nombre, expliquent aux jeunes gens le fonctionnement des Syndicats, des Bourses et de la Fédération ainsi que de l'Office national ouvrier de Statistique et de Placement, de la Commission de l'Education Syndicale. C'est un premier acte de propagande.

La Commission s'est aussitôt occupée de préparer son programme de l'an prochain.

D'abord des conférences ; pour traiter complètement la question, il faudrait sans doute plusieurs conférences, et c'est ce que nous pourrons faire à Paris et dans les environs, mais pour les villes de province, plus éloignées, nous devrons nous contenter d'une seule conférence ; tout en laissant au conférencier la plus grande latitude, notre Commission a pensé cependant utile de fixer quelques points, dont il importerait de parler dans ces séances ; en voici le rapide exposé :

1° Historique. — Les Syndicats avant la loi de 1884 ;

2° La loi de 1884. — Lectures et commentaires. — Loi du 22 février 1851 sur l'apprentissage ;

3° Le Syndicat, tel qu'il est aujourd'hui. Son rôle dans la vie économique de l'ouvrier. Il donne à l'ouvrier sa réelle et complète valeur ; un ouvrier isolé est sans aucune action ; plusieurs ouvriers unis dans la défense de leurs intérêts acquièrent une force proportionnelle.

Ce que serait la classe ouvrière vis-à-vis de la classe patronale, si tous les ouvriers étaient syndiqués ;

4° Les avantages dont bénéficie un Syndiqué :

Le placement gratuit ;
La caisse de secours ;
La caisse de chômage ;
Le viaticum ;
Caisses de retraite ;

La défense des intérêts vis-à-vis du patron par la solidarité ouvrière ;

5° La grève, sa raison d'être, sa portée, son utilité ;

6° Conclusion sur la nécessité pour l'ouvrier de se syndiquer. Et avantages que peuvent tirer les petites A. en prenant part à l'action syndicale.

La Commission entreprendra aussi dès le mois d'octobre la question du placement. Elle compte pour cela sur le concours efficace des Syndicats et des Bourses du Travail, bien que les membres des petites A. et en général les jeunes gens ne soient pas syndiqués. Elle vous propose à ce sujet dans les vœux qui se trouvent à la fin de ce rapport l'entrée des jeunes apprentis dans le Syndicat à titre de *pupilles* conformément au vœu formulé à ce sujet par le Congrès de Nice en 1901. Elle verrait à la généralisation de cette mesure, adoptée déjà par certains syndicats, l'avantage de montrer aux enfants ce que c'est que le syndicat et de leur faire comprendre par la pratique mieux encore que par la théorie, toute la portée de l'action solidaire. D'ailleurs le Syndicat étant en rapports constants et intimes avec les apprentis serait tenu exactement au courant de la situation faite par les patrons aux jeunes garçons et filles de 13 à 18 ans et pourrait proposer les réformes nécessaires à la législation actuelle du travail des enfants, en même temps qu'il pourrait surveiller ainsi de plus près et plus efficacement la concurrence que les adolescents peuvent faire aux adultes.

A l'appel que nous avons adressé aux Bourses du Travail, nous avons reçu beaucoup de réponses encourageantes. Les moyens de propagande que nous avons proposés ont été approuvés et nous avons été heureux de voir que plusieurs Bourses se proposaient de réaliser, dès la rentrée dans leur rayon d'action, le programme que nous leur avions proposé. Nous avons lu avec un vif plaisir que la Bourse de Constantine s'était aussitôt mise en rapport avec les sociétés d'éducation post scolaire de cette ville et qu'elle comptait en retirer un sérieux avantage. « Tout ce qui peut rehausser le prestige de nos Bourses, écrit le secrétaire, comme tout ce qui peut leur permettre d'étendre leurs moyens d'action doit être employé en se conformant aux usages de la localité et aux mœurs de la population. Si les Bourses savaient faire, elles mettraient peu à peu la main sur les Ligues d'enseignement, sur les U. P., etc. sur tout ce qui touche à l'éducation du citoyen ; car tout est là. La société de demain sera ce que nous la ferons. »

Notre camarade de La Rochelle fait d'ailleurs observer « qu'il faut agir vite et ne rien négliger pour ce faire » Nous sommes absolument de cet avis et nous espérons en conséquence que le Congrès, comprenant la grande importance de notre nouvelle commission voudra bien l'aider dans la mesure du possible.

C'est pourquoi nous vous présentons les vœux suivants qui, nous l'espérons, recevront l'assentiment du Congrès.

VŒUX

1° La Commission propose au Congrès de faire de la propagande syndicale : *a)* par des conférences, brochures, circulaires, etc. ; *b)* par l'organisation du placement gratuit des apprentis dans les meilleurs conditions possibles de salaire, d'hygiène et de durée du travail quotidien, sans toutefois porter atteinte au travail des adultes ;

2° La Commission propose au Congrès d'approuver l'admission des apprentis dans le Syndicat à titre de pupilles du Syndicat. Ils n'auront pas à payer de cotisation, mais simplement une indemnité maxima de 25 cent. à l'entrée ;

3° Les apprentis seront autorisés à assister à l'Assemblée générale du Syndicat à titre consultatif seulement, sans voix délibérative ;

4° La Commission propose au Congrès la création d'une délégation Syndicale pour chaque corps de métier, destinée à la surveillance des apprentis, tant en ce qui concerne les conditions du travail, que les salaires et les travaux eux-mêmes auxquels sont employés les apprentis ;

5° La Commission devant avoir, tant pour les conférences en province que pour l'organisation du placement, des frais relativement importants et ne disposant jusqu'ici par elle-même d'aucune ressource, demande au Congrès des Bourses qu'il lui soit affecté une certaine portion (le quart par exemple) de la somme de 10,000 francs mise par le Ministère du Commerce à la disposition de l'Office central de Statistique et de Placement. Elle s'efforcera d'ailleurs de se procurer des fonds dans le cours des mois prochains et espère pouvoir bientôt se passer de l'appui qu'elle sollicite pour ses débuts.

La Commission.

Belfort. — Il serait peut-être utile étant donnée la connexité de ces deux questions que le Congrès prenne aussi connaissance du Rapport de Belfort sur l'apprentissage.

Bourges. — Je suis heureux que le Comité Fédéral ou sa Commission d'Éducation Syndicale préconise un moyen qu'à Bourges, nous avions déjà adopté relativement aux pupilles.

Saint-Étienne. — A notre Bourse on admet tous les jeunes gens et l'on en fait des pupilles. Presque tous sont des enfants de syndiqués. Avant que la Commission d'Education Syndicale existe, nous avions déjà fait ce qu'elle demande à ce sujet. Néanmoins nous la félicitons et approuvons entièrement le rapport qu'elle présente.

Constantine. — A Bordeaux, il a été créé des Bourses d'apprentissage. A Constantine, nous nous occupons surtout de la question d'enseignement syndical et d'éducation syndicale. Nous nous sommes mis en rapport avec les anciens élèves des écoles d'indigènes et nous nous occupons de leur donner une solide éducation professionnelle. L'enseignement doit sortir des lignes qu'il suivait autrefois et nous poursuivons avec acharnement la fusion de la Ligue de l'Enseignement avec l'Université Populaire. Nous organiserons alors des Patronages populaires, des jeux et amusements de toutes sortes, où se mêleront des enfants de toutes races qui apprendront ainsi à se mieux connaître et à s'aimer.

Pour les militaires nous ferons des conférences et nous tâcherons même de leur faire obtenir des permissions permanentes pour les jours où auront lieu ces conférences.

Bordeaux. — Je regrette de ne pouvoir fournir au Congrès des renseignements sur cette question des Bourses Syndicales dont on parla tout à l'heure. Je tâcherai de me procurer les renseignements nécessaires pour les fournir à la Commission.

Amiens. — Je suis heureux de voir cette question discutée comme elle le mérite, car j'estime que tant que les ouvriers n'auront pas acquis les capacités techniques et professionnelles, ils ne sauraient prétendre à leur émancipation. Il importe donc que les Bourses s'occupent activement de l'organisation de cours professionnels. Et, pour encourager les jeunes gens à suivre ces cours, qu'elles créent des certificats de fin d'études qui seraient des certificats d'aptitudes professionnelles.

PARIS. — Je ne partage pas cette façon de voir, car ce serait pour ainsi dire récompenser peut-être les mieux doués et décourager les autres. De plus, ce certificat que quelques enfants n'auraient pu obtenir parce qu'ils n'auraient pas satisfait à un examen quelconque, pourrait encore leur porter préjudice si on l'exigeait d'eux pour être admis dans un atelier.

Nous ferions mieux de nous occuper d'une question plus importante, c'est-à-dire que les Bourses devraient se préoccuper d'établir des cours professionnels plus nombreux et mieux suivis.

LEVALLOIS. — Nous avons toujours préconisé et nous avons même créé, à Levallois, des cours professionnels où les enfants apprennent un métier dans la journée et assistent le soir à des conférences éducatives et syndicales.

ALGER. — Il y a trop de déclassés et d'ouvriers d'une instruction professionnelle relative.

A Alger, particulièrement, on constate ce fait.

Selon moi, il est nécessaire de fonder des écoles professionnelles et d'y admettre tous les enfants sans distinction, même et surtout les indigènes. Ainsi pénétrera chez nos sujets, et de plus en plus, notre civilisation.

Si la question en discussion ne peut être réglée au cours du présent Congrès, qu'elle le soit tout au moins au prochain.

Les ordres du jour suivants sont déposés :

« MARSEILLE estime que l'on doit approuver et favoriser toutes les tentatives » qui sont faites par les organisations ouvrières en vue de l'éducation syndicale » des jeunes gens et des jeunes filles dans tous les pays.

» MARSEILLE fait la proposition aux termes de laquelle toutes les Bourses du » Travail seraient tenues d'instituer dans leur sein une Commission spéciale » d'éducation syndicale.

» MARSEILLE, AIX, TOULON, AGEN ».

« Le CONGRÈS est d'avis que parmi les moyens propres à développer l'instruc- » tion syndicale des jeunes gens, il importe de les intéresser à la vie courante » des Syndicats :

» 1° d'admettre les apprentis dans les Syndicats, dès leur rentrée dans leur » profession ;

» 2° d'organiser, dans les Bourses du Travail, des cours professionnels et » d'enseignement primaire spéciaux ;

» 3° de former des Universités Populaires ou des Sociétés d'éducation sociale ;

» 4° d'intéresser plus activement les Syndicats et les Ouvriers syndiqués aux » discussions intérieures — d'administration et d'étude — qui font l'objet des » attributions des Conseils d'Administration ;

» 5° d'organiser par les soins du Comité Fédéral des tournées de conférences » dans tout le pays sur l'action syndicale et les attributions des Syndicats et » des Bourses du Travail.

» NIMES ».

« Le CONGRÈS considérant que ce qui empêche le prolétariat de lutter effica- » cement pour son émancipation *c'est la spécialisation* qui de plus en plus est » la condition de travail où le pousse le machinisme, émet le vœu que les » Bourses du Travail s'occupent d'une façon active de l'organisation de cours » professionnels de façon à augmenter la capacité technique de la classe ouvrière » sans laquelle l'organisation syndicale ne pourra donner son maximum de » résultats.

» AMIENS ».

Sur l'éducation syndicale des jeunes gens, la Bourse de Levallois soumet au Congrès l'idée suivante ;

« Que tout syndicat soit invité à organiser des cours professionnels pour les » jeunes gens et à faire une conférence éducative à chacun des cours.

» Levallois-Perret. »

« Partisans de l'éducation syndicale des jeunes gens, il y aurait à préconiser » l'établissement de rapports entre les Bourses et autres organisations et les » sociétés des anciens élèves des écoles laïques pour l'organisation de confé- » rences syndicales données tout à la fois et dans leurs locaux et dans ceux » des Bourses.

» Les Bourses pourront également adjoindre à leurs cours professionnels, » dont les élèves sont généralement des jeunes gens, des conférences syndicales » dans les locaux des cours. Les résultats à obtenir sont, du reste, plutôt du » ressort des organisateurs particuliers et le Congrès à notre sens ne peut » donner à ce sujet que des indications pour une tactique générale à suivre » dans la mesure du possible et des besoins de la région.

» Lyon. »

Tous ces vœux sont adoptés et renvoyés à la Commission d'éducation qui prendra en considération les indications qu'ils donnent.

Le Congrès adopte aussi le vœu présenté par Constantine et tendant à ce qu'une propagande active soit faite en faveur du journal *Jean-Pierre*, édité pour répandre parmi les jeunes gens les idées de justice et d'humanité.

Amiens. — Je demande que le Congrès se prononce pour l'admission dans les Bourses des associations de professeurs et autres qui ne peuvent être constituées aux termes de la loi de 1884, puisque ces catégories de travailleurs ne peuvent encore en bénéficier, mais qui n'en sont pas moins des associations professionnelles à tendance nettement émancipatrice.

Poitiers. — J'approuve Amiens et je dépose en ce sens un ordre du jour :

« Nulle catégorie de travailleurs ne peut être mise en dehors de l'action » syndicale, que ces travailleurs soient salariés de particuliers ou salariés de » l'Etat.

» Le Congrès invite les Bourses à accepter des organisations d'employés et » d'ouvriers de l'Etat, ainsi que les associations de professeurs des écoles de » l'Etat, dont les statuts indiqueront bien que ces associations ont pour but la » défense des intérêts de ces diverses corporations. »

Cet ordre du jour, complété par Saumur est *adopté à l'unanimité*.

COMMISSION DES VŒUX

Plus de quarante vœux ont dû être retenus par la Commission. Ils sont rapidement étudiés par le Congrès. Les uns figureront comme des rappels de décisions antérieures des Congrès, les autres comme indications générales ; d'autres sont spécialement désignés à l'attention du Comité fédéral pour être mis en pratique au cours de l'exercice.

Bourges (rapporteur). — Les Bourses du Travail de Bourges, Tours, Niort, Bordeaux, Grenoble, Marseille, Le Mans, Narbonne, constituées en Commission d'examen des vœux soumis au présent Congrès, ont choisi comme rapporteur le camarade Hervier, délégué de Bourges.

De l'étude de cette commission, il résulte le classement suivant :

1° Revendications générales du Prolétariat ;
2° Revendications particulières des Chambres syndicales ;
3° Situation économique de l'Algérie ;
4° Divers.

Deux vœux très importants, dont la réalisation apporterait un changement considérable dans l'évolution économique actuelle lui ont été soumis et elle a l'avantage de vous les recommander spécialement. Ils concernent :

1° Une langue universelle ;
2° Un calendrier basé sur les conditions nouvelles de la vie et les transformations journalières apportées par le machinisme dans la situation économique actuelle.

Votre Commission est heureuse de constater que par le grand nombre de vœux fournis, la preuve a été apportée que l'action militante ouvrière ne néglige aucune des manifestations de la vie, et qu'ainsi le travail, dans un avenir lumineux de justice, sera le ressort puissant de la société future d'êtres humains émancipés.

La Commission.

Le vœu sur l'institution d'une langue universelle est renvoyé à la première réunion d'un Congrès international.

Nota. — *Les délégués au Congrès d'Alger m'excuseront d'avoir un peu interverti l'ordre des vœux. J'ai cru faire au mieux pour la clarté du lecteur.*— G. Yvetot.

I. — Contre la peine de mort

Le Congrès national des Bourses du Travail de France et des Colonies, représentant soixante-cinq Bourses du Travail, réuni à Alger le 18 septembre 1902,

Considérant que la peine de mort abolie en droit en Italie, en Grèce, en Portugal, en Roumanie, dans la plupart des cantons suisses, dans le Visconsin, le Rhode-Island et le Michigan (Etats-Unis), abolie en fait en Finlande et en Belgique, est une flétrissure morale imposée à la France, qui marcha si souvent à la tête de la civilisation ;

Considérant que des juges faillibles n'ont pas le droit de prononcer une peine irréparable ;

Considérant que la société, en tuant un meurtrier, lui enlève la possibilité du retour au bien ;

Considérant que le fait de placer devant le peloton d'exécution ou sur la guillotine un homme désarmé et dans l'impossibilité matérielle de nuire constitue un *crime prémédité ;*

Considérant que l'exécution capitale est un acte de vengeance aussi barbare qu'immoral, les professionnels du crime ayant presque toujours assisté à une ou plusieurs exécutions ;

Considérant que le droit de tuer, dénié à l'individu, ne saurait être accordé à la collectivité ;

Le Congrès émet les vœux suivants :

1° Que, pour célébrer d'une manière digne le centenaire de Victor Hugo, qui s'éleva toute sa vie contre le crime légal, négation du principe de l'inviolabilité de la vie humaine, la peine de mort civile et *militaire* soit abolie en France, dans les colonies et pays de protectorat français ;

2° Que cette mesure transitoire soit l'origine d'une transformation complète des Codes de justice et amène à brève échéance la suppression des tribunaux *militaires, maritimes* et *académiques* qui sont des tribunaux d'exception ;

3° Que, pour enrayer la criminalité dans ses causes, l'éducation et l'instruction soient données plus largement aux enfants du peuple ; que les travailleurs conscients de leurs devoirs contribuent à cette œuvre d'émancipation, créent partout des groupes d'études et désertent le cabaret ; que les esprits éclairés mettent à l'index *chez eux* et autour d'eux les journaux démoralisateurs qui remplissent leurs colonnes du récit des crimes, de la biographie des assassins et qui glorifient dans leurs feuilletons le criminel devenu comte ou marquis;

4° Que, pour hâter ces transformations, les Bourses du Travail prêtent leur appui à toutes les luttes pour la justice et pour la vérité;

Approuve la campagne entreprise par Mlle Henriette MEYER en faveur de l'abolition de la peine de mort civile et militaire et félicite le Comité Fédéral de l'avoir encouragée et soutenue.

LE SECRÉTAIRE FÉDÉRAL.

***

Le Xe Congrès des Bourses du Travail, réuni à Alger le 18 septembre 1902, tient à protester contre la peine de mort;

Considérant que les hommes, quels qu'ils soient, ne peuvent s'arroger le droit de décider de la vie d'un homme, fût-il criminel;

Attendu qu'aucun citoyen ne peut s'arroger le droit de juger ses concitoyens, aucun n'étant parfait;

Attendu que la plupart des crimes ne sont le fait que de la mauvaise organisation de la société actuelle et que les autres cas ne proviennent que d'individus maladifs, étant par cela même irresponsables;

Pour ces motifs :

Nous proposons qu'il soit fait une campagne énergique en faveur de l'abolition de la peine de mort.

PARIS.

***

Considérant que l'homme qui tue est toujours dominé par un sentiment violent et irrésistible : la colère, la vengeance, la passion, la jalousie, la faim, la folie, la tare héréditaire.... ;

Considérant que la peine de mort n'est jamais proportionnée au délit puisqu'elle est appliquée sans distinction d'âge ni de sexe;

Considérant que le juge n'étant pas infaillible, il peut commettre des erreurs — ce qui s'est prouvé — et que tout châtiment pour être *juste* doit être *réparable*, ce qui n'est pas le cas de la peine de mort!

Considérant que la peine de mort n'a jamais servi d'exemple moralisateur;

Considérant que la Démocratie a le devoir de mettre fin à une *pénalité cruelle*, *injuste*, *dangereuse*, *inutile*, *dégoûtante!*

Les délégués des Bourses du Travail de France et des colonies réunis au Congrès d'Alger, du 15 au 19 septembre 1902, s'inscrivent contre la peine de mort et décident que le présent vœu soit tranmis à la vaillante propagandiste Mademoiselle Henriette Meyer, institutrice à Paris, 114, rue des Entrepreneurs, 15e arrondissement, en lui témoignant sa sympathie pour le dévouement qu'elle apporte à la poursuite de l'abolition de ce crime social : la peine de mort.

TOULOUSE, NARBONNE, NIORT, MARSEILLE.

***

Que le Congrès prenne en considération la pétition faite par le Comité de propagande en faveur de l'abolition de la peine de mort, non seulement en France, mais encore aux colonies et pays de protectorat.

CETTE, PARIS.

***

II. — Contre l'alcoolisme

Le Congrès des Bourses, réuni à Alger,

Considérant que l'alcoolisme est un des grands obstacles à l'émancipation ouvrière et une des causes de l'augmentation de la criminalité;

Emet le vœu que toutes les Bourses du Travail développent constamment leurs moyens de lutte incessante contre l'action dissolvante du cabaret.

Toulouse, Alençon, Narbonne, Laval.

Après quelques explications données par son auteur sur ce qui le motive, le vœu suivant est acclamé :

III. — Contre la guerre

Le Congrès des Bourses du Travail remercie le Congrès des Coopératives de de Manchester d'avoir songé à lui et il déclare s'associer à toutes les tentatives, à toutes les initiatives que peuvent dicter les sentiments humains à des personnalités de toutes classes et de tous pays, pour la suppression de la guerre, de toutes les guerres, mais il estime que ce beau rêve ne peut venir que des intéressés, c'est-à-dire qu'il croit que les guerres cesseront lorsque les individus ne voudront plus être chair à canon et qu'ils opposeront à toute action belliqueuse et antihumaine des gouvernants la Grève générale des ouvriers et la Grève générale des fusils.

G. Yvetot (Bagnères-de-Bigorre).

IV. — Défense ouvrière

Tout travailleur victime d'une exaction, d'un passe-droit, d'une injustice quelconque, doit réclamer ses droits par l'intermédiaire des groupements auxquels il adhère et qui ont seuls l'influence nécessaire pour lui faire rendre complètement justice.

(Les nécessités de l'impression nous obligent de ne donner que les conclusions de cet intéressant vœu).

Le Congrès :

Engage les ouvriers qui se sentiront lésés ou simplement menacés dans les conditions normales de leur travail, à ne rien réclamer par eux-mêmes ;

Parce qu'ils n'auront pas toute l'autorité voulue et désirable ;

Parce qu'auprès de l'élément employeur, ils perdront de vue l'intérêt général de tous leurs camarades, pour ne considérer que leur intérêt particulier dans leur cas spécial ;

Qu'ainsi, qu'ils le veuillent ou non, ils en viendront fatalement à demander comme une faveur ce qu'ils devraient exiger comme un droit, parce qu'ils comprendraient très bien que s'ils réclamaient pour eux avec énergie, cette énergie leur serait comptée comme marque d'un caractère intraitable et pourrait leur coûter leur place ;

Qu'ainsi, en supposant qu'ils obtiennent gain de cause, ils se croiraient liés par une sorte de reconnaissance soumise et obéissante, qui aurait pour effet de détruire les germes d'indépendance et de fierté qui doivent constamment se développer dans l'âme ouvrière;

La délégation ouvrière ou nom du syndicat étant désignée naturellement et n'ayant à craindre aucune malveillance de la part des éléments employeurs contrele squels la réclamation se formule ;

Les ouvriers y ayant le plus grand intérêt, doivent transmettre leurs doléances et réclamations à leurs délégués;

Les délégués après examen sur le bien fondé de ces doléances et réclamations, ont pour devoir de les faire aboutir et de leur donner les conclusions favorables à l'esprit syndical afin d'établir de ce fait, une propagande des plus actives.

Les délégués de Toulouse : MARTY, REYMOND.

***

La Bourse du Travail du MANS émet le vœu que chaque Bourse ou Union de Syndicats, demande au plus tôt un vote de leur conseil municipal se prononçant contre l'autorisation d'ouverture ou création de nouveaux bureaux de placement payants, en attendant l'application d'une loi les supprimant tous.

LE MANS.

V. — En faveur de l'interdiction du travail de nuit

La Fédération des Bourses de France et des Colonies, réunie en Congrès les 15, 16, 17 et 18 septembre à Alger, émet le vœu :

1° Que le Ministère du Commerce communique aux intéressés le résultat des études entreprises par les Ministères des Affaires étrangères et du Commerce relativement à l'interdiction du travail de nuit par une convention nationale ;

2° Que le Gouvernement français donne à ses mandataires au Congrès de Cologne pour la protection légale des travailleurs, la mission de proposer l'interdiction du travail de nuit dans toutes les industries où la solution de continuité est possible;

3° En ce qui concerne la France, et en attendant l'interdiction totale et prochaine, qu'une réglementation intervienne au plus tôt fixant les repos obligatoires à observer pendant le travail de nuit.

REIMS.

VI. — Revendication des employés de commerce

(Vœu déposé par MARSEILLE)

Extension, aux travailleurs employés, du bénéfice de toutes les lois faites ou à faire en faveur du travail;

Extension de la juridiction prud'hommale à tous les salariés sans exception.

Réglementation de la journée de travail;

Repos hebdomadaire obligatoire d'un jour entier.

VII. — Propositions de lois

(Déposées par ALGER)

1° Ayant pour objet d'assurer une juste réparation aux *salariés* qui sont *congédiés*, à raison d'une *délégation* à eux confiés par leurs camarades de travail ;

2° Ayant pour objet d'étendre à toutes les *exploitations commerciales* les dispositions de la loi du 9 avril 1898 sur les *accidents du travail.*

BOURGES (rapporteur). — Pour ces deux propositions votre commission est d'avis de les adopter à titre indicatif en souhaitant que ces projets de loi soient votés par le Parlement dans le plus bref délai. Elle vous propose d'ajouter le vœu suivant :

« Que tous les chantiers ou coupes de bois, où travaillent des ouvriers bûcherons et scieurs de long, sans être animés par un moteur mécanique soient compris dans la loi de 1898 sur les accidents »

VIII. — Revendications des inscrits maritimes

Vœu déposé par Marseille

1° Application aux marins du droit commun ;
2° Abrogation de la loi dite « Caisse de Prévoyance entre marins Français » et application de la loi du 9 avril 1898 ;
3° Augmentation de la pension dite de demi-solde et établissement d'une retraite proportionnelle ;
4° Abrogation pure et simple de la loi du 9 avril 1896 (Articles 6 et 7 sur la navigation fictive) ;
5° Adjonction aux commissions d'inspection des logements des équipages des navires français, des Inspecteurs du Travail, dans l'intérêt de la santé du personnel naviguant et par suite de la sécurité de la navigation ;
6° Réserve des emplois administratifs des ports de commerce aux anciens marins de la marine marchande, tous inscrits maritimes ;
7° Etablissement de conditions de navigation uniques pour toute la France ;
8° Application du minimum de salaires et maximum de travail, selon les vœux déposés dans neuf Congrès consécutifs ;
9° Observation stricte de la loi permettant l'embarquement d'un quart d'étrangers sur la totalité de l'équipage ;
10° Suppression des tribunaux d'exception, de la solde basse et de la réduction des rations ;
11° Augmentation du personnel au taux du tonnage et des chevaux-vapeurs du navire.

IX. — Inspecteurs du Travail

« Que les Inspecteurs du Travail aient toute latitude pour visiter, la nuit, les usines, sans au préalable avoir à en demander l'autorisation nécessaire à l'administration judiciaire. »

Cognac, Rochefort, La Rochelle, Saintes.

***

Votre Commission propose d'ajouter à ce vœu que les Inspecteurs du Travail soient pris dans les organisations ouvrières (Vœu présenté à tous les Congrès ouvriers).

***

Le Congrès de la Fédération des Bourses engage les Inspecteurs du Travail à être en relations constantes avec les Bourses et que, lors de leurs tournées, les Inspecteurs devront en avertir le secrétaire de la Bourse du Travail de la ville qu'ils doivent visiter, celui-ci pouvant leur donner des renseignements susceptibles de faciliter la tâche qui leur incombe. En un mot, nous demandons l'application intégrale de la circulaire ministérielle qui semble tombée en désuétude.

Chateauroux, Bourges, Béziers.

***

La Bourse du Travail de Cette, considérant qu'un Inspecteur du Travail ne peut suffire dans certains départements, demande la création de Sous-Inspecteurs dans les principales villes du département où l'on en reconnaîtra l'utilité.

CETTE.

***

Le Congrès déclare approuver les réclamations formulées dans les différents congrès nationaux des ouvriers mineurs sur les modifications à apporter à la loi constituant les délégués ouvriers à la sécurité du travail dans les mines et dont les principaux points sont : 1° Extension de pouvoirs ; 2° Augmentation des journées de visite ; 3° Rétribution plus élevée payée par l'État et assurant ainsi l'indépendance des délégués.

ALAIS.

X. — Contre le marchandage

Le Congrès de la Fédération des Bourses du Travail de France et des Colonies réuni à Alger émet le vœu :

1° Que les Pouvoirs publics fassent observer d'une façon stricte et rigoureuse toutes les dispositions du décret et de l'arrêté des 4 et 21 mars 1848 contre le marchandage, en déférant aux tribunaux compétents chargés de sévir et de faire respecter la loi, toutes les infractions commises aux dispositions de ce décret.

2° D'imposer aux communes, pour les travaux et les fournitures qu'elles donnent à l'adjudication, la division par lots de ces travaux et de ces fournitures, en se conformant aux prescriptions de l'article 1er du décret du 4 juin 1888, c'est-à-dire en tenant compte des professions intéressées, qui seraient aptes à prendre part à ces adjudications.

ALBI.

***

Le Congrès est d'avis que, lorsqu'il se présentera une entreprise de travaux quelconques dans une ville, et s'il se trouve une Association ouvrière, pour prendre part à l'adjudication ou avoir un lot de ces travaux, tous les groupements ouvriers de la localité se solidarisent pour que se réalisent les désirs de cette Association,

NIMES.

XI. — Prud'homie

Suivant les revendications toujours formulées, TOULOUSE dénonce une fois de plus, à propos de la prud'homie, l'injustice existante des Tribunaux de commerce, juridiction patronale, comme tribunaux d'appel des Conseils de prud'hommes.

TOULOUSE.

***

Considérant que les ouvriers des champs et des bois sont frustrés de la plupart des lois ouvrières, le Congrès émet le vœu que le bénéfice de la prud'homie soit appliqué à cette catégorie intéressante de travailleurs.

ARLES.

***

Le Congrès des Bourses du Travail émet le vœu que la loi sur la prud'homie, qui est en souffrance dans les cartons du Sénat, soit reprise, et que la discussion et surtout l'application soient telles qu'elles donnent satisfaction au prolétariat tout entier, en ce qui concerne les professions malheureusement trop nombreuses, qui ne sont pas justiciables du Conseil des prud'hommes.

CHATEAUROUX, BOURGES.

***

Le Congrès,

Considérant que la Chambre des Députés a voté dans le cours de sa dernière législation une loi relative à la prud'homie, qui donne un commencement de légitime satisfaction aux salariés des deux sexes ;

Que depuis cette époque cette loi se trouve au Sénat, d'où elle semble ne vouloir jamais sortir ;

Invite la Chambre des Députés à mettre en demeure le Sénat d'avoir à se prononcer dans le plus bref délai.

CONSTANTINE.

***

La Bourse du Travail d'Albi émet le vœu :

1° Que la loi sur les Conseils de prud'hommes, actuellement soumise au Sénat soit mise à l'ordre du jour et reçoive une solution dans le plus court délai possible ;

2° D'introduire dans la dite loi l'article suivant :

« Les prud'hommes, dans l'étendue de leur ressort, sont autorisés à faire des inspections dans les ateliers et manufactures, avec les mêmes pouvoirs et les mêmes attributions qui sont conférées par la loi aux Inspecteurs du Travail. »

ALBI.

XII. — Assistance par le travail

La Maison du Peuple d'Oran, considérant que l'assistance par le travail, si elle se développait, aurait pour conséquence de faire du travail une aumône, d'avilir le prix de la main-d'œuvre et de préparer une exploitation laïque de la misère semblable à l'exploitation des ouvroirs et des couvents ;

Que d'ailleurs, en faisant dériver vers les chantiers communaux de travail les oboles charitables, elle tarirait les sources de la bienfaisance en faveur des infirmes, des vieux, des incapables du travail ;

Que le devoir des Syndicats est de faire respecter les prix acquis par les usages de chaque région ;

Repousse l'institution des chantiers charitables, revendique pour tous les individus valides le droit au travail qui est aussi évident que le droit à la vie.

ORAN.

XIII. — Loi Berteaux

Considérant que, depuis 1887, la loi Berteaux, relative aux conditions du travail et à la retraite des ouvriers de chemins de fer, a été adoptée par la presque unanimité de la Chambre, et que depuis ce temps elle est soumise à l'approbation du Sénat qui n'a encore pris aucune décision ;

Le Congrès regrette que le Sénat n'ait pas encore voté la loi Berteaux mise à son ordre du jour et constate que toutes les lois ouvrières n'ont, jusqu'à ce jour, reçu aucune sanction.

CONSTANTINE, MARSEILLE, AIX, AGEN, TOULON.

XIV. — Modifications aux octrois des bois

Le Congrès demande la modification du tarif général des octrois pour que les bois bruts soient taxés comme les bois ouvrés.

SAINT-QUENTIN, CHATEAUROUX.

***

Considérant que les corporations ouvrières du bois en Algérie subissent un chômage presque constant par suite de l'introduction en franchise des bois ouvrés en Algérie et les droits de douanes onéreux que subissent, au contraire, les bois bruts,

Demande à ce que des mesures soient prises pour que les bois ouvrés entrant en France soient marqués d'un timbre spécial afin de pouvoir être reconnus à leur entrée dans les ports d'Algérie et payer les droits de douanes dont sont imposés les bois étrangers.

CONSTANTINE.

***

La Bourse de Cette propose que l'on exonère totalement des droits douaniers les bois merrains, soit d'Autriche, de Russie ou d'Amérique, rentrant en France et servant à la fabrication de la tonnellerie.

CETTE.

XV. — Label

Considérant que l'application du label confédéral implique des devoirs stricts à tous les travailleurs conscients ;

Décide qu'aucune communication ne devra être faite par les Syndicats et les Bourses du Travail aux journaux mis à l'index par la Fédération du Livre.

CONSTANTINE, MARSEILLE, BRIVE, TOULOUSE, NARBONNE, ALENÇON, LAVAL, ANGERS.

***

La Bourse du Travail du MANS émet le vœu qu'à l'avenir les Bourses du Travail, Fédérations de Métiers, d'Industries et Syndicats n'oublient pas d'apposer sur leurs correspondances le cachet de leur organisation et d'accuser régulièrement réception des sommes qui leur sont adressées à titre de solidarité pour grèves, etc.

LE MANS.

XVI. — La « Voix du Peuple »

Considérant que le journal la *Voix du Peuple* est l'organe essentiel et indispensable des Travailleurs organisés, que la propagande qui a été faite dans ses colonnes a été profitable à l'extension de l'idée Syndicale, le Congrès émet le vœu que chaque Bourse du Travail, Syndicat et délégué aux Congrès, s'abonnent dans le plus bref délai, afin de permettre dans l'avenir la parution quotidienne de la *Voix du Peuple.*

LEVALLOIS, ALENÇON, NARBONNE, BOURGES, NEVERS, VIERZON, SECRÉTAIRE FÉDÉRAL.

La Commission adopte ce vœu et ajoute a titre d'indication que les Conseils d'administration des Bourses devraient prendre en main la diffusion de l'organe Confédéral.

***

Le CONGRÈS émet le vœu que les Secrétaires des Bourses du Travail ne mettent aucune opposition et, au contraire, favorisent de toute leur activité la diffusion de la *Voix du Peuple.*

ALENÇON, NARBONNE.

XVII. — Bibliothèque roulante

Le CONGRÈS regrette que le temps lui soit si compté et qu'il ne lui soit pas permis de discuter la belle idée émise par le camarade SIEURIN, typographe, proposant au Congrès l'étude d'une Bibliothèque roulante. Il invite tous les militants des Bourses à étudier cette idée de Bibliothèque roulante et compte sur le Comité Fédéral pour en étudier l'application.

BAGNÈRES-DE-BIGORRE.

***

La Bourse du Travail de BOURGES ayant déjà pris cette proposition en considération — émanant des Syndicats de Dun-sur-Auron (Cher) — et étant mise d'ailleurs en application dans ledit département, émet le vœu que cette méthode se généralise et que le Comité Fédéral en fasse pénétrer le principe dans les Bourses du Travail Fédérées, en fournissant à chacune d'elles un règlement-type et qu'un rapport succinct soit fourni par lui sur l'organisation des Bibliothèques roulantes en formation.

BOURGES.

***

Que le vœu émis par la Bourse de BAGNÈRES-DE-BIGORRE soit envoyé par le Comité Fédéral à toutes les Bourse du Travail Fédérées.

CETTE.

XVIII. — Secours aux passagers

Étant donné que quelques Bourses du Travail n'ont pas encore institué de Caisse de Secours pour les Syndiqués sans travail de passage, que cet état de choses est préjudiciable à la propagande syndicale et aux intérêts des chômeurs, le CONGRÈS émet le vœu qu'il soit créé dans chaque Bourse du Travail une Caisse de Secours spéciale pour venir en aide aux passagers, en attendant la création d'un service de Viaticum uniforme.

BOURGES-VIERZON.

XIX. — Réduction en chemin de fer et franchise postale

Le Congrès renouvelle avec instance le vœu déjà exprimé qu'il soit accordé la circulation réduite sur toutes les voies de terre et de mer, pour déplacements occasionnés par les délégués.

Vu que cette mesure ne sera pas une faveur, les pèlerinages jouissant de privilèges considérables à ce sujet. Demande en outre que la mesure soit étendue aux déplacements des Secrétaires généraux des Bourses du Travail qui sont appelés constamment à voyager dans leur région respective pour le placement gratuit et en général pour tout ce qui concerne la propagande syndicale et la défense des intérêts des travailleurs.

Niort, Bourges, Toulouse, Narbonne, Marseille, Toulon, Aix, Agen, Chateauroux, Albi, Grenoble.

***

Le Congrès renouvelle le vœu suivant : 1° Que la franchise postale soit accordée aux Bourses du Travail pour toutes les correspondances ouvertes intéressant le placement gratuit des deux sexes ; 2° qu'une formule unique et plus compréhensible que celle actuellement employée par les Bourses, soit demandée au Ministère des Postes par les soins du Comité Fédéral ; 3° que toutes les affiches et placards intéressant le placement soient exonérés des frais de timbre.

Et charge le Comité Fédéral d'activer ces démarches pour arriver à une prompte solution.

Chateauroux, Bourges, Marseille, Toulon, Narbonne, Lyon, Grenoble.

XX. — Vœux relatifs à l'Algérie

Le Congrès,

Considérant que l'Administration algérienne, notamment dans le département de Constantine, foule ouvertement aux pieds les lois et décisions prises en faveur des travailleurs ;

Que notamment le refus formel d'appliquer le décret du 21 mars 1902 pris par le Président de la République en faveur des travailleurs algériens a été opposé à nos camarades de l'Algérie ;

Qu'il est inadmissible, la loi devant être égale pour tous, que de pareils dénis de justice puissent se produire sans qu'une sanction pénale y soit donnée ;

Se joint à la demande d'enquête faite par la Bourse de Constantine et invite le prolétariat algérien à continuer à s'organiser solidement, afin que, si satisfaction ne lui est pas donnée, il puisse sûrement affirmer ses volontés et faire aboutir par lui-même ses légitimes revendications.

Constantine.

***

Le Congrès appuie de toutes ses forces pour que les lois ouvrières soient appliquées d'une façon complète en Algérie et dans toutes nos colonies.

Saint-Étienne, Nîmes, Grenoble, Alais, Rochefort, Cognac, Saintes, La Rochelle, Bordeaux.

***

La Bourse du Travail d'Oran propose au Congrès d'adopter un vœu tendant à appliquer à l'Algérie le décret Millerand, réglementant le travail sur les chantiers de l'Etat.

Dans la pensée de la Bourse du Travail, le décret Millerand ne réalise pas tous les *desiderata* des travailleurs, mais tel qu'il est, il constitue un progrès et une garantie.

La clause qui en permet l'application aux chantiers des départements et des communes en fait une véritable charte des travailleurs et dicte leur devoir aux préfets et aux maires.

ORAN.

***

Le Congrès prie M. le Ministre du Commerce et de l'Industrie de donner des instructions pour que le décret de 1888 qui est applicable à l'Algérie, soit rigoureusement respecté et que l'Administration algérienne soit mise en demeure de séparer les travaux mis en adjudication en plusieurs lots, afin de faciliter l'accès de ces adjudications aux sociétés ouvrières.

CONSTANTINE.

La Commission adopte et ajoute, sur la proposition de BOURGES, que ce vœu soit applicable à la métropole.

Le Congrès renvoie les vœux suivants à la question du minimum des salaires :

XXI. — Main-d'œuvre étrangère

Le Syndicat des Ouvriers agricoles du département d'Oran, justement émus de la concurrence qui est leur est faite par la *main-d'œuvre marocaine*, demande au Congrès de vouloir bien prendre en considération le vœu suivant et de l'appuyer :

A l'époque des moissons et des vendanges, il débarque journellement à Oran une quantité innombrable de Marocains qui y viennent pour travailler à des prix ne pouvant être acceptés par les ouvriers de cette corporation habitant la province, sans distinction de nationalité.

Ces ouvriers ne viennent en Oranie que pour y travailler quelques mois, pour repartir ensuite dans leur pays en emportant des sommes relativement importantes, économies qu'ils ont faites et que ne peut faire l'ouvrier établi dans le pays et voulant s'y fixer : 1° Parce qu'ils trouvent moyen de vivre avec moins de cinquante centimes par jour. 2° Parce qu'en gagnant une faible journée, le change lui permet d'arriver à un résultat que ne peut atteindre l'ouvrier du pays.

ORAN.

XXII. — Suppression des adjudications

Suppression des adjudications dans l'imprimerie pour ces motifs :

Les adjudications durant habituellement trois ans, les patrons sont obligés, la première année, de faire composer les modèles par des ouvriers. Il n'en est plus de même les années suivantes. Ces modèles étant conservés, les petits changements, les quelques modifications qu'ils comportent sont généralement exécutés par des apprentis, travaillant à un salaire inférieur.

Déduction logique : le patron *consent* le rabais, l'ouvrier le paye.

Il n'en serait pas de même si ces travaux étaient, tous les ans, donnés à tour de rôle, à tous les imprimeurs de la localité où a lieu l'adjudication.

Outre que cette mesure serait plus égalitaire, l'ouvrier ne serait pas, comme presque toujours, victime du marchandage.

ORAN.

XXIII. — Travaux dans les prisons et ouvroirs. — Main-d'œuvre pénitentiaire

Considérant que le travail dans les prisons et dans les établissements privés, ouvroirs, etc., cause un réel préjudice à la classe ouvrière ;

Le Congrès décide qu'une solution soit donnée aux nombreux projets qui tendent à supprimer cette exploitation flagrante au mépris du prolétariat privé.

CHATEAUROUX, BOURGES.

***

Considérant qu'à la suite de la création des tribunaux répressifs, les indigènes condamnés par cette juridiction sont employés, dans l'intérieur des villes et des communes, à des travaux ordinairement faits par les travailleurs libres.

Le Congrès émet le vœu que la *main-d'œuvre pénitentiaire* quelle qu'elle soit ne puisse être employée qu'à des *travaux d'intérêt général*, tels que : aménagements de centres, irrigations, dessèchements de marais, etc., mais qu'en aucun cas, elle ne puisse concurrencer la main-d'œuvre libre.

CONSTANTINE.

XXIV. — Réforme du calendrier

Un projet de réforme du calendrier, tendant à établir la semaine de six jours est présenté par la Bourse d'Alger et recommandé à l'attention des congressistes.

XXV. — Indications au Comité Fédéral

Suivant un désir toujours exprimé, la Commission des Vœux s'associant à ANGERS, invite le Comité Fédéral à approfondir l'étude des vœux soumis, parce qu'elle considère que ces vœux très importants pourraient être des questions de l'ordre du jour des prochains Congrès.

***

Le Congrès invite le Comité Fédéral à ajouter, désormais, au compte rendu annuel, un tableau contenant l'énumération des Bourses représentées au Comité Fédéral, avec le nom de leur délégué ; à publier une carte des Bourses du Travail existant en France et dans les colonies. Cette carte qui permettrait de se rendre compte, d'un simple coup d'œil, des cités où existent des Bourses du Travail, serait fournie aux Bourses soit gratuitement, soit à prix de revient.

Le Congrès invite le comité Fédéral et les Bourses du Travail à poursuivre avec énergie l'exonération du droit de timbre pour les affiches syndicales, ainsi que cela existe pour les affiches électorales.

VERSAILLES.

Après avoir prié le Congrès de considérer que tous ces vœux ont été examinés et discutés très vite par la Commission, le rapporteur conclut :

« Votre Commission souhaite ardemment que les différents vœux qui viennent d'être soumis au Congrès et adoptés par lui, soient l'objet de la part du Comité fédéral d'une étude approfondie et qu'il mette tout en œuvre pour les faire aboutir.

» Votre Commission demande qu'un rapport succinct soit fourni au prochain Congrès qui rendra compte de la suite qui aura été donnée aux *desiderata* de la classe ouvrière ainsi que des résultats qui auront été obtenus ».

Pour la Commission des Vœux :
Le Rapporteur : BOURGES

***

Sur la proposition de divers délégués, et après une courte discussion à laquelle prennent part TOULOUSE, POITIERS et le SECRÉTAIRE FÉDÉRAL, il est décidé qu'une brochure spéciale, relatant l'histoire de l'Unité Ouvrière, sera établie par les soins de la Confédération générale du Travail.

LE MINIMUM DES SALAIRES

LE PRÉSIDENT. — L'ordre du jour appelle la discussion sur la dernière question, celle du minimum de salaires. La parole est au délégué d'Angers.

ANGERS. — Cette question, agitée depuis tant d'années déjà, avait reçu un commencement de sanction par la promulgation des décrets Millerand relatifs aux adjudications. Malheureusement ces décrets restent le plus souvent lettre-morte, par suite de l'incroyable agilité avec laquelle administrateurs municipaux, préfectoraux et exploiteurs dansent entre leurs lignes.

Il importait de faire disparaître cette application facultative de ces décrets. Et c'est ce qui, justement, a inspiré la Bourse d'Angers dans le projet de résolution qui vient de vous être présenté et qui figure à l'ordre du jour du Congrès d'Alger.

On ne saurait trop insister sur l'importance de cette question. Elle supprime, dans leur ensemble, presque toutes les causes multiples dont le monde du travail a le plus à souffrir et accomplit une œuvre de justice sociale.

Elle établit, en effet, un salaire minimum et légal dans chaque localité et corporation ou emploi des deux sexes.

Des Commissions mixtes, sorte de tribunal d'arbitrage, composées spécialement de patrons et d'ouvriers syndiqués en parties égales et pour chaque corporation et localités où des syndicats existent.

La création de ces mêmes Commissions mixtes dans les corporations ou localités où il n'y a pas de syndicats, forçant ainsi les travailleurs non syndiqués de chaque corporation à s'assembler pour discuter en commun les intérêts et désigner les délégués appelés à les représenter dans ces Commissions mixtes, forment — vous me passerez le mot — des syndiqués de force, qui ne tardent pas à venir se grouper compacts autour de nos grandes organisations syndicales, dont ils auront reconnu, par le service rendu, l'absolue nécessité.

L'émancipation de la femme, chez laquelle il existe peu ou point de syndicats, et qui, vu la faiblesse inhérente à son sexe, est mise en coupe réglée par des exploiteurs éhontés, non par une émancipation factice en la mettant à la place des hommes à un salaire inférieur, mais en lui donnant le droit de revendiquer dans le sein des Commissions mixtes, dont elles feront partie, la fixation d'un salaire rémunérateur auquel aucun exploiteur ne pourra plus désormais se soustraire.

La réglementation et la fixation de la durée de l'apprentissage dans chaque corporation, supprimant ainsi les abus auxquels se livrent des spéculateurs peu scrupuleux, exploitant le plus longtemps possible les apprentis des deux sexes, au grand détriment de leurs qualités professionnelles.

Enfin, l'abolition, par ce salaire minimum, de la concurrence désastreuse pour nous que se font les exploiteurs sur le dos des exploités.

Voici donc les bases principales de ce projet, qu'il serait prématuré de considérer comme complet ; il sera très certainement amendé et amélioré par vous. Il eût peut-être été bon, en effet, d'y faire figurer la suppression du travail aux pièces, telle que le vœu en a été émis par le Congrès de la Fédération des Travailleurs du Livre en 1900, comme une cause de démoralisation et d'égoïsme entre les prolétaires, de chômage, d'avilissement des salaires et de mal' façon de la main-d'œuvre ;

La diminution de la durée légale de la journée de travail ;

Le repos hebdomadaire obligé pour tous les travailleurs ou employés ;

La suppression des adjudications et leur remplacement par une division des travaux ou l'organisation d'un roulement entre tous les employeurs, supprimant ainsi toute mauvaise qualité de la main-d'œuvre, pots-de-vins et scandales divers.

Nous attendons aussi de l'économie du projet, la diminution des grèves, mais il reste bien entendu que nous conservons notre liberté d'action pour prendre des mesures coercitives dans le cas où les difficultés de la vie nous forceraient à demander dans la suite une augmentation de salaire ou que les Commissions mixtes ne pourraient se mettre d'accord.

En effet, salaire minimum ne veut pas dire que les travailleurs seront *toujours* payés à ce prix : ils pourront l'être *plus*, jamais *moins*.

Nous avons la ferme conviction que le Congrès de la Fédération des Bourses adoptera le projet présenté par la Bourse d'Angers, sinon dans ses détails, du moins dans ses principes et, lorsqu'il sera mis définitivement au point, chaque Bourse du Travail n'aura plus qu'à déployer toute son énergie auprès de nos mandants pour le faire aboutir sous forme de loi.

Le délégué d'Angers donne ensuite lecture du rapport suivant, établi par la Commission du minimum de salaires, de la Bourse du Travail d'Angers :

Considérant que la concurrence qui existe entre tous les employeurs de France a généralement pour base un salaire dérisoire devenant de jour en jour plus minime,

Nous venons, afin de rétablir l'équilibre et une plus juste répartition du gain dans la classe ouvrière, et pour éviter cette concurrence, vous proposer d'établir, dans toutes les communes de notre pays, le projet d'un minimum de salaire appliqué, dont une loi établie et rédigée de la manière ci-contre pourra, dans une large proportion, apporter un frein à cette concurrence et donner à la classe prolétarienne une amélioration qui devra la conduire à une émancipation digne d'elle ;

Considérant, en outre, que la non fixation de la durée de l'apprentissage est une cause de l'exploitation abusive des jeunes gens des deux sexes par des employeurs ou des employeuses peu scrupuleux ;

Attendu que ceux-ci occupent le plus souvent des apprentis autrement qu'à apprendre le métier auquel ils se destinent au détriment de leur savoir professionnel ;

Que ces faits permettent auxdits employeurs de les exploiter plus longtemps ;

Qu'il en résulte enfin un des principaux facteurs de l'avilissement des salaires ;

Décide qu'il importe de faire cesser cet état de choses en confiant aux commissions mixtes, dont il est fait mention dans ledit projet, le soin de réglementer l'apprentissage et la durée dans tous les genres de métier ou d'emploi.

Minimum de salaire

« 1° Dans chaque commune de France et des colonies sera établi un minimum de salaire qui sera affiché dans toutes les mairies et dans tous les lieux d'embauchage les plus en vue. »

Cet affichage a pour but d'éclairer et d'apprendre aux ouvriers et employés des deux sexes que le minimum de salaire, établi par une loi, est applicable dans leur région ; il a pour but également d'empêcher les employeurs de s'y soustraire.

« 2° Tous les maires de France et des colonies seront tenus, dans un délai à fixer par les législateurs, d'organiser dans leurs communes des commissions prises mi-partie dans les syndicats ouvriers existants et mi-partie dans les syndicats patronaux également existants, et cela dans le plus bref délai. »

On comprend aisément le sens de ces dispositions : le minimum de salaire établi, les intéressés qui, en l'occurence, sont les employeurs et leurs salariés, auront à discuter ensemble et à fixer le prix de la journée, se basant sur les conditions économiques de la région.

« 3° A défaut, dans une commune, d'organisations ouvrières et patronales précitées, le maire devra provoquer la création de commissions mixtes composées de patrons et d'ouvriers en nombre égal.

» Ces commissions statueront en même temps sur la réglementation et la durée de l'apprentissage dans chacune des corporations ou emplois existant dans leur cercle administratif. »

Il n'y a pas partout des organisations ouvrières et patronales ; en provoquant la création de Commissions mixtes, le maire ne fera que tenir la main et assurer l'exécution intégrale de la loi.

Afin de ne pas distraire les jeunes gens du métier auquel ils se destinent, et pour éviter qu'ils soient trop longtemps exploités, il faudra que les Commissions mixtes déterminent nettement le temps voulu d'apprentissage.

« 4° Suivant le délai fixé, toutes les organisations ouvrières et patronales formant les Commissions devront avoir remis leurs décisions au maire de leur commune.

» En cas de non communication, le préfet, s'inspirant du Conseil du Travail de son département et se basant sur les données et décisions présentées par les communes voisines, fixera, par un arrêté, le minimum de salaire aux patrons et ouvriers d'une commune qui aurait omis de remettre leurs décisions. »

Les Commissions ainsi composées, s'inspirant des intérêts qui leur sont confiés, devront statuer, afin que le maire en avise les intéressés.

Au cas où les Commissions, par des moyens dilatoires plus ou moins avoués, ne rempliraient pas la tâche qui leur a été confiée, il sera passé outre et le préfet aura à fixer le minimum de salaire en exécution de la loi.

« 5° Aucun employeur, quelle que soit la profession qu'il exerce, ne pourra employer un travailleur quelconque sans lui payer le prix intégral établi par les Commissions communales et approuvé par le maire et le préfet. »

En l'esprit de la Commission d'études, cet article vise le cas d'embauchages indéterminés où l'ouvrier, pour quelques heures, quelques jours seulement, est employé et auquel, parce qu'embauché ainsi, les employeurs donnent un salaire dérisoire. Il vise aussi le cas où des établissements publics ou privés, tels que ouvroirs, couvents des deux sexes, prisons, exploitent indignement leurs employés au grand détriment du prolétariat.

Elle exprime le vœu que nos législateurs, s'inspirant de cet état de choses, le fasse disparaître.

« 6° Les tarifs du minimum de salaire, établis conformément à la présente résolution, seront revisables suivant les conditions d'existence modifiant les gains journaliers des travailleurs ; ils seront examinés par les Commissions mixtes, telles qu'elles sont prévues aux paragraphes 2 et 3, et cela sur la simple convocation du maire de la commune où la revision sera jugée nécessaire. »

Les conditions économiques étant excessivement variables, la cherté des vivres et les loyers allant toujours progressant, nous avons cru de notre devoir d'inscrire dans le projet que les tarifs étaient toujours revisables.

« 7° Tout contrevenant à la présente loi etc. (laissé aux législateurs). »

N'ayant pas pouvoir législatif, nous ne pouvons qu'inviter nos législateurs à assurer la complète exécution dudit projet.

« 8° Ce projet de résolution devient applicable à toutes les lois ouvrières existantes. »

Il faut que, en conformité des lois dites de protections ouvrières, ce projet leur soit applicable pour ne pas qu'il soit laissé à l'état de lettre morte.

La Commission, après deux mois de labeurs incessants, après s'être entourée de tous documents et renseignements pouvant lui être utiles, soumet ce projet de résolution aux Congrès.

Elle estime que la question, si intéressante à tout point de vue et si complexe à la fois, du minimum de salaire que les Congrès antérieurs n'ont pu (faute de temps et par suite d'ordre du jour trop chargés) étudier à fond, doit être l'objet de toute la sollicitude des congressistes.

Par le vote de ce projet, étudié par tous et avec le soin qu'il comporte, un grand pas vers l'émancipation sociale des travailleurs sera fait, et un acheminement sous toutes ses formes vers l'idéal rêvé par tout le prolétariat : *Un pour tous, tous pour un.*

NARBONNE. — Je crois comme ANGERS que le seul moyen de régler cette question serait d'établir des lois de protection des travailleurs.

ROUEN. — Il serait encore préférable que les organisations de travailleurs soient assez fortes et unies pour faire la loi à leurs exploiteurs.

LYON et LAVAL ne demanderaient pas mieux qu'il y eut des lois, mais ne voient pas les moyens de les faire appliquer.

SAUMUR-VERSAILLES propose l'ordre du jour suivant qui est adopté et qui clôt la discussion :

« Le Congrès,

» S'inspirant du projet de minimum de salaires soumis par ANGERS et de
» toute proposition similaire, charge le Comité Fédéral de fournir au prochain
» Congrès un rapport, selon les correspondances fournies par les Bourses et
» relatives aux tentatives communes et particulières faites pour l'application
» du minimum des salaires.

» Le Congrès estime, en outre, que la question du minimum des salaires est
» inséparable de la question du maximum des heures du travail. »

CHOIX DU SIÈGE DU PROCHAIN CONGRÈS

LYON. — Sans vouloir préjuger en rien des résultats du Congrès de Montpellier, car j'espère que, mûs par les mêmes sentiments qui nous ont guidés, les délégués au Congrès de Montpellier agiront dans la même pensée que nous ; mais, comme il est bon, au cas contraire, que nous prenions une résolution, je propose que le Congrès de la Fédération se tienne dans la même ville que celui de la Confédération.

Adopté

CHATEAUROUX. — J'ai reçu mandat de demander au nom de la Bourse de Châteauroux que le prochain Congrès ait lieu dans cette ville, en raison de ce que Châteauroux étant ville centrale, très fertile en éléments ouvriers, toute jeune comme Bourse et qu'en tenant le Congrès à Châteauroux, on donnerait encore une impulsion bien plus grande à l'élément ouvrier.

Mais, vu la demande de la Bourse du Travail de Bourges qui, si elle était acceptée, jetterait aussi sur la région un éclat nouveau, la Bourse de Châteauroux appuie très énergiquement cette demande et s'engage à joindre ses efforts aux camarades de Bourges pour mener à bien cette tâche.

Rouen. — Il y a déjà trop longtemps que les Congrès se tiennent dans le Midi. Si ce système continuait la Bourse de Rouen se verrait obligée de renoncer aux délégations au Congrès qui lui coûtent beaucoup. J'ai mandat de vous demander que le prochain Congrès ait lieu à Rouen ou, tout au moins, si ce n'est le prochain, que ce soit le suivant.

Amiens. — Je partage absolument l'opinion de Rouen. Si les Congrès sont des actes de bonne propagande, j'estime qu'il y en a autant à faire dans le Nord que dans le Midi. Je demande fermement que le prochain Congrès des Bourses ait lieu à Amiens et je déclare que la Bourse d'Amiens organisera ce Congrès de ses propres forces, avec ses propres ressources et les délégués pourront voir ce qu'on peut obtenir par la coopération.

Bourges. — Au Congrès de Nice, Alger eut satisfaction en obtenant la tenue du Xe Congrès des Bourses du Travail, les effets moraux et matériels en seront appréciables, nous l'espérons tous, pour les travailleurs algériens. Je formule le même désir au nom de la Bourse du Travail de Bourges qui m'a chargé de demander la tenue du prochain Congrès dans cette ville. Ville centrale par excellence et foyer intense de propagande syndicaliste.

Bourges est en mesure d'assurer convenablement, le ou les prochains Congrès, selon la décision qui sera prise au Congrès de Montpellier, mais d'ores et déjà, je puis vous assurer, chers Camarades délégués, que les représentants des Bourses y recevront l'accueil le plus fraternel et le plus sympathique. Vous n'ignorez pas, Camarades, qu'il existe dans le Cher deux autres Bourses du Travail, Vierzon et Mehun-sur-Yèvre. Ces deux organisations s'associent au vœu formulé par Bourges pour obtenir la tenue des Congrès au Chef-lieu du Cher. Ces Bourses sont récentes et méritent d'être encouragées.

Nous sommes affligée à Bourges d'une lèpre hideuse, j'ai nommé les jaunes, qui, quoique peu nombreux, ont constitué avec l'aide intéressée du patronat et des cléricaux avérés de la Ville, une officine louche, en relation avec la Bourse jaune de la rue des Vertus.

Les assises du prolétariat conscient et toute l'agitation qui en découlerait dans toute la région, aurait pour conséquence heureuse de réduire à néant les ambitions vicieuses de ces dévoyés et donnerait un effort incomparable à la propagande agricole en si bonne voie dans notre département. Je n'insisterai pas plus longtemps, Camarades Congressistes, sachant que vous saurez récompenser les efforts tentés par notre organisation, en lui faisant l'insigne honneur d'organiser le XIe Congrès des Bourses du Travail de France.

Chateauroux. — Devant la proposition de Bourges, je retire la mienne.

Marseille. — J'ai également mandat de demander que le prochain Congrès ait lieu à Marseille. Nous assurons aux délégués un superbe accueil. — Il y aura de la bouillabaisse à manger fraternellement !

On passe au vote :

Pendant le vote, le Président informe les Congressistes que la Bourse du Travail de Mustapha adresse la lettre suivante :

« *Au Citoyen, Président de séance au Xe Congrès d'Alger*

» Camarades,

» La Bourse du Travail de Mustapha, serait très heureuse de vous offrir un apéritif avant votre départ d'Alger pour Montpellier.

» Comme vos instants sont comptés, elle ose espérer que vous lui accorderez cet honneur à la rentrée de votre excursion, soit vers 6 heures du soir.
» Espérant une réponse affirmative.
» Veuillez agréer, chers Camarades, nos salutations fraternelles.

» Pour le Conseil :
» *Le Secrétaire*, Dapret. »

A une forte majorité la *Bourse du Travail de* Bourges *est choisie pour organiser le prochain Congrès* et il est décidé *qu'à titre d'indication* en sera informé le Congrès de Montpellier.

Bagnères-de-Bigorre. — Je tiens à dire que j'ai donné la préférence de mon vote à la Bourse d'Amiens à cause de la déclaration qu'a faite son délégué et qui confirme mes espoirs en l'indépendance des Bourses par la coopération. Cependant, je suis aussi heureux que Bourges ait été choisie. L'activité déployée par cette Bourse durant cette année pour fonder la Fédération des Bûcherons et aider les Bourses voisines à se constituer, nous est un sûr garant que le Congrès prochain sera un succès.

Niort engage les congressistes à dire à leurs camarades, lorsqu'ils rentreront chez eux, combien chaleureux fut l'accueil reçu par eux à Alger.

CLOTURE DU CONGRÈS

Le Président. — Camarades, avant de déclarer clos les travaux du Xe Congrès des Bourses du Travail de France et des colonies, il importe que nous affirmions à nouveau l'esprit qui a animé chacun d'entre nous et le but poursuivi solidairement.

Animés de cet ardent désir de mener à bien ce Congrès qui restera comme l'un des plus importants que les travailleurs français aient encore tenu, nous avons rivalisé de dévouement, de sacrifice, de conscience et de volonté.

Nous pouvons dire que nous avons, nous aussi, notre nuit mémorable où nous avons élaboré le projet d'Unité, et donné à nos adversaires le magnifique exemple de militants venus de tous les points de la France, débarrassés de tout désir mauvais d'intérêt personnel, pensant et agissant en affranchi de tout préjugé.

Aucune des questions figurant à l'ordre du jour n'a été négligée. Avec un scrupule dont nous pouvons nous montrer fiers, toutes ont été passées au crible de la discussion et jamais nous n'avons songé à subordonner une conclusion logique à une conception particulière ou à la pensée sectaire d'imposer une méthode et de jouer de réticences.

Ce Congrès aura cela de puissant, qu'aucune de nos discussions et des résolutions qui en ont marqué l'esprit pratique, n'est restée dans le cadre de ces assises. Toujours notre pensée allait au delà, attentive aux halètements et aux impulsions des producteurs assservis.

Nous nous sommes rappelé que le *referendum* était supérieur au système de travail collectif, mais forcément limité des Congrès. Aussi, nous sommes-nous gardés de déclarations autoritaires ou sacramentelles. L'essence même de nos travaux n'est que le produit d'une anonyme collaboration des salariés du monde de souffrance et de misère se dirigeant vers la terre d'harmonie.

Nos discussions ont aussi été marquées par un fait caractéristique. Nul d'entre nous ne s'est arrogé le droit de considérer son camarade comme moins avancé parce qu'il voulait faire œuvre de défrichement dans tous les sentiers.

Nul d'entre nous ne s'est considéré comme appartenant à une catégorie particulière de militant possédant une mentalité spéciale. Nous ne nous sommes jamais laissé aller à un esprit de négation des activités voisines, des efforts des uns et des autres ou des diverses formes de l'action ouvrière. Jamais ombre de démence ou de suspicion n'est venue ternir l'éclat de nos débats.

Que nous ayions étudié ces lois d'apprentissage ou réclamé l'application à l'Algérie des lois ouvrières; que nous ayions étudié les moyens d'entraîner les jeunes qui demain subiront avec nous l'exploitation capitaliste ou décidé l'application des moyens propres à éviter nos camarades encasernés de la contamination militariste, toujours nous avons affirmé notre action révolutionnaire et notre idéal communiste, et toujours nous avons compté avec le milieu actuel, avec ses formes administratives, juridiques, législatives.

Loin des préoccupations et des haines de sectes ; dédaigneux des ambitions et des appétits des politiciens, nos discussions ont toujours été empreintes d'un esprit politique rationaliste au sens exact et élevé que le prolétariat doit donner à ces mots.

La déclaration de principe qui précède le projet d'Unité Ouvrière corporative que nous soumettons au Congrès de Montpellier, précise très bien, au point de vue matériel, la force agissante et unitaire de la classe ouvrière groupée en parti du travail pour la lutte économique. Et tous nos efforts pour l'obtention des moindres réformes ne sauraient en rien diminuer ou restreindre le but où convergent toutes nos volontés : la disparition du salariat ou du patronat; l'instauration d'un régime d'harmonie communiste.

Ce Congrès, camarades, j'en ai la conviction, marquera dans l'histoire du prolétariat en veille de libération. Il restera historique, parce qu'il aura réalisé le maximum possible d'organisation unitaire corporative, tout en maintenant l'autonomie du syndiqué, du syndicat, de la Fédération des Bourses du Travail et des institutions dépendantes.

Vous avez montré par cela que l'Unité ne s'achèverait que par l'acceptation loyale de toutes les activités qui, sincèrement, concourent à l'œuvre de révolution. Cette constatation — vous le comprenez sans que j'insiste — m'est particulièrement sensible; je souhaite qu'il en soit de même à Montpellier.

Il semble, camarades, que l'ère des tâtonnements et des hésitations s'achève et qu'une ère nouvelle commence d'harmonie et de développement progressif de l'organisation et de la capacité administrative ouvrière sans lesquelles il ne peut y avoir de transformation sociale.

Je dois, en terminant, remercier en votre nom nos camarades d'Algérie pour leur fraternel accueil et la chaude sympathie qu'ils n'ont cessé, en toute occasion, de nous témoigner. Il n'est pour nous qu'une façon de leur prouver les sentiments communs qui nous animent, c'est, avant de clore nos travaux, d'adresser avec eux notre salut fraternel et révolutionnaire aux producteurs des deux sexes de tous pays et de toutes races.

Camarades, nous clôturons le Xe Congrès des Bourses du Travail !

A l'émancipation universelle des travailleurs !

A la Révolution Sociale !

A l'avenir d'harmonie communiste !

(Applaudissements).

Le Secrétaire Fédéral. — Au nom du Comité Fédéral, j'espère que le conflit survenu entre les syndicats niçois s'aplanira et que tous rentreront à la Bourse du Travail pour travailler ensemble au groupement en un seul faisceau des forces ouvrières des Alpes-Maritimes.

Ils se souviendront que nous avons tout fait pour cela.

Les camarades Broch, de la Bourse du Travail de Nice et Aprosio, de la Fédération des Alpes-Maritimes, promettent de faire tous leurs efforts auprès de leurs organisations respectives pour rétablir l'entente un moment rompue.

Aprosio, au nom de la Fédération, je remercie le Secrétaire Fédéral du dévouement avec lequel il s'est employé à solutionner le conflit.

La séance est levée à 6 h. 1/2 au chant de l'*Internationale*.

Le Secrétaire Fédéral. — La Bourse du Travail de Calais, ainsi que la Fédération des Syndicats d'Eure-et-Loir (Chartres) m'ont fait parvenir trop tard leurs lettres d'adhésions et leurs mandats pour que je les représente. J'en éprouve un sincère regret et le leur exprime ici.

« Bordeaux, 15 septembre, 3 h. s.

» Soulery, Secrétaire Bourse Travail, Alger.

» La Bourse du Travail de Bordeaux n'étant pas représentée par l'un des siens, présente ses sincères salutations aux Membres présents au Congrès et se déclare de cœur avec eux.

» *Le Secrétaire* : N. Clerc. »

APRÈS LE CONGRÈS

Peu d'heures après la clôture du Congrès, le Secrétariat permanent recevait la dépêche suivante :

« Congrès des Bourses du Travail, Alger.

» Paris, le septembre 1902.

» *Ordre du jour* : Sous-agents postes et télégraphes réunis Congrès annuel Bourse du Travail Paris envoient leur salut fraternel à camarades congressistes et expriment vives satisfactions que procure l'espoir de voir réaliser sous peu leur idéal commun de solidarité universelle.

» *Président de séance* : Dreyer. »

A leur arrivée à Marseille, les délégués au Congrès des Bourses, ont adressé la dépêche suivante :

« Marseille, 21 septembre, 3 h. 30 s.

» Soulery, Bourse Travail, Alger.

» Après une traversée splendide, nous tenons à vous transmettre l'inoubliable impression du fraternel accueil des prolétaires algérois. Nos cœurs ont battu à l'unisson dans un même amour social, dans une même haine du despotisme, dans un même espoir d'émancipation des travailleurs de toutes races et de tous pays, auxquels nous envoyons notre salut révolutionnaire.

» Nous garderons et transmettrons le souvenir vivace des chaudes sympathies et des affections communes affirmées entre nous. Nous lutterons, en France, pour que soit reconnue la classe ouvrière algérienne.

Les Délégués du Xe Congrès des Bourses du Travail. »

FÉDÉRATION DES BOURSES DU TRAVAIL DE FRANCE

ET DES COLONIES

RAPPORT

SUR

LES TRAVAUX DU COMITÉ FÉDÉRAL

PENDANT

L'EXERCICE 1901-1902

PRÉSENTÉ AU Xe CONGRÈS NATIONAL DES BOURSES DU TRAVAIL

Tenu à Alger du 15 au 19 Septembre 1902

RAPPORT

SUR LES

TRAVAUX DU COMITÉ FÉDÉRAL PENDANT L'EXERCICE 1901-1902

Présenté au Xe Congrès national des Bourses du Travail

TENU A ALGER DU 15 AU 19 SEPTEMBRE 1902

PREMIÈRE PARTIE

Bien que nous ne puissions vous présenter, comme nous l'aurions désiré, tout ce que, d'enthousiasme, nous nous étions proposés de faire, nous n'en venons pas moins, très satisfaits, vous présenter les travaux accomplis durant cet exercice. Nous ne croyons pas avoir ménagé ni nos efforts, ni notre bonne volonté. Nous déplorons seulement que se soient écoulés si vite les jours, les semaines et les mois qui font si courte une année bien employée.

Mais avant d'exposer nos travaux, il nous appartient de démontrer comment s'est encore manifestée, durant cette année, la prospérité de notre Fédération. Mieux que tout, le chiffre progressif des Bourses adhérentes est là pour l'attester, et, pour s'en rendre positivement compte, il suffit de jeter les yeux sur le tableau comparatif suivant :

La Fédération des Bourses comptait :	Elle compte actuellement :
Au 30 juin 1897, 47 Bourses adhérentes	Au 30 juin 1902, 83 Bourses adhérentes.
— 1898, 51 —	Avis. — Pour la nomenclature de ces Bourses, se reporter au tableau de la 2e partie : *Situation financière*.
— 1900, 57 —	
— 1901, 65 —	

Ainsi, nous comptons au 30 juin 1902 *quatre-vingt-trois* Bourses adhérentes, alors qu'à la même date de l'année précédente nous en comptions *soixante-cinq*.

Il est bon d'ajouter qu'au moment du Congrès de Nice, — et pour y participer — *neuf* Bourses ou Unions, nouvelles ou réadhérentes, étaient venues à nous. Ce furent celles de Brives, Grenoble, Marseille, Poitiers, Saintes, Saint-Junien, Saint-Pierre (Martinique), Saint-Quentin, Saint-Yrieix.

Parmi celles-ci, Saint-Junien et Saint-Yrieix n'existaient pas, bien qu'elles aient été représentées au Congrès de Nice par le citoyen Frugier, délégué de la Bourse de Limoges, dont il était aussi le secrétaire. Ce délégué avait seulement pris soin d'obtenir des mandats, fussent-ils même d'Unions Syndicales *fictives*.

Nous croyons inutile d'insister sur ce cas, puisque, d'autre part (Compte rendu nancier), il est aussi question de la Bourse de Limoges.

Malgré tout, cela nous a donné l'occasion de correspondre avec les camarades militants de Saint-Junien et de Saint-Yrieix et d'obtenir d'eux la promesse qu'ils feraient tous leurs efforts pour constituer des Syndicats et pour former dans chacune de leur localité une Union de Syndicats qu'ils feront adhérer à notre Fédération.

Quant à la Bourse de Saint-Pierre (Martinique) qui adhéra et se fit représenter au Congrès de Nice, nous n'avons eu d'elle d'autres nouvelles qu'une carte de visite de son secrétaire, J.-B. Gudulf, qui nous parvint le 15 février 1902.

L'épouvantable catastrophe qui navra le monde entier nous fait déplorer surtout la disparition de ces frères de lutte qui, si loin de nous, collaboraient cependant à nos travaux économiques et partageaient nos espérances de prochaine émancipation.

D'autres Bourses qui n'ont donné aucun signe de vie durant l'année peuvent être considérées comme ne faisant plus partie de notre Fédération. D'ailleurs, le Compte rendu financier fait mention de leur cas.

Telle est la situation de notre Fédération.

Examinons maintenant le travail du Comité fédéral. Qu'on nous permette de passer rapidement sur certains faits et de nous étendre davantage sur d'autres, attendu qu'il sera toujours facile au Secrétaire fédéral de répondre aux questions qui lui seront posées au moment de la discussion du Rapport. D'autre part, il n'est pas un militant qui n'ait eu à cœur de se tenir au courant de nos séances et de notre action relatées par *La Voix du Peuple*, dont ils sont, pensons-nous, d'assidus lecteurs.

Mais avant d'entrer dans les détails de notre travail annuel, donnons de suite le tableau des Bourses du Travail adhérant actuellement à notre Fédération :

TABLEAU

DES

BOURSES DU TRAVAIL ADHÉRENTES A LA FÉDÉRATION

BOURSES DU TRAVAIL ou UNIONS DE SYNDICATS	SYNDICATS PAYANTS
Aix (Bouches-du-Rhône)	6
Alais (Gard)	8
Albi (Tarn)	7
Alençon (Orne)	11
Alger (Algérie)	15
Agen (Lot-et-Garonne)	18
Amiens (Somme)	7
Angers (Maine-et-Loire)	23
Angoulême (Charente)	18
Arles (Bouches-du-Rhône)	7
Bagnères-de-Bigorre (Htes-Pyrén.)	5
Belfort (Haut-Rhin)	15
Besançon (Doubs)	15
Béziers (Hérault)	18
Blois (Loir-et-Cher)	5
Bordeaux (Gironde)	50
Boulogne-sur-Mer (Pas-de-Calais)	9
Bourges (Cher)	14
Brive-la-Gaillarde (Corrèze)	9
Calais (Pas-de-Calais)	6
Carcassonne (Aude)	5
Cette (Hérault)	25
Chalon-sur-Saône (Saône-et-Loire)	»
Chartres (Eure-et-Loire)	5
Châteauroux (Indre)	8
Cholet (Maine-et-Loire)	5
Clermont-Ferrand (Puy-de-Dôme)	5
Cognac (Charente)	11
Commentry (Allier)	5
Constantine (Algérie)	8
Creil (Oise)	15
Dijon (Côte-d'Or)	20
Elbeuf (Seine-Inférieure)	10
Fougères (Ille-et-Vilaine)	11
Grenoble (Isère)	26
Issy-les-Moulineaux (Seine)	»
La Rochelle (Charente-Inférieure)	9
Laval (Mayenne)	6
Le Havre (Seine-Inférieure)	»
Le Mans (Sarthe)	13
Levallois-Perret (Seine)	10
Limoges (Haute-Vienne)	40
A reporter	503

BOURSES DU TRAVAIL ou UNIONS DE SYNDICATS	SYNDICATS PAYANTS
Report	503
Lons-le-Saulnier (Jura)	5
Lyon (Rhône)	45
Mâcon (Saône-et-Loire)	5
Marseille (Bouches-du-Rhône)	76
Montluçon (Allier)	11
Montpellier (Hérault)	20
Mustapha (Algérie)	6
Nantes (Loire-Inférieure)	28
Narbonne (Aude)	13
Nevers (Nièvre)	10
Nice (Alpes-Maritimes)	18
Nîmes (Gard)	10
Niort (Deux-Sèvres)	5
Orléans (Loiret)	12
Paris (Seine)	75
Périgueux (Dordogne)	9
Perpignan (Pyrénées-Orientales)	10
Poitiers (Vienne)	9
Reims (Marne)	17
Rennes (Ille-et-Vilaine)	17
Roanne (Loire)	10
Rochefort-sur-Mer (Charte-Infre)	8
Romans (Drôme)	8
Rouen (Seine-Inférieure)	18
Saintes (Charente-Inférieure)	5
Saint-Etienne (Loire)	25
Saint-Nazaire (Loire-Inférieure)	10
Saint-Pierre (Martinique)	»
Saint-Quentin (Aisne)	20
Saumur (Maine-et-Loire)	10
Thiers (Puy-de-Dôme)	6
Toulon (Var)	»
Toulouse (Haute-Garonne)	28
Tourcoing (Nord)	5
Tours (Indre-et-Loire)	21
Tulle (Corrèze)	10
Valence (Drôme)	»
Vallée-de-l'Hers (Ariège)	5
Versailles (Seine-et-Oise)	5
Vienne (Isère)	9
Villeneuve-sur-Lot (Lot-et-Gar.)	5
Total	1.112

SYNDIQUÉS ET SOLDATS

D'accord avec l'Union des Syndicats de la Seine qui, pour nous, est la Bourse du Travail de Paris, nous avons organisé une magnifique soirée pour le départ des conscrits. Outre un programme spécialement choisi, une causerie a été faite sur ce que pensaient du militarisme et de la guerre tous ceux qui, à un titre quelconque, ont honoré l'humanité par leurs idées et par leurs œuvres. Nous avons prémuni nos jeunes camarades contre les vices inhérents à la vie de caserne : alcoolisme, pédérastie, paresse, fourberie.

En récréant, éduquant et faisant penser, nous croyons avoir fait une bonne propagande humanitaire en cette jolie réunion, dont bien des jeunes gens partant pour la caserne ont dû se souvenir.

En critiquant ou en louangeant, suivant le ratelier qui la nourrit, la presse quotidienne a, du reste, répandu partout le succès obtenu.

Mais notre besogne ne s'est pas limitée à cela.

Nous avons écrit dans toutes les Bourses, partout où il y avait lieu, pour mettre en contact les jeunes soldats avec les Bourses du Travail.

Nous avons encore écrit aux organisations pour qu'elles nous donnent les noms de leurs adhérents partis au régiment, ainsi que le lieu exact de leur casernement pour que les militants ouvriers de ces localités puissent, coûte que coûte, s'aboucher avec eux.

De plus, le Comité fédéral s'occupa d'une proposition de l'Union des Syndicats de la Seine, ainsi conçue :

« Considérant que nombre de camarades syndiqués allant remplir des périodes de » 28 et 13 jours, dans des villes où il existe des Bourses du Travail et n'ayant aucune » recommandation, s'abstiennent d'y aller ;

» Considérant que pour obvier à cet inconvénient, il n'y aurait qu'à étendre le » bénéfice de la Caisse du Sou du Soldat à tous les militaires sans distinction, » active, réserve et territoriale ;

» Pour les motifs sus-énoncés :

» Invite la Fédération des Bourses du Travail à étudier la question et à en aviser » les Bourses du Travail et Unions de Syndicats, afin d'avoir leur avis à ce sujet. »

Après une intéressante discussion et pour agir immédiatement, une Commission fut nommée pour l'étude de cette question. Cette Commission approuva d'abord la rédaction d'une circulaire qui fut lancée aux Bourses du Travail, les prévenant qu'elles allaient recevoir 500 exemplaires d'une autre circulaire qu'elles voudraient bien se charger de distribuer aux soldats de leur localité.

Il est peut-être bon de reproduire ici cette circulaire qu'approuvèrent les Bourses du Travail et dont plusieurs redemandèrent des exemplaires.

L'on sait aussi que cette circulaire attira l'attention du Ministre de la guerre qui, confidentiellement, donna ordre aux chefs de corps d'interdire aux soldats l'accès des Bourses du Travail.

Une interpellation au Ministre de la guerre doit être faite à ce sujet.

Notons en passant que cette circulaire fut lancée au nom de la Confédération Générale du Travail et au nôtre et que les frais d'impression et d'envoi furent couverts par les deux organisations.

Nous espérons bien qu'une Bourse du Travail voudra nous indiquer au Congrès un moyen pour créer une Caisse centrale du *Sou du Soldat* dans les Bourses du Travail.

FÉDÉRATION DES BOURSES DU TRAVAIL DE FRANCE ET DES COLONIES

Aux Camarades Secrétaires des Bourses du Travail,

Nous vous faisons parvenir en colis postal 500 circulaires que vous aurez à cœur de distribuer aux soldats de votre localité, après avoir mis au bas de chacune votre cachet ou l'adresse de votre organisation.

Ce premier envoi de 500 sera sans peine placé par vous et vous voudrez nous dire s'il est nécessaire de vous en envoyer d'autres et combien...., faites-nous aussi les observations que vous jugerez utiles à ce sujet. Dites-nous ce que vous pensez de cette initiative.

Nous comptons absolument sur vous pour ne pas gâcher ces circulaires et pour déployer toute votre intelligence à les faire parvenir à ceux pour qui elles sont destinées, soit à la main, soit sous enveloppe, sans mettre aucun nom. Si quelques camarades du régiment veulent se charger d'en distribuer, engageons-les. Il faut, coûte que coûte, apprendre aux soldats que ce n'est pas leur séjour à la caserne qui doit leur faire oublier leurs camarades.

Nous savons bien que cela ne plaira pas en certains milieux. Peu nous importe ! Si le soldat est libre d'aller à la messe, il doit être libre d'aller à la Bourse du Travail pour retremper sa foi en un réel et prochain avenir meilleur, où il n'y aura plus ni chefs, ni soldats, mais des humains égaux et libres.

Fraternelles salutations.

Le Secrétaire,
G. YVETOT.

CONFÉDÉRATION GÉNÉRALE DU TRAVAIL

FÉDÉRATION DES BOURSES DU TRAVAIL DE FRANCE ET DES COLONIES

Aux Camarades de la Caserne,

Au moment où la plupart d'entre vous, en se retrempant dans l'affection de ceux qui leur sont chers, viennent d'y puiser courage et consolation pour achever leur temps de service militaire, nous nous faisons un devoir de leur rappeler qu'ils peuvent se trouver en famille dans leur ville de garnison.

Qu'ils viennent aussi souvent que possible dans nos organisations ouvrières, ils y trouveront l'affection vraiment sincère et fraternelle, en même temps que la plus franche cordialité, le plus désintéressé dévouement, la plus pure solidarité.

Il sera mis à leur disposition : papier à lettre et timbres-poste ; ils auront libre accès à nos cours professionnels, réunions récréatives ou corporatives, conférences littéraires, artistiques, scientifiques ou sociales, ainsi qu'à nos bibliothèques, etc., etc.

Au milieu de nous ils seront chez eux.

Nous nous ingénierons à leur procurer plaisirs et distractions en organisant, exprès pour eux, des matinées artistiques dont les programmes auront l'attrait que ne peuvent avoir pour les hommes intelligents les concerts ou beuglants ordinaires.

En un mot, nous souvenant du temps où, comme vous, nous subissions la vie triste et déprimante du soldat, nous voulons faire pour vous ce qu'on ne fit pas pour nous.

Nous voulons vous arracher pendant quelques moments — autant que vous le voudrez — aux amères songeries, autrement que par les libations abrutissantes et les fréquentations qui avilissent.

Par les distractions saines et fortes que vous trouverez parmi nous, vous ne pourrez oublier qu'avant tout vous êtes des hommes !

Par le chaud et réconfortant accueil que nous vous ferons, vous ne pourrez oublier qu'avant tout vous êtes nos frères !

Camarades,

Souvenez-vous de ce que vous étiez avant d'être au régiment.

Songez à ce que vous serez lorsque vous le quitterez.

Syndiqués ou non, amenez-nous de vos camarades de la Caserne. Ils seront bien reçus et voudront revenir.

Les Camarades soldats qui craignent en venant à nous d'être signalés ou remarqués par leurs chefs sont peu confiants en nous et en eux.

Qu'ils sachent qu'il ne leur sera rien fait s'ils n'ont pas peur, et que nous saurons créer l'agitation nécessaire si l'on interdisait aux soldats l'accès de nos Bourses du Travail, Syndicats et Réunions amicales, alors qu'on encourage l'accès des Eglises, Presbytères et offices religieux.

Vous êtes incités à venir à l'adresse ci-dessous :

CIRCULAIRE WALDECK-ROUSSEAU

A propos de cette circulaire, les Bourses ont reçu de nous une longue circulaire leur expliquant les démarches faites et les résultats obtenus.

Il est, pensons-nous, inutile d'y revenir en ce rapport.

Disons seulement que le Bureau du Comité fédéral s'est toujours fait un devoir de faire toutes les démarches qui lui étaient demandées par les Bourses et qu'il n'a jamais hésité à aborder qui que ce soit lorsqu'il s'agissait de renseigner un secrétaire de Bourse ou lorsqu'il s'agissait de protester auprès d'une personnalité, si influente soit-elle, pour une injustice ou un acte arbitraire émanant d'une préfecture, d'une municipalité ou du gouvernement lui-même.

Ayant réellement conscience de sa valeur et se mettant au-dessus de tout soupçon et de toute calomnie, le Comité fédéral ne s'est jamais cru ni diminué ni compromis pour les démarches faites en son nom dans l'intérêt des Bourses du Travail.

AUTRES CIRCULAIRES

Outre la circulaire « Aux camarades de la Caserne », suivant les circonstances, le Comité fédéral décida d'envoyer des circulaires dont il approuva chaque fois la rédaction.

Parmi celles-ci, furent la circulaire relative aux malheureux événements de Vienne (Isère) et celle qui la suivit à l'occasion du 1er Mai.

Nous tenons à les reproduire ici :

FÉDÉRATION DES BOURSES DU TRAVAIL DE FRANCE ET DES COLONIES

Avril 1902.

Chers Camarades,

De tous côtés ont lieu des grèves pour l'application de la loi ouvrière Millerand-Colliard.

L'ouvrier consent à ne plus travailler que dix heures et demie, mais il ne peut admettre que soit diminué son minime salaire. Qu'il travaille peu ou davantage, ses besoins sont toujours les mêmes et jamais satisfaits.

Le moment est propice, l'occasion est favorable, croyons-nous, de démontrer, une fois de plus, quelles duperies sont toutes les lois, même « lorsqu'on les prétend ouvrières ».

Aussi, le Comité fédéral des Bourses a-t-il décidé dans sa dernière réunion d'inviter tous les militants des organisations ouvrières à créer une agitation salutaire autour de cette question des lois ouvrières en général et de la loi Millerand-Colliard en particulier. Qu'ils veuillent bien prendre l'initiative d'organiser des réunions dans lesquelles ils pourront facilement démontrer que ce ne sont pas les lois qui allégeront les souffrances des travailleurs; qu'elles sont impuissantes à améliorer son sort. L'ouvrier eût-il l'intention de faire appliquer ces lois que le gouvernement — quel qu'il soit — saurait l'en empêcher. Pour que des patrons respectent la loi de dix heures et demie, des ouvriers se sont mis en grève et, aussitôt, des troupes ont été mobilisées. Il en sera toujours ainsi.

Les lois ne servent qu'à ratifier ce qu'elles ne peuvent empêcher.

Le Prolétariat n'a donc pas à compter sur elles, mais sur lui-même. C'est, du reste, ce qu'il a, depuis quelque temps, toujours affirmé dans ses Congrès. C'est le moment de le lui rappeler.

Ce ne sont pas les lois qui l'émanciperont, mais l'organisation et l'éducation sur le terrain économique.

Le seul moyen, pour l'ouvrier, d'obtenir « satisfaction immédiate », c'est la Révolte !

Nous espérons, chers camarades, que vous saurez profiter des circonstances pour démontrer et répéter ces vérités.

Agréez nos fraternels saluts.

Le Secrétaire,
G. YVETOT.

N. B. — Prière de reproduire cette circulaire dans vos organes corporatifs.

FÉDÉRATION DES BOURSES DU TRAVAIL DE FRANCE ET DES COLONIES

1er Mai 1902.

AUX CAMARADES DES BOURSES DU TRAVAIL OU UNIONS DE SYNDICATS

Par la *Voix du Peuple*, organe des ouvriers organisés, nous apprenons le détail des tristes événements dont viennent d'être témoins et victimes nos camarades de Vienne (Isère) : charges de cavalerie, violation de la Bourse du Travail, arrestations de camarades, brutalités des gendarmes contre des femmes et d'inoffensifs citoyens qui ne manifestaient même pas, rien n'a manqué.

Nous nous associons de tout cœur à la protestation des ouvriers de Vienne pour flétrir les auteurs directs et indirects de ces mesures criminelles et nous engageons nos camarades des Bourses ou Unions à faire de même.

De plus, nous insistons sur nos deux dernières circulaires relatives : la première, à la propagande auprès des soldats ; la seconde, à l'agitation à propos de la loi Millerand-Colliard. Le 1er Mai vient à point.

Camarades, dans toutes les Bourses du Travail, profitez de ce jour déterminé pour clamer votre horreur du Militarisme, votre défiance des Lois (fussent-elles ouvrières) et mépriser ceux qui les font si étrangement appliquer. Répétez à ceux qui viendront vous écouter, qu'une fois de plus, les patrons ayant violé une loi qui ne les avantageait pas, les ouvriers se sont mis en grève et, qu'une fois de plus, l'Armée a rempli son office : des prolétaires revêtus d'une livrée d'esclaves et munis d'armes mortelles ont obéi aux ordres qui leur étaient donnés de se ruer sur ceux de leurs frères travailleurs qui revendiquaient et de les massacrer à l'exemple des brutes assermentées qu'on appelle gendarmes. Puisque toute la Presse est restée à peu près muette sur ces faits odieux, il nous appartient de faire entendre notre voix indignée. — Invitons tous les ouvriers, non syndiqués surtout, à venir entendre cette démonstration irréfutable que « du jour où tous les travailleurs formeront une immense et unique association consciente de ses intérêts et capable d'en assurer le triomphe, ce jour-là, cesseront bientôt d'exister : l'Argent corrupteur, l'Armée criminelle, l'Exploitation dégradante et la Tyrannie gouvernementale pour faire place à la Concorde, à la Justice, à l'Amour et au Travail par la Liberté ».

Vive la Révolution sociale !
Vive l'Organisation économique !

Pour le comité,
G. YVETOT.

La première circulaire nous attira les reproches émis dans une circulaire émanant de la Bourse d'Angers, qui fut adressée par elle-même aux autres Bourses.

Le Comité fédéral ne jugea pas à propos de répondre à cette circulaire qui, d'ailleurs, ne lui fut pas adressée.

Cependant, plusieurs Bourses approuvèrent ou désapprouvèrent la Bourse d'Angers.

LE LABEL

Bien que le Comité fédéral des Bourses ait présenté au dernier Congrès une étude approfondie de cette question du « Label », il n'a pas cru devoir se conformer à l'ordre du jour d'Alger-Constantine qui fut adopté à Nice comme conclusion de la discussion sur le *Label universalisé*.

Rappelons d'abord quel était cet ordre du jour :

« La Bourse d'Alger déclare approuver l'idée d'une marque syndicale unique
» jointe aux marques corporatives.
» Elle demande, en outre, que des démarches soient faites par les secrétaires des
» Bourses du Travail de province et par le Comité fédéral à Paris auprès des
» sociétés ouvrières de production et de consommation pour qu'elles adoptent le
» système de la marque du *Label* universalisé ». — Adopté.

Si le Comité fédéral abandonna cette question, c'est qu'il ne voulut pas faire l'ouvrage que faisait déjà la Confédération générale du Travail, qui étudia très bien et mit debout très vite un système immédiatement applicable du « Label »; il est seulement regrettable que le Comité confédéral ne songea pas à associer à ses travaux la Fédération des Bourses et ne profita pas des indications données au Congrès de Nice. Cependant, à la demande du Comité fédéral, une Commission fut entendue et de cette entente entre les deux Comités sortit la résolution suivante qui dut donner satisfaction à tout le monde :

LE « LABEL » ET LES BOURSES DU TRAVAIL

Dans sa réunion du mardi, 1er juillet, le Comité confédéral, après entente avec le Comité fédéral des Bourses du Travail, a décidé de faire bénéficier du *Label* le bureau des Bourses du Travail adhérentes à la Fédération des Bourses.

Il est entendu que les Bourses du Travail qui recevront le Label, dans les conditions ci-dessus, ne pourront l'utiliser que pour l'usage strictement particulier au secrétariat de la Bourse du Travail, et que le bénéfice n'en pourra être étendu aux Syndicats qui, tout en étant à la Bourse du Travail, ne seraient pas adhérents à la Confédération.

Ainsi, la Bourse du Travail fédérée pourra user du *Label* pour toute sa correspondance, en estampiller son *Bulletin*, en revêtir ses appels et manifestes particuliers à la Bourse; par contre, elle ne pourra, en aucun cas, revêtir du *Label* un appel à la solidarité, quel qu'il soit et sous quelque prétexte que ce soit, émanant d'un Syndicat adhérent à la Bourse.

Un Syndicat n'a et ne peut avoir, *en aucune circonstance*, à demander à sa Bourse d'estampiller une lettre, un appel, etc., avec le *Label*. En effet, ou ce Syndicat a droit au *Label*, et, en ce cas, il en est muni et n'a pas à l'emprunter à sa Bourse; ou il n'y a pas droit, et alors, la Bourse qui revêtirait du *Label* les appels de cette organisation serait fautive d'encouragement à la désunion ouvrière.

Il était utile de bien spécifier ces points afin d'éviter toute pratique qui irait contre le but du *Label* : il a été créé pour différencier les « rouges » des « jaunes », et, grâce à ce signe tangible de reconnaissance, engager tous les Syndicats ouvriers à se fédérer et se confédérer.

Nous rappelons que le *Label Confédéral* est expédié, port payé, à raison de 1 fr. 75 le *Label en timbre en caoutchouc*, et de 2 francs le *Label en galcano* (pour imprimés, têtes de lettres, etc.).

SYNDICATS AGRICOLES

Le Comité fédéral mit toute la bonne volonté désirable pour s'occuper de la question des Syndicats agricoles.

Il nomma une Commission qui devait s'occuper de cette question et qui, après s'être réunie plusieurs fois, laissa au camarade Klemczynski, secrétaire de la Bourse de Creil, le soin de fournir un rapport sur ce sujet au Comité fédéral.

Surmené par la grève d'Ourscamps, l'actif et dévoué Secrétaire de la Bourse de Creil dut négliger un peu cette question, mais nous espérons qu'au Congrès prochain un Rapport sera quand même produit d'où sortira des résolutions efficaces.

Notre camarade, le Secrétaire de la Bourse du Travail de Bourges, déploya une belle activité pour constituer une Fédération des Bûcherons. Toutes les Bourses sœurs se souviennent qu'une circulaire du Comité fédéral les encouragea fortement à seconder le camarade Hervier, dont les efforts ont, du reste, été couronnés de succès.

COMMISSION JURIDIQUE

S'il est un rouage de notre Fédération qui ait parfaitement et régulièrement fonctionné, c'est bien notre Commission juridique de la Fédération des Bourses qui, au lendemain de son institution par le Congrès de Nice 1901, s'est mise résolument à l'œuvre.

Sa première réunion eut lieu le lundi 11 novembre 1901. Dans cette première séance, en outre des réponses et solutions données aux renseignements juridiques qui lui étaient déjà demandés, cette Commission décida : Que le Secrétaire fédéral serait aussi le Secrétaire de la Commission Juridique. Puis, à l'unanimité, elle adopta un vœu déposé par le Secrétaire au nom du Comité fédéral par lequel les avocats de la Commission prenaient l'engagement moral de ne pas défendre devant les tribunaux des solutions d'ordre général contraires à l'intérêt des ouvriers, estimant, d'accord avec le Comité fédéral, qu'il serait inadmissible que, sur la plaidoirie d'un membre de la Commission Juridique, une question théorique fût résolue par la jurisprudence dans un sens défavorable aux ouvriers.

Elle organisa ensuite son fonctionnement en décidant : 1° de se réunir régulièrement le premier jeudi de chaque mois ; 2° d'insérer dans la *Voix du Peuple*, en outre des extraits des procès-verbaux des séances de la Commission, les Rapports qui auraient été faits sur les questions intéressant la classe ouvrière au point de vue de la jurisprudence, pourvu toutefois que le Comité fédéral en ait approuvé l'impression ; 3° pour qu'on ne suspecte aucunement l'ambition ou l'intérêt individuel des membres de la Commission, que les noms de ceux-ci ne seraient jamais publiés dans les comptes rendus ou procès-verbaux de séance, destinés à l'impression, pas plus que les signatures des auteurs de propositions ou Rapports ; 4° l'établissement d'une permanence mensuelle, à tour de rôle de chacun des six membres jurisconsultes qui auront à répondre directement aux consultations auxquelles le secrétaire n'aura pu répondre avec certitude ; 5° que le permanent du mois fournirait un Rapport sur les affaires qui lui auraient été soumises ainsi que des suites ou réponses données à chacune d'elles. Il se formera ainsi des archives précieuses à consulter. La Commission a fidèlement tenu ses engagements.

Chacune des Bourses fédérées et chacun de ceux de nos camarades qui eurent recours à notre Commission Juridique n'ont eu qu'à la remercier et à la louanger de l'aide efficace qu'ils reçurent.

Par l'organe syndicaliste, la *Voix du Peuple*, si nous n'avons pu donner la physionomie à peu près exacte des séances de la Commission, nous nous sommes du moins appliqués à insérer clairement les questions qui nous étaient posées, les renseignements qui nous étaient demandés en les faisant suivre, de la façon la plus compréhensible, des solutions qui leur étaient données, des réponses qui leur étaient faites, afin que, lors du renouvellement d'un cas identique, les camarades sachent d'avance quelle solution correspond à ce cas. C'est un enseignement utile à tous les militants. C'est surtout en matière de jurisprudence prud'homale que notre manière de rédiger nos extraits de procès-verbaux pour la *Voix du Peuple* aura été une précieuse source de renseignements et d'arguments.

Un intéressant *Rapport sur l'application des Lois ouvrières* à l'Algérie fut élaboré, approuvé par le Comité et inséré dans la *Voix du Peuple*. Nous savons que ce Rapport intéressa au plus haut point, non seulement les lecteurs ouvriers de la *Voix du Peuple*, mais encore tous ceux qui, pour une raison ou pour une autre, suivent attentivement les formes et les résultats de la législation ouvrière. Après avoir été soumis à l'examen de nos camarades de la Bourse d'Alger, ce Rapport fut, au nom du Comité fédéral et de sa Commission Juridique, communiqué au Ministre du Commerce. Si les lois du 2 novembre 1892 sur le travail des femmes et des enfants, du 12 juin 1893 sur l'hygiène des ateliers et laboratoires et les décrets sur les conditions du travail sont applicables aux travailleurs de l'Algérie, nous estimons que l'influence de notre Fédération et de sa Commission Juridique y ont, pour leur part, bien contribué.

Peu de temps après, s'inspirant des cas difficultueux qui lui étaient soumis à propos de grèves, la Commission juridique, après d'éloquentes discussions sur ce sujet, chargea un de ses membres d'élaborer un *Rapport sur le Droit de Grève*. Tous les jurisconsultes, tous les avocats puiseront dans ce rapport des arguments de grande valeur pour soutenir devant les tribunaux les intérêts de nos camarades en conflit avec leurs patrons à propos de grève.

La Commission n'a pas l'intention de s'arrêter là. Elle veut que toutes les lois ouvrières soient applicables à tous les travailleurs de toutes les colonies, et, par des Rapports et la publicité qui leur sera donnée, elle espère bien atteindre le but qu'elle poursuit.

La Commission Juridique n'a pas craint de se documenter, et tous les livres nécessaires de jurisprudence du Travail furent demandés et pour la plupart obtenus du Ministère du Commerce.

Toutes les questions soumises à la Commission par les Bourses du Travail furent étudiées et discutées consciencieusement par les membres jurisconsultes et ceux de nos camarades du Comité fédéral qui font partie de cette Commission.

Lorsque l'objet en valait la peine et que la discussion en fournissait la matière, l'on décidait l'élaboration d'un Rapport, et un membre de la Commission, jugé par ses camarades compétent sur ce point, était chargé de présenter ce Rapport pour la séance suivante.

Pensant être utile aux camarades, la Commission soumit au Comité fédéral la proposition d'une brochure donnant les indications indispensables aux secrétaires des Bourses afin qu'ils puissent répondre au plus tôt et au mieux à tous les renseignements qui leur étaient demandés par les victimes d'accidents du travail.

Le Comité fédéral, devant ménager les fonds de la Fédération, recula devant cette dépense, mais décida l'impression d'une affiche donnant en quelques lignes les avis indispensables aux travailleurs victimes d'accidents. Cette affiche est mise en vue dans toutes nos Bourses.

Permettez-nous maintenant de vous donner un très rapide aperçu des principales affaires soumises à la Commission juridique (celles qui furent l'objet d'une discussion, d'un examen), depuis le mois de novembre 1901, jusqu'au mois de juin 1902 :

Novembre 1901

Alger. — Demande des renseignements sur les conditions de validité d'élection prud'homale.

Décembre

Toulouse. — Demande des renseignements sur les lois relatives à l'élection au Conseil de Prud'hommes.

Perpignan. — Demande quelles sont les pièces à fournir pour la formation d'un Syndicat. Cette demande n'était pas aussi simple qu'elle paraît si l'on tient compte que Perpignan est une ville frontière.

Fougères. — Demande : 1° des ouvriers doivent-ils prévenir leur patron avant de se mettre en grève? — 2° Celui-ci peut-il les poursuivre pour rupture de contrat de louage? — 3° Un Secrétaire de Bourse peut-il être élu au Conseil municipal, alors que la Bourse est subventionnée par la commune? Doit-on considérer ce Secrétaire de Bourse comme employé de la Commune?

CREIL. — Demande si un camarade renvoyé de chez son patron parce qu'il est Secrétaire de Bourse a droit à des dommages-intérêts.

ALGER. — Donne l'exposé d'un jugement du Conseil de Préfecture de Nice sur un cas d'éligibilité prud'homale.

Un membre de la Commission donne un rapport sur l'Application aux travailleurs de l'Algérie de la loi du 9 avril 1898.

NARBONNE. — Le Secrétaire de cette Bourse expose qu'on lui suscite des ennuis comme Conseiller prud'homme à cause de la fonction qu'il occupe à la Bourse et demande ce qu'il doit faire.

BOULOGNE-SUR-MER. — Il est demandé si un individu attaqué ou désigné dans un journal et qui envoie sa réponse par voie d'huissier a le droit de se faire payer, par le journal, ses frais d'huissier.

CREIL. — Demande si le Maire d'une commune a le droit de refuser de communiquer au Conseil municipal une demande d'institution d'un Conseil de Prud'hommes, présentée par la Fédération des Syndicats ouvriers de l'Oise, sous prétexte que cette demande ne lui parvient pas hiérarchiquement.

VERSAILLES. — Demande conseil et modèle de bail pour louer locaux nouveaux pour sa Bourse.

Janvier 1902

SYNDICAT DES INSTITUTEURS LIBRES. — Demande si les instituteurs ont le droit de bénéficier des deux heures accordées aux employés en cas de congé.

NANTES — Demande quelles sont les précautions, les formes que doit prendre un Syndicat pour verser des fonds dans une association ouvrière.

BÉZIERS. — Demande l'appréciation de la Commission sur l'interprétation de l'art. 2 de la loi du 7 février 1880 sur les Conseils de prud'hommes.

Un membre de la Commission lit et commente le *Rapport sur les Droits de Grève* dont il indique les grandes lignes pour qu'elles soient immédiatement discutées.

Février

AMIENS. — Il est communiqué un Rapport de l'Avocat-Conseil d'Amiens au sujet d'un accident survenu à un ouvrier couvreur, lequel s'est vu accorder par le Tribunal de Fontainebleau une pension des 2/3 et 600 francs de provision. Il a été fait appel sans qu'on ait entendu parler de cette affaire. L'ouvrier demande une provision nouvelle. — Un avocat de la Commission donna suite à cette affaire.

INSTITUTEURS LIBRES. — Un rapport sur le cas des Instituteurs est soumis à la Commission par un de ses membres. Le secrétaire du Syndicat est présent et donne des renseignements.

MONTPELLIER. — Demande si un ouvrier peut faire partie de deux Syndicats.

FUMEL. — Demande renseignement sur un cas d'accident du travail.

CREIL. — Soumet plusieurs cas particuliers et personnels auxquels se charge de répondre un m mbre de la Commission.

ALGER. — Soumet une lettre donnant quelques objections au Rapport sur l'*Application de la loi de 1898 aux travailleurs de l'Algérie* et dit que ce Rapport a reçu le meilleur accueil.

Le membre de la Commission chargé du Rapport sur le *Droit de Grève* en donne connaissance en faisant remarquer qu'il a profité des arguments émis au cours de la discussion dernière.

Mars

La Commission prend connaissance du texte d'une affiche que recevront toutes les Bourses à propos de la loi sur les accidents et des mesures immédiates que doivent prendre les travailleurs victimes d'accidents.

Avril

CREIL. — Demande si les victimes d'accidents ont droit à la paie les dimanches et jours fériés.

Nantes. — Demande conseil au sujet d'un accident du travail suivi de mort.
Le délégué du mois donne connaissance de son Rapport sur les affaires qui lui furent confiées et les renseignements qui lui furent demandés durant le mois de mars ainsi que les suites et les réponses qu'il donna : 1° Le cas du *Travailleur Fougerais*; 2° cas des mouleurs de Noyon; 3° cas des tisseurs en chaussures de Rouen; 4° cas d'un jardinier de Bourges (accident du travail); 5° cas de Saint-Nazaire sur accident du travail; 6° autre cas de Saint-Nazaire demandant si sont valables les actions d'une certaine Société.

Mai

Le délégué du mois d'Avril donne connaissance de son Rapport sur les affaires qui lui furent soumises et auxquelles il répondit : 1° la Bourse de Saint-Nazaire demandait conseil pour un blessé qui perdit l'œil droit; 2° Bourges soumettait un cas au nom des camarades de Saint-Amand-Montrond. Il s'agissait d'un contrat rompu; 3° cas d'ouvriers ébénistes auxquels il fut demandé des éclaircissements; 4° cas intéressant soumis par la Bourse d'Elbeuf, ayant un rapport étroit avec les questions discutées à propos du *Droit de Grève*.

Juin

Durant le mois de juin, aucune affaire nécessitant les lumières de nos jurisconsultes ne nous parvint. Cela ne veut pas dire qu'on ne répondit pas directement aux demandes de renseignements juridiques qui nous furent adressées comme tous les mois.

On voit, par cet exposé des travaux de notre Commission Juridique, que toute l'activité et toute la conscience possibles ont été mises en œuvre par les membres de cette Commission qui, dès sa première année d'exercice, a prouvé son utilité.

De plus, il est utile que l'on sache que le dévouement n'a pas été mis de côté par nos membres jurisconsultes.

Plusieurs fois, des camarades ont demandé à notre Commission de leur désigner un avocat pour soutenir leur cause et n'ont eu qu'à se louer du concours qui leur était prêté.

En somme, c'est un organisme plein de vitalité que cette Commission Juridique, et il promet de rendre à notre Fédération bien plus qu'il n'a déjà donné.

OFFICE NATIONAL OUVRIER DE STATISTIQUE ET DE PLACEMENT

Ce puissant organisme de notre Fédération nous aura coûté, durant cet exercice, bien des ennuis et bien du temps.

Ce fut d'abord la divergence d'idées qui se manifesta entre les membres du Comité fédéral, au sujet de la continuation des démarches à faire en vue d'obtenir une subvention annuelle de 10,000 francs. Une partie du Comité n'était pas d'avis que soient continuées ces démarches précédemment approuvées et par le Comité et par le Congrès. Cependant, l'accord unanime fut trouvé sur la proposition émise de consulter les Bourses elles-mêmes par voie de *referendum*.

A l'unanimité des cinquante-deux Bourses qui répondirent, ces démarches furent approuvées et le Comité fut engagé à les poursuivre.

Le succès répondit à nos efforts puisque, avec le concours de MM. Léon Bourgeois, Mesureur et Astier, députés, la Chambre vota, sans presque de discussion, un article *26 bis* au budget du Commerce, allouant une subvention annuelle de 10,000 francs à la Fédération des Bourses pour son Service de renseignements sur l'état du marché du Travail. Ce vote fut, peu de temps après, ratifié par le Sénat.

Aussitôt, le Comité s'occupa de réinstituer l'Office sur les mêmes bases qu'il l'était avant qu'on ne manquât de ressources.

Il serait fastidieux de redire ce qu'est notre Office de Statistique et de Placement. Dans les comptes rendus de nos deux précédents Congrès et dans les Rapports du Comité pour ces deux Congrès, l'on trouvera toute explication.

Ce qu'il est urgent de dire, c'est ce qu'il faut faire encore pour la perfection de ce rouage si utile de la Fédération des Bourses.

Mais, au préalable, exposons rapidement les divers changements auxquels nous fûmes astreints par les circonstances.

C'est ainsi que la dernière feuille hebdomadaire envoyée au compte de l'Office date du 7 juin 1901 et qu'à partir de cette époque jusqu'aux premiers jours de mai le service a été fait par la Fédération des Bourses.

Le 27 mai 1902, la première feuille était adressée par le nouveau Secrétaire de l'Office, puis, le 7 juin, la première circulaire explicative, indiquant le fonctionnement de l'Office et demandant le taux courant des salaires, était adressée aux Bourses. Malheureusement, quelques-unes seulement répondirent à la feuille et moins encore répondirent aux renseignements demandés.

Pour que la feuille puisse avoir une certaine valeur, il faut que les Bourses répondent assidûment ; qu'elles donnent leurs emplois vacants ; qu'elles donnent aussi la situation du travail, sa durée ainsi que les variations des salaires dans leur région.

Nous savons que nous exigeons là des Secrétaires de Bourses un surcroît de travail et nous voudrions les indemniser de cela. Peut-être réussirons-nous pour l'exercice futur. Mais, en attendant, nous demandons aux militants un effort de bonne volonté qu'ils ne nous refuseront pas.

Je crois, plutôt, que ce qui paralyse l'activité de nos Secrétaires de Bourses est le manque de renseignements de notre part.

Enverrions-nous circulaires sur circulaires, cela ne vaudra jamais une tournée de conférences explicatives dans la plupart des Bourses de France. Le camarade désigné pour cette tournée, partant peu de jours après les Congrès, pourrait relever sur place bien des renseignements utiles. Il initierait les Secrétaires des Bourses du Travail à la besogne de statistique qui deviendrait un jeu lorsque le travail serait établi. Parlant de l'Office, il ne pourrait pas se dispenser de parler de la Fédération et ce serait encore un bon moyen de propagande. Auprès des Préfets, des Maires, des Entrepreneurs, il ferait valoir l'utilité de notre Office. Il leur dirait d'adresser à la Fédération tous leurs travaux en perspective, l'ouverture des chantiers et, d'accord avec le Secrétaire de la Bourse, le salaire et la durée du travail. En même temps, il pourrait s'informer de ce qui se passe dans les ateliers d'Etat, comment y sont appliquées les lois ouvrières.

En somme, il y a là quelque chose de très sérieux à faire et, si le Congrès n'avait été si proche, le Comité aurait sans doute décidé cette tournée de conférences qui est ajournée jusqu'après les Congrès afin de tenir compte des renseignements ou observations qui pourront y être fournis à ce sujet.

Alors, il sera grand temps de mettre en vigueur le *viaticum* ou secours de route, dont on n'a pu s'occuper cette année par suite des péripéties survenues à propos de cet Office dont la subvention était douteuse.

Nous ne voulons pas nous arrêter là.

Pourvu que le Congrès approuve et partage nos espoirs, nous voulons qu'à côté de ce secours de route pour les voyageurs, à côté de cet Office de Placement et pour renforcer encore ce rouage, en rendre les services plus précieux, nous voulons, dis-je, que soit aussi créé une *Caisse de Prêt* qui, si elle réussissait, permettrait aux ouvriers placés d'attendre au moins leur première paie, après les avoir aidés à pouvoir emporter avec eux leur mobilier. Les Bourses et la Fédération s'entendraient pour l'institution de cette Caisse.

Rien de tout cela n'est impossible et nous n'hésiterons pas à l'essayer, tant que nos ressources y pourront suffire.

Une question qui vient se greffer encore à notre Office, c'est celle de l'*Apprentissage*. Il en sera question au cours du Congrès avec la *Commission d'Education Syndicale* et il serait oiseux de nous y appesantir.

Comme on le voit, nos ambitions sont grandes. Nous nous appliquerons à mettre notre courage et notre activité à leur hauteur.

Les Bourses du Travail nous seconderont, il le faut et nous y comptons.

ENTENTE INTERNATIONALE

Pour l'entente internationale des Travailleurs organisés, absorbés par les questions intérieures, nous avons dû négliger un peu la correspondance que nous rêvions d'établir avec nos camarades étrangers.

Malgré tout, nous avons eu le plaisir de correspondre avec plusieurs camarades ou secrétaires des organisations ouvrières et nous savons maintenant où et à qui nous devons écrire pour entretenir ou établir des relations internationales qu'il est indispensable que nous établissions, car il y a des Bourses du Travail en Allemagne et en Italie ; il y a une Fédération semblable à la nôtre en Suisse ; en Espagne, en Angleterre, on s'intéresse trop à notre organisation pour que nous négligions de répondre à la sympathie exprimée par tous ces frères qui, au delà des montagnes ou des mers, luttent et espèrent comme nous en vue d'une entente internationale, universelle, de tous les travailleurs qui veulent s'affranchir de tout ce qui les opprime ou les exploite !

RÉSOLUTIONS DU DERNIER CONGRÈS

Parmi les vœux qui furent émis au dernier Congrès, nous nous sommes appliqués à leur donner la suite qu'ils comportaient, autant qu'il nous fut permis de le faire par le temps et l'occasion.

Notre attention s'est surtout portée sur ceux qui exigeaient le plus d'activité. Tels les vœux demandant l'application des lois ouvrières aux travailleurs de l'Algérie et autres colonies.

Si des vingt-six vœux émis, nous ne nous sommes occupés que de quelques-uns des principaux, nous estimons qu'il valait mieux nous attacher à en faire aboutir un seul que de les entreprendre tous pour rien. Aussi bien, il n'est pas trop tard pour les passer en revue et les renouveler si on le croit nécessaire en donnant mission formelle au Comité fédéral de nommer en son sein une commission spéciale, qui s'occuperait de leur donner à chacun la suite désirée et de ne les abandonner qu'après un résultat quel qu'il soit.

D'ailleurs, il en est beaucoup qui ont cessé d'avoir leur raison d'être de par les événements survenus depuis et aussi par les questions mises à l'ordre du jour, comme, par exemple, l'Unité Ouvrière.

Cette question, si elle se résout, annule le 23e vœu émis par les délégués de Nîmes et Arles, qui était ainsi conçu :

« Nîmes et Arles expriment le vœu que les Congrès des Bourses du Travail et » ceux de la Confédération générale du Travail se tiennent à l'avenir dans la même » localité ».

Le 25e vœu, émanant des Bourses du Travail d'Albi, Nice, Cognac et demandant « qu'une loi intervienne créant le minimum des salaires pour tous les travailleurs, basé sur le besoin et le coût de l'existence dans chaque localité de la métropole et des colonies, et établi chaque année par les Conseils de Prud'hommes », a donné lieu à une circulaire assez récente engageant les Bourses à faire ce qu'elles croient bon sur ce sujet pour obtenir les palliatifs désirés dans ces vœux.

Quant au 21e vœu émanant des Bourses de Laval, Bourges, Niort, Albi et Nice, qui était ainsi conçu :

« Le Congrès émet le vœu que les municipalités aident par tous les moyens les » associations ouvrières à organiser leurs cours professionnels ;

» Que les jeunes gens ne fassent leur apprentissage que dans les écoles profes- » sionnelles, où l'on rechercherait les moyens d'en faire de bons citoyens et de » bons ouvriers... On ne doit pas se désintéresser de l'éducation des apprentis, car » il faut compter sur eux pour l'émancipation du prolétariat.

» Les Syndicats feront une propagande active dans tous les milieux ouvriers » pour que les apprentis de tous métiers adhèrent à ces organisations. Ils » seront exemptés, bien entendu, de toute cotisation étant considérés comme les » pupilles des Syndicats ».

Nous sommes heureux de pouvoir dire que, sauf le premier alinéa de ce vœu, toute l'attention de la *Commission d'Education Syndicale des jeunes gens et des jeunes filles* s'est bornée à cette très intéressante question de l'apprentissage. Les Rapports et la discussion sur ce sujet le montreront et nous sommes convaincus qu'il y aura, de la part du Congrès, le plus louable effort, le plus généreux désir d'aboutir à une solution.

Le 18e vœu demandant que tous les bulletins des Bourses soient adressés au Secrétariat de la Fédération n'a pas obtenu complète application. Nous savons qu'il suffit de le rappeler pour que toutes les Bourses ne négligent plus de nous adresser leurs publications.

De même, le 11e vœu « demandant qu'il soit communiqué à la Commission Juridique de la Fédération des Bourses tous les jugements (avec leurs attendus et considérants) ayant trait aux lois ouvrières, à seule fin de concentrer tous les renseignements utiles à la protection des travailleurs », n'a pu obtenir satisfaction. Nous espérons qu'il suffit de le signaler pour que les Secrétaires de Bourses ne l'oublient plus.

Le 7e vœu demandant la franchise postale pour la correspondance intéressant le placement gratuit, ainsi que pour les affiches et placards, n'a pas encore eu la suite ni le résultat espéré. Il sera bon de le renouveler.

A renouveler de même le 3e vœu demandant que soit accordée aux Secrétaires généraux des Bourses la gratuité de parcours sur les chemins de fer du département lorsqu'ils se rendent d'un lieu à un autre pour le placement ou les conseils à donner aux travailleurs.

Le Congrès sait très bien que, sur les multiples vœux émis et même adoptés, quelques-uns seulement peuvent aboutir et le Comité fédéral a du moins l'excuse d'avoir reçu très tard les brochures du Congrès. Bien plus, quelques-uns de ses membres seulement ont réussi à s'en fournir un exemplaire, alors qu'il eût été logique de leur en offrir à chacun un exemplaire pour les payer du dévouement qu'ils apportent à la cause ouvrière.

COMMISSION D'ÉDUCATION SYNDICALE DES JEUNES GENS ET DES JEUNES FILLES

Toutes les Bourses ont été mises au courant de cette question ; elles savent ce qu'est cette Commission, ce qu'elle a fait et quel est son but.

Nous croyons inutile de nous appesantir sur cette question puisque le Congrès aura à discuter sur le Rapport qui lui sera présenté à ce sujet.

Mais nous devons dire ici que cette Commission ne négligea pas une occasion, ne ménagea aucun effort pour donner à l'œuvre entreprise l'importance qu'elle mérite.

Le but à atteindre est par lui-même si généreux et promet assez d'heureux résultats pour qu'il appartienne aux délégués des Bourses d'apporter au Congrès d'Alger le fruit des consciencieuses études faites par leur Conseil d'administration sur cette question mise à l'ordre du jour.

LE CAS DE LA BOURSE DE NICE

Le conflit survenu entre la Bourse de Nice et sa Municipalité est encore présent à toutes les mémoires.

Nous n'aurions pas hésité à nous prononcer si, malheureusement, ce conflit n'avait été aussi la cause d'une division entre les travailleurs organisés de Nice.

Cela est douloureusement regrettable.

En pareille circonstance, le Comité fédéral se trouvait assez embarrassé. Il crut prudent et sage de ne pas se prononcer pour l'une ou l'autre des deux fractions avant d'être informé.

A cet effet, le Comité décida qu'une enquête serait ouverte par les soins d'un camarade qui serait désigné par la Bourse du Travail de Marseille, afin d'éviter toutes suspicions sur l'impartialité du Comité en même temps que pour amoindrir les frais de délégation.

Le Congrès, nous l'espérons, approuvera notre façon d'agir.

Le Comité fédéral prit connaissance du Rapport de l'Enquêteur désigné par la Bourse de Marseille et, après avoir constaté le dévouement, l'impartialité et la sagesse avec laquelle fut menée cette enquête, il en approuva les conclusions et accepta, *jusqu'à ratification du Congrès*, l'adhésion de la Fédération des Syndicats des Alpes-Maritimes.

Il reste au Congrès à dire laquelle des deux organisations syndicales de Nice devra disparaître de notre Fédération.

Nous espérons qu'un délégué de chacune des fractions se trouvera au Congrès pour discuter contradictoirement le Rapport de l'Enquêteur qui y sera lu.

CONCLUSION

Quoique bien brièvement, nous espérons avoir assez clairement exposé le travail du Comité pour l'exercice 1901-1902,

Certes, nous le savons, la tâche n'est pas terminée. Nous aurions voulu faire beaucoup plus si les événements et les questions, brûlantes parfois, soit de tactique, soit de principe, n'avaient un peu paralysé notre marche. Avec la plus entière bonne foi de part et d'autre, nous nous sommes un peu contredits entre camarades du Comité sur certaines questions, mais, si cela nous a pris quelque temps, ce n'est pas la Fédération des Bourses qui peut s'en plaindre, car c'est justement la sympathie sincère que nous avions tous pour cette Fédération et pour son avenir qui nous a fait discuter sur des moyens que nous jugions différemment.

Vous le constatez, la Fédération des Bourses n'est pas moins prospère cette année que la précédente.

Sans que diminue le zèle, l'activité de ceux qui la veulent toujours plus forte, ses adhérents ont augmenté, ses organismes se sont développés et ont rendu tous les services qu'on espérait d'eux. Ces services ne sont pas inconnus des Bourses. Elles savent aussi l'œuvre qu'entreprend et le but que poursuit leur Fédération sans s'écarter d'un pas de la route tracée.

Dans ce Congrès, vont être perfectionnés les organismes de la Fédération. D'autres organismes, peut-être, vont être institués.

Peu importe que soit changé son administration ou son fonctionnement! Peu importe qu'elle change de nom! Sa place est faite.

Elle est la preuve éloquente et indiscutable que le Prolétariat croît en force et en conscience et marche résolument à la conquête de son bien-être en s'organisant, en s'administrant et en s'éduquant toujours mieux.

Elle est la preuve que le travailleur apprend enfin à compter sur lui-même et qu'il est tous les jours mieux préparé, mieux dispos pour une vie nouvelle dans une société meilleure basée sur l'entente et le travail libres.

Paris, 1er août 1902.

Pour le Comité Fédéral :

Le Secrétaire,

Georges YVETOT.

Délégué d'Alger.

DEUXIÈME PARTIE

COMPTE RENDU FINANCIER

DU

COMITÉ FÉDÉRAL DES BOURSES DU TRAVAIL DE FRANCE

ET DES COLONIES

AU 30 JUIN 1902

Nous avons l'honneur de vous présenter le résultat de la gestion de la Fédé-
ion des Bourses du Travail du 1er juillet 1901 au 30 juin 1902.
ιu point de vue financier, nous avons examiné la façon dont les Bourses
cquittaient de leurs cotisations. D'une façon générale les rentrées se font
ulièrement. Quelques Bourses, néanmoins, laissent à désirer au point de vue
l'exactitude à remplir leur devoir. Nous devons signaler les Bourses d'Issy-
-Moulineaux, Lons-le-Saunier, Toulon, Tourcoing.
Jne motion particulière pour la Bourse de Limoges. Cette dernière a bien
uitté les cotisations qu'elle devait pour sa réadmission au 1er juillet 1900,
is nous avons le regret de constater que depuis le 1er janvier 1901 elle n'a
s rien versé, et son débit s'élève aujourd'hui à 25? fr.
'ous apprécierez s'il convient de conserver à la Fédération, ces Bourses qui
remplissent pas les engagements contractés.
n ce qui concerne Toulon, cette Bourse nous fait savoir qu'elle ne demande
à s'acquitter de ses cotisations ; nous vous demandons d'attendre le résultat
ses bonnes dispositions.
es comptes du trésorier ont été vérifiés, nous les avons trouvés exacts et,
tes pièces justificatives qui nous ont été soumises étaient bien conformes
: écritures passées. Les fonds dont il est détenteur nous ont été présentés,
si que les actions de la Verrerie Ouvrière que possède la Fédération.
n conséquence, nous vous prions d'approuver la façon dont le trésorier a
ıpli sa fonction ainsi que le démontre le rapport financier qui suit.

La Commission de Contrôle,

R. THIERRART. — E. QUILLENT. — J. LATAPIE.

Situation Financière des Bourses au 30 Juin 1902

BOURSES FÉDÉRÉES	SOMMES DUES depuis le 30 juin 1901	SOMMES PAYÉES	SOLDE DÉBITEUR	SOLD CRÉDI TEUR
Aix-en-Provence	31 50	25 20	6 30	»
Alais (adhésion 1er juillet 1901)	33 60	33 60	» »	»
Albi	36 75	36 75	» »	»
Alençon	34 65	23 10	11 55	»
Alger	78 75	110 25	» »	31
Agen (adhésion 1er juin 1902)	» »	» »	» »	»
Amiens	44 10	44 10	» »	»
Angers	121 90	97 75	24 15	»
Angoulême	73 »	73 »	» »	»
Arles	31 85	31 85	» »	»
Bagnères-de-Bigorre (adhés. 1er sept. 1901)	17 50	17 50	» »	»
Belfort	75 65	59 90	15 75	»
Besançon	78 75	78 75	» »	»
Béziers	94 50	94 50	» »	»
Blois	31 50	31 50	» »	»
Bordeaux	226 20	161 60	64 60	»
Boulogne-sur-Mer	36 »	36 »	» »	»
Bourges	102 90	58 80	44 10	»
Brive-la-Gaillarde (adhés. 1er avril 1901)	9 45	» »	9 45	»
Calais	27 30	10 50	16 80	»
Carcassonne	21 »	15 75	5 25	»
Cette (adhésion 1er juin 1902)	» »	26 25	» »	26
Châlon-sur-Saône (exonérée)	» »	» »	» »	»
Chartres (adhésion 1er juin 1902)	» »	» »	» »	»
Châteauroux	36 40	28 »	8 40	»
Cholet	21 »	31 50	» »	10
Clermont-Ferrand	26 25	26 25	» »	»
Cognac	60 »	60 »	» »	»
Commentry	26 25	26 25	» »	»
Constantine	50 40	50 40	» »	»
Creil	58 80	29 40	29 40	»
Dijon	84 »	84 »	» »	»
Elbeuf (adhésion 1er juillet 1902)	» »	» »	» »	»
Fougères	46 20	34 65	11 55	»
Grenoble (réadhésion 1er août 1901)	91 »	91 »	» »	»
Issy-les-Moulineaux (réad. 1er sept. 1901)	17 50	» »	17 50	»
La Rochelle (adhésion 1er janvier 1902)	18 98	18 90	» »	»
Laval	27 30	27 30	» »	»
Le Havre (exonérée)	» »	» »	» »	»
Le Mans	68 25	68 25	» »	»
Levallois-Perret (réadhés. 1er juillet 1901)	42 »	31 50	10 50	»
Limoges	315 »	63 »	252 »	»
Lons-le-Saunier	31 50	» »	31 50	»
Lyon	180 »	135 »	45 »	»
Mâcon	21 »	21 »	» »	»
Marseille (adhésion 1er octobre 1901)	189 70	163 10	26 60	»
Montluçon (adhésion 1er janvier 1902)	23 10	» »	23 10	»
A reporter	2.541 30	2.055 15	653 50	68

BOURSES FÉDÉRÉES	SOMMES DUES depuis le 30 Juin 1901	SOMMES PAYÉES	SOLDE DÉBITEUR	SOLDE CRÉDITEUR
Report......	2.541 30	2.055 15	653 50	68 25
Montpellier	105 »	105 »	» »	» »
Mustapha	31 50	31 50	» »	» »
Nantes	210 »	130 »	80 »	» »
Narbonne	56 70	56 70	» »	» »
Nevers	63 »	42 »	21 »	» »
Nice	94 50	75 60	18 90	» »
Nîmes	63 »	63 »	» »	» »
Niort	33 60	33 60	» »	» »
Orléans	63 »	63 »	» »	» »
Paris	315 »	315 »	» »	» »
Périgueux (adhésion 1er février 1902)	15 75	15 75	» »	» »
Perpignan	52 50	52 50	» »	» »
Poitiers (adhésion 1er janvier 1902)	18 70	9 35	9 35	» »
Reims (adhésion 1er juin 1902)	» »	» »	» »	» »
Rennes	89 25	71 40	17 85	» »
Roanne	42 »	42 »	» »	» »
Rochefort-sur-Mer (adhés. 1er janv. 1902)	16 80	16 80	» »	» »
Romans (réadhésion 1er avril 1902)	8 40	8 40	» »	» »
Rouen	113 40	94 50	18 90	» »
Saintes (adhésion 1er septembre 1901)	19 25	19 25	» »	» »
Saint-Etienne	105 »	105 »	» »	» »
Saint-Nazaire	68 25	57 75	10 50	» »
Saint-Quentin (adhésion 1er août 1901)	77 »	77 »	» »	» »
Saumur	63 »	21 »	42 »	» »
Thiers (adhésion 1er février 1902)	10 30	10 30	» »	» »
Toulon (réadhésion 1er juillet 1901)	63 »	» »	63 »	» »
Toulouse	150 »	120 »	30 »	» »
Tourcoing	26 25	» »	26 25	» »
Tours	105 25	105 25	» »	» »
Tulle	52 50	31 50	21 »	» »
Valence (exonérée)	» »	» »	» »	» »
Vallée-de-l'Hers (Ariège) adh. 1er juil. 1901	21 »	21 »	» »	» »
Versailles	21 »	21 »	» »	» »
Vienne	37 80	9 45	28 35	» »
Villeneuve-sur-Lot	26 25	15 75	10 50	» »
	4.879 35	3.896 50	1.051 10	68 25

Sur 83 Bourses fédérées 69 ont versé des cotisations.

Celles de Châlon-sur-Saône, Le Havre, Valence ont été exonérées. Les Bourses d'Issy-les-Moulineaux, Lons-le-Saunier, Toulon, Tourcoing, Montluçon, Brive n'ont rien versé. Les Bourses d'Agen, Chartres, Elbeuf, Reims étant d'adhésion récente n'avaient rien à payer.

La Bourse de Saint-Pierre (Martinique) est à considérer comme disparue.

Le total des sommes dues au Comité fédéral, au 30 juin 1902, s'élève à 1,051 fr 10, sur cette somme 269 fr. 50 montant des cotisations dues par les Bourses d'Issy-les-Moulineaux et de Limoges nous paraissent irrécouvrables.

Je dois dire que les Bourses suivantes se sont mises à jour au moment où nous venions d'arrêter les comptes : Aix, Alençon, Agen, Angers, Belfort, Bordeaux, Brive, Carcassonne, Lyon, Marseille, Montluçon, Poitiers, Rennes, Rochefort-sur-Mer, Toulouse.

ÉTAT DES RECETTES ET DES DÉPENSES

RECETTES		DÉPENSES	
En Caisse le 30 juin 1901...	1.268 05	Correspondance....... ...	376 90
Cotisations...............	3.896 50	Frais de Bureau..........	52 15
Vente de Brochures.......	9 »	Imprimés...............	371 65
Cotisations pour l'office....	120 »	Personnel..	3.060 »
Divers..................	248 30	Délégations..............	227 15
		Divers..................	232 95
			4.320 80
		En Caisse le 30 juin 1902...	1.221 05
Total égal.........	5.541 85	Total égal.........	5.541 85
		Mémoire, 2 actions de la verrerie ouvrière d'Albi de chacune 100 fr. ensemble : 200 fr.	

RECETTES

Le Chapitre *Cotisations pour l'Office* comprend les versements suivants : Albi, 50 fr. ; Narbonne, 50 fr. ; Saint-Quentin, 20 fr.

Le Chapitre *Divers* : 55 fr. versés par l'Union des Syndicats du département de la Seine pour sa part dans les dépenses de la fête des Conscrits ; 46 fr. 60 par la Confédération générale du Travail, sa part de frais d'expédition des 50,000 circulaires « aux Camarades de la Caserne » et 100 fr. un don anonyme.

DÉPENSES

Le Chapitre *Imprimés* comprend les impressions suivantes ; 500 tableaux pour la feuille hebdomadaire des emplois, 55 fr. ; Congrès de Nice, rapports, 32 fr. ; 25,000 circulaires « aux Camarades de la Caserne », 106 fr. 25.

Le Chapitre *Personnel* comprend : 12 mois payés au camarade Yvetot, secrétaire, à raison de 48 fr. par semaine et le reste au Trésorier pour le travail des comptes et pour continuer à faire les travaux supplémentaires de l'Office de Statistique et de Placement.

Le Chapitre *Délégations* comprend : la délégation du camarade Yvetot au Congrès de Nice, 196 fr. ; 31 fr. 15 pour diverses délégations.

Le Chapitre *Divers* comprend : les sommes de 96 fr. 30 pour frais d'expédition des 50,000 circulaires « aux Camarades de la Caserne » ; et 136 fr. 65 pour abonnement aux journaux, couronne, étrennes aux garçons de la Bourse et facteurs, achats de livres pour le Secrétaire, etc., etc.

Le Trésorier,

ALBERT LÉVY.

DÉLÉGUÉ DE LA BOURSE DE RENNES.

ANNEXES

RAPPORT SUR LES SYNDICATS AGRICOLES

PRÉSENTÉ PAR G. YVETOT

Secrétaire de la Fédération des Bourses

Dans le Rapport du Comité, nous disons très brièvement ce que nous avons pu faire ou plutôt *ce que nous n'avons pu faire* pour organiser la Propagande en vue d'instituer et de former des Syndicats agricoles. Disons, maintenant, ce que nous aurions voulu faire, afin que tous les délégués des Bourses, présents à ce Congrès, puissent en profiter et inciter leurs Bourses à réaliser ce que nous voulions.

La Commission a tout d'abord compris que, pour réussir, il fallait agir avec méthode en se servant des camarades qui, dans chaque ville de province, sont les travailleurs organisés d'une industrie ayant de continuels rapports avec les ouvriers des champs.

Aussi se proposait-elle d'élaborer : 1° Un plan de conférences agricoles ; 2° L'établissement, dans chaque Bourse, d'un cours de propagande agraire pour les militants ; 3° La publication d'une brochure qui, sous forme de catéchisme, aurait été rédigée de la façon la plus simple et la plus compréhensible, de manière à intéresser, comme malgré lui, l'ouvrier des champs à la question des Syndicats agricoles, des coopératives, des associations, des groupements. Nous sommes persuadés que le jour où le paysan, le travailleur de la terre aura compris l'utilité, la facilité du groupement syndical ; du jour où il aura saisi la beauté de l'association, il deviendra un communiste convaincu.

Certes, nous ne l'ignorons pas, la question n'est pas nouvelle, et des Bourses du Travail ont déjà, les années précédentes, travaillé dans le sens que nous indiquons. Pour ne pas remonter plus haut, la Bourse de Perpignan, en 1900, entreprenait une active propagande dont nous pouvons donner quelques aperçus cueillis dans le *Bulletin* de cette Bourse. Ainsi, dans l'article suivant, ce journal s'exprimait ainsi, chantant les bienfaits et l'utilité des Syndicats agricoles :

Propagande dans les Campagnes

Les quelques réunions données dans des communes voisines par les délégués du Syndicat des Travailleurs de terre et de la Bourse du Travail ont obtenu un succès auquel nous étions loin de nous attendre. Les travailleurs agricoles, las d'être spoliés, ont répondu en grand nombre à l'appel des organisateurs des réunions et partout ils ne se sont séparés qu'après avoir pris l'engagement par écrit de faire partie du syndicat.

A CANOHÈS. — A Canohès, le syndicat est définitivement constitué. Il a suffi d'une réunion pour recueillir 80 signatures. Aujourd'hui, le nombre des adhérents est de 180 environ. Ce brillant résultat est dû en grande partie au citoyen Escudier, secrétaire du syndicat, qui apporte dans l'accomplissement de ses fonctions, le tact, l'énergie et le dévouement grâce auxquels la nouvelle organisation ne peut que prospérer.

Détail à noter : dans cette commune les propriétaires ont déjà relevé les salaires de 25 centimes par jour. Cette première victoire, sans même avoir livré bataille, démontre combien sont utiles nos institutions syndicales.

A TOULOUGES. — Dans la petite commune de Toulouges, le syndicat est en bonne voie de formation. D'une lettre reçue ces jours derniers par le président du syndicat de Perpignan il résulte que 45 camarades se sont déjà fait inscrire. Il ne manque plus que quelques formalités à remplir, après quoi le jeune syndicat pourra se mettre résolument à l'œuvre.

A THUIR. — Depuis quelque temps, des militants de Thuir caressaient le désir de former un syndicat. Des délégués du Syndicat des travailleurs de terre et de la Bourse se rendaient dans cette commune, le dimanche 8 avril, à l'effet de faciliter à ces camarades la tâche assez ingrate de convaincre les indifférents.

Une réunion eut lieu devant un public assez considérable et le résultat obtenu fut des plus satisfaisants : 90 camarades s'inscrivirent spontanément et tout nous fait espérer que ce nombre ne fera que s'accroître sitôt que le syndicat sera formé.

Il serait cependant utile que les choses ne traînent pas en longueur. Quand le fer est chaud, il faut le battre. Les camarades de Thuir doivent se mettre résolument à la besogne, s'ils ne veulent pas que le mouvement favorable qui s'est manifesté ne finisse par disparaître.

Les membres du bureau provisoire, — ainsi que ceux des autres communes — ne doivent pas ignorer d'ailleurs que la Bourse du Travail est toujours disposée à leur fournir tous renseignements dont ils pourraient avoir besoin.

A PONTEILLA. — Dimanche dernier, le citoyen Escudier est allé faire entendre la bonne parole syndicale aux travailleurs de Ponteilla. Nous ignorons encore les résultats de la réunion, mais tout nous fait espérer que le brave Escudier se sera acquitté avec succès de sa mission.

Si nous ajoutons qu'à Trouillas, Pollestres, Bages, Pia, etc., les travailleurs attendent la visite de délégués pour former des syndicats, on conviendra qu'il y a lieu d'être satisfaits de l'œuvre entreprise par le Syndicat des Travailleurs de terre de Perpignan et la Bourse du Travail.

Nous sommes persuadés que ces deux organisations ne s'arrêteront pas en si bon chemin. L'élan est donné, qu'elles sachent en profiter.

— Nous prions les camarades des campagnes de faire circuler notre journal, surtout parmi les travailleurs restés par ignorance réfractaires aux idées syndicales. C'est un excellent moyen de propagande.

Le Syndicat des travailleurs de terre a entrepris une campagne qui mérite d'être signalée. Il ne se contente pas d'agir auprès des camarades de la ville : il va de village en village semer la bonne parole syndicale. C'est là un digne exemple.

Alors que tant de défections se produisent dans les rangs des Syndicats existants, il est réconfortant de constater que les parias des champs donnent des leçons à ceux qui se prétendent les « intellectuels » du prolétariat.

Ces « intellectuels » sont généralement des fumistes : ils pérorent dans les réunions publiques ; font la navette entre l'opportuniste, le radical, le socialiste, voire même l'anarchiste ; ressassent quelques phrases empruntées au premier bouquin qui leur tombe sous la main et assomment un auditoire par les idioties qu'ils vous débitent. Le qualificatif d' « intellectuel » dont ils s'affublent est une injure aux lettrés qui ont mis ce terme à la mode.

Méfiez vous de ces paltoquets-là : ils n'ont jamais été bons qu'à jeter le trouble, qu'à semer la désunion dans toutes les organisations où l'on a eu la faiblesse de les admettre.

Dans nos Syndicats, nous avons eu souvent maille à partir avec quelques-uns de ces farceurs. Ce malheur est inévitable. Mais la guillotine sèche a régné. Ces intrus ont été balayés avec pertes et fracas. Ils ne reviendront plus.

Les travailleurs agricoles, eux, n'ont pas de ces bruyantes nullités dans leurs rangs. Après plusieurs heures d'un rude labeur ils se réunissent de temps à autre pour étudier les graves questions qui se posent devant le monde économique, — et cela avec le seul désir d'être utiles à la grande masse de camarades qui continuent à s'éreinter pour le plus infime des salaires.

Cette conception des devoirs syndicaux ne peut qu'être profitable aux travailleurs de terre : le premier résultat ne s'est d'ailleurs pas fait attendre. En moins d'un mois, près de deux cents camarades se sont groupés autour du drapeau syndical et ce nombre déjà imposant ne fera qu'accroître si, comme nous l'espérons, les hommes placés à la tête du Syndicat assument la tâche lourde mais noble de mener à bonne fin l'œuvre entreprise.

Nous avons déjà exposé dans notre dernier numéro les revendications formulées par les travailleurs de terre : ils demande à gagner 3 fr. 50 par jour. Nous ne nous dissimulons pas qu'ils auront beaucoup à faire avant d'obtenir la modeste augmentation de salaire qu'ils sollicitent.

Dans les campagnes, beaucoup de gros propriétaires poussent la générosité jusqu'à donner 2 fr. 25 et même 2 francs aux malheureux qui les enrichissent. Ces pauvres diables n'osent protester, n'ayant la plupart du temps personne pour leur faire entendre combien leur situation est misérable. Ils la subissent avec une magnanimité étonnante.

Toutes ces iniquités se commettent en l'an de grâce 1900, après trente années de République et sous l'œil bienveillant d'un gouvernement prétendu réformateur.

Ministres, députés, sénateurs se contentent d'abord de toucher de beaux appointements, ensuite de caser parents et grands électeurs et puis se moquent des réformes intéressant les travailleurs des champs comme de leur première profession de foi.

Ce qui prouve que l'humble salarié de l'usine, de l'atelier ou des champs ne doit compter que sur lui-même. C'est ce qu'a compris le Syndicat des travailleurs de la terre. Il a commencé une tournée de propagande dans les villages environnants et a déjà recruté de nombreuses adhésions. Quelques Syndicats sont même en bonne voie de formation. Le but des propagandistes est d'arriver à créer une Fédération des travailleurs agricoles qui rayonnerait sur les centres les plus importants du département et qui agirait en conséquence au moment opportun.

Nous félicitons sincèrement ces braves camarades qui sacrifient à la bonne cause leurs rares instants de loisir et donnons leur exemple comme modèle à ceux qui croient avoir rempli leurs devoirs syndicaux quand ils ont payé leurs cotisations.

Le Syndicat des Travailleurs de terre de Maraussan (Hérault) n'hésitait pas à aller de l'avant lorsqu'il lançait, en janvier dernier, la circulaire suivante :

SYNDICAT
DES TRAVAILLEURS DE TERRE
de
MARAUSSAN (Hérault)

Date de la Poste.

Aux Camarades des Syndicats ouvriers, Groupes et Sociétés Coopératives de consommation de France.

CITOYENS,

Nous sommes heureux de présenter au prolétariat militant une nouvelle organisation digne de toutes les sympathies ouvrières : c'est la Société paysanne de production viticole récemment fondée chez nous.

Les vignerons libres de Maraussan sont réellement de petits cultivateurs exploitant effectivement leurs terres. Ils représentent la fraction la plus modeste de la commune, la seule, en ce temps de crise et de misère agricole, par le fait, intéressante dans la société bourgeoise actuelle.

Un certain nombre d'adhérents au Syndicat des Travailleurs de terre en fait même partie.

Nous ajoutons que les idées socialistes et prolétariennes exprimées par les statuts nous ont décidés à faire inscrire notre Syndicat sur la liste des membres fondateurs. Quoique réellement éprouvés par le chômage et la misère grandissante, nous avons pris en son nom cinq parts sociales, regrettant même que les statuts nous aient interdit d'en prendre davantage.

La solidarité ouvrière ne doit pas être un vain mot !

Prolétaires et socialistes conscients de France, aidez vos frères de combat *les Vignerons libres* à s'émanciper du joug des intermédiaires exploiteurs.

Vive l'émancipation des travailleurs par les travailleurs eux-mêmes !

Pour notre part, personnellement, nous sommes heureux de constater qu'un syndicat agricole aidait à se lancer une coopérative agricole.

De l'appel lancé aux coopérateurs par les Vignerons libres nous extrayons ces lignes :

« Devant un pareil état de choses, fruit de l'organisation anarchique de notre société capitaliste et bourgeoise, qui supporte que tant de malheureux meurent de faim à côté de produits alimentaires qui s'entassent et se gaspillent faute de consommateurs, devant l'impuissance des Pouvoirs publics qui ont trop d'intérêts contradictoires ou antagonistes à ménager, les cultivateurs vignerons d'une des communes rurales du Biterrois, *Maraussan*, ont voulu réagir. Et c'est ainsi que dans notre milieu local, justement et *de tout temps renommé pour la supériorité de ses vins de coteaux*, nous venons de constituer une Association coopérative viticole.

» A lui seul, notre titre : *Les Vignerons libres*, est tout un programme.

» *Libres*, parce que nous considérons que la coopération socialiste, solidarisant les intérêts réciproques des consommateurs et des producteurs, *et non ceux-ci contre ceux-là*, est la seule solution immédiate désormais possible.

» *Libres* aussi, parce que nous avons su secouer les préjugés individualistes de la classe paysanne et les remplacer par l'esprit de solidarité et de fraternité sociale.

» *Libres* enfin, parce que nous voulons nous affranchir pour toujours de l'exploitation du gros commerce et nous libérer des intermédiaires parasites, rapaces et falsificateurs. »

Et cet appel se terminait ainsi :

« Citoyens,

» Si vous ne voulez plus être trompés sur la nature et sur la valeur des vins mis à la répartition, si vous avez réellement à cœur l'affranchissement de la classe vigneronne douloureusement atteinte et exploitée, vous cesserez désormais toutes relations avec les intermédiaires coûteux et inutiles, et vous vous adresserez pour tous vos besoins à la nouvelle organisation sœur, qui revendique bien légitimement *le droit à l'existence pour tous les producteurs quels qu'ils soient*, ruraux ou citadins, ouvriers ou paysans !

» Camarades, aidez-nous, encouragez-nous, faites vivre *Les Vignerons libres !*

» Le Conseil d'Administration. »

Il fut un moment où les Syndicats agricoles se créaient comme par enchantement et nous voudrions bien que quelques délégués des Bourses viennent nous dire que le mouvement ne s'est pas ralenti ; que, de plus en plus, les travailleurs des villes initient les travailleurs des champs à l'organisation syndicale.

Des statuts-types, qui étaient demandés en grande quantité vers l'année 1898, ne nous ont guère été demandés ces temps derniers et, si cela nous avait été possible, nous aurions voulu que la brochure du Congrès rappelle ce qu'étaient ces statuts que nous ne pouvons reproduire encore.

Ces statuts sont plutôt un programme. Il est bon de noter qu'ils sont une combinaison de statuts de syndicats urbains et de sociétés coopératives agricoles. Ils ont été discutés en Congrès, ils ont fait l'objet d'une discussion intéressante partout où l'on s'en est occupé sérieusement et, aujourd'hui encore, les camarades qui auront à cœur de grouper les ouvriers des champs s'y reporteront ainsi qu'au préambule qui les précédait et qu'ils pourront retrouver aussi aux documents complémentaires qui terminent le beau livre de Fernand Pelloutier : *L'Histoire des Bourses du Travail*.

Vous voyez, camarades, quelle tâche nous avions entreprise. Soyez assurés que nous la continuerons et que la Commission des Syndicats agricoles reprendra ses travaux et les mènera à bonne fin.

Le Rapporteur, G. Yvetot.

AUTONOMIE DES BOURSES DU TRAVAIL

Comment assurer l'indépendance des Bourses. — Notions sur l'étude des moyens propres à assurer la vitalité des Bourses par elles-mêmes.

Cette importante question résolue sera un fait immense accompli qui aidera puissamment à l'émancipation intégrale du prolétariat assurée par les travailleurs eux-mêmes.

De la discussion qu'elle souleva au IXᵉ Congrès national des Bourses du Travail de France et des Colonies, à Nice, en septembre 1901, il faut d'abord relever les points principaux suivants, qui sont comme autant de questions de principe nettement posées et tranchées d'une façon indiscutable :

— Les Bourses du Travail commencent à peine à percevoir actuellement le rôle qu'elles joueront dans la vie sociale. Si d'une part, les syndicats ne peuvent pas, en général, subvenir par des versements élevés à l'existence des Bourses du Travail, d'une autre part, les subventions sont nécessaires et il n'y a aucune espèce de bassesse à les accepter.

— En second lieu, il est de notre devoir de rappeler que les Congrès ont écarté énergiquement tout projet de reconnaissance d'utilité publique des Bourses du Travail, qui aurait pour effet une désastreuse ingérence d'Etat dans nos organisations.

Des résolutions débattues au IXᵉ Congrès et des documents produits sur cette question il nous paraîtrait sage :

1° Que le Comité Fédéral, par un referendum, avise toutes les Bourses du Travail, après la tenue du Xᵉ Congrès, qu'une cotisation spéciale sera prélevée trimestriellement sur chaque Bourse fédérée pour former une caisse particulière dont les fonds seront spécialement destinés à subvenir aux Bourses dont la subvention aurait été brutalement supprimée. Par ce referendum, les Bourses du Travail indiqueraient le taux de la cotisation à verser, qui serait le taux de la majorité. Ainsi, sans porter aucun trouble dans l'élément initial de l'organisation ouvrière : le syndicat, et sans rejeter les subventions des Municipalités et des Conseils généraux, qui sont indispensables à cette heure à notre propagande, on aurait institué une sorte de caisse de résistance qui permettrait de parer aux besoins immédiats des Bourses du Travail objet de la malveillance de leur administration municipale. Egalement de cette sorte, on écarterait ce danger très réel qu'il y a de harceler constamment les Bourses de demandes de fonds. Ce qui est prévu et fait partie intégrale de l'organisation a un effet pratique et de plus féconds résultats que ce qui s'accomplit inopinément pour une défense particulière et qui cesse souvent d'agir avant que cette défense ait pu être complètement assurée.

2° Estimant que si, pour le présent, nous devons encore nous soumettre à la tutelle de nos municipalités, il n'en est pas moins évident que pour la réussite de notre émancipation, nous devons, par des études constantes, dégager l'avenir de nos institutions de ce qui est aujourd'hui un empêchement à leur libre développement. De ce fait le Congrès, en engageant les Bourses à étudier sans cesse les moyens propres à assurer leur vitalité par elles-mêmes, leur indique deux moyens entre tous dont l'application, après des études raisonnées, pourra les conduire à leur entière indépendance : *Premièrement*, la cotisation par syndicat au prorata des adhérents, cotisation d'abord très minime, constituant une caisse à part, aux fonds scrupuleusement réservés en cas de retrait de subvention ; puis cotisation élevée progressivement lorsqu'elle aura été une excellente habitude prise et que les syndiqués auront compris toute l'importance capitale de son mécanisme. Ainsi chaque Bourse se constituera des fonds de réserve et créera dans son administration l'organisme tout prêt à entrer en lutte et puissant, puisqu'il aura toujours fonctionné, qui se substituera à la tutelle des municipalités à l'heure où la conscience ouvrière, assez forte, aura décidé de s'en passer. *Deuxièmement*, que les Bourses du Travail étendent davantage l'expérience de la coopération pour essayer de trouver dans les coopératives de production ou de consommation et même dans les deux à la fois, ce moyen puissant qui leur manque pour assurer leur indépendance absolue. Mais que les Bourses du Travail s'emparent ainsi de l'action coopérative, la maintiennent bien sur le terrain économique, de façon à ce que les Syndicats ne soient engagés vis-à-vis des Sociétés Coopératives de production et de consommation qu'à la condition que ces coopératives appliquent intégralement les tarifs syndicaux.

3° Enfin, pour compléter l'ensemble par une sorte de ratification et de préservation provisoire, nous demandons au Congrès s'il n'y aurait peut-être pas lieu d'adopter les vues et conclusions du Rapport de PARIS sur l'indépendance de Bourses, Nice, 1901. Voici les conclusions de PARIS : « Un projet de loi devrait être imposé à tous les élus. projet où serait indiqué que chacune des Bourses du Travail se meut, conformément à la loi de 1884, en défendant les intérêts professionnels et économiques des travailleurs en général sans ingérence gouvernementale ni municipale et que toute violation à la loi ne puisse en aucun cas entraîner la fermeture du local, que ceux qui auront contrevenu aux lois, décrets et règlements régissant l'institution des Bourses du Travail soient poursuivis par le pouvoir judiciaire et non par le pouvoir administratif. »

Et, de toutes ces motions exposées, nous concluons comme suit :

CONCLUSIONS

Si le Congrès adopte, le Comité Fédéral aura :

1° A établir le *referendum* entre toutes les Bourses pour déterminer les éléments constitutifs de la caisse spéciale aux Bourses privées de subvention ;

2° A établir le projet de loi dont il vient d'être parlé, qui ne pourrait être imposé aux élus qu'après examen de la part des Unions de syndicats et qu'après la discussion définitive à son sujet au prochain Congrès.

Si le Congrès adopte, les Unions de syndicats, les Bourses du Travail auront à accomplir une propagande syndicale des plus actives soit pour établir le principe de la cotisation par Syndicat, soit pour tenter l'expérience de la coopération.

Considérant que l'examen de cette question prouve que l'indépendance absolue des Bourses ne sera réalisée que lorsque l'éducation syndicale développée aura entraîné une organisation coopérative mieux comprise, en possession de tous ses moyens ; que l'autonomie existera, puissante et intangible, dès le réveil de la conscience ouvrière ;

Qu'il importe donc aux Bourses du Travail de provoquer ce réveil par une propagande de tous les instants au moyen de la brochure, du journal corporatif, des conférences ;

D'autre part, si l'on veut enfin aboutir à un résultat pratique et ne pas dépenser nos efforts en discussions stériles, il s'agit de s'entendre sur certains points et de procéder sans tarder à une application ;

Le Comité Fédéral d'une part et les Bourses du Travail de l'autre, chacun en ce qui les regarde comme il est exposé plus haut, s'engagent, sur l'adoption du Congrès, à travailler ainsi à l'autonomie des Bourses du Travail.

Cette question ne devra plus être portée à l'ordre du jour du Congrès de la Fédération Nationale des Bourses du Travail, car elle devra former un chapitre distinct du Rapport sur les travaux du Comité Fédéral pendant l'exercice, présenté à chaque Congrès.

Les délégués de Toulouse : MARTY et REYMOND ;
Le délégué de Niort : MARTY.

PROJET D'AUTONOMIE DES BOURSES DU TRAVAIL

PROJET DE CONSTANTINE

BUT. — Les Bourses du Travail sont régies par la loi du 21 mars 1884, elles sont auprès des Pouvoirs publics les organes des intérêts des travailleurs, elles établissent des Bureaux de Placement avec le concours des Syndicats qui les composent. Elles recueillent tous les renseignements sur les conditions du travail en France, à l'étranger, établissent des statistiques et se rendent utiles aux travailleurs par tous les moyens mis à leur disposition.

Elles doivent contribuer suivant l'importance de leurs ressources à l'enseignement corporatif, économique et normal des travailleurs par l'organisation de conférences et de cours professionnels.

Elles sont consultées sur toutes les lois ouvrières en discussion et leur avis doit être demandé pour toutes les questions qui intéressent le travail.

CRÉATION. — Les Bourses du Travail sont créées par arrêtés ministériels sur la demande des intéressés dans toutes les villes où la population ouvrière dépasse (nombre à déterminer) et où il existe au moins 3 Syndicats ouvriers de professions différentes.

Dans les villes de moindre importance, il pourra être créé un bureau syndical ayant les mêmes attributions que les Bourses et destiné à servir de centre de réunion pour les travailleurs.

LOCAL. — Par analogie aux dispositions de la loi de 1898 sur les Sociétés de Secours mutuels, les communes sont dans l'obligation de donner aux Bourses du Travail créées régulièrement, les locaux nécessaires à leur fonctionnement.

Ces locaux devront toujours comprendre au minimum :

1° Une grande salle pour les réunions générales ;

2° Un bureau pour le Secrétaire. Si ce bureau est seul il devra être assez grand pour que le service du placement puisse y être installé ;

3° Une petite salle pour chaque Syndicat adhérent.

Les locaux deviendront la propriété de la Bourse du Travail ; ils ne pourront lui être repris sous aucun prétexte.

Elles ne pourront ni les aliéner, les allouer ou les céder.

Elles seront libres pour leurs besoins personnels d'y apporter les modifications rendues nécessaires par leur développement.

Dans les villes où il sera institué un bureau syndical, le local se composera d'un secrétariat et d'une salle de réunion.

FONCTIONNEMENT. — Les Bourses du Travail sont absolument indépendantes, elles ne relèvent d'aucune autorité. Elles font elles-mêmes leurs règlements et sont administrées par un Conseil d'Administration nommé par les Syndicats ouvriers adhérents à la Bourse.

RESSOURCES. — Les Bourses du Travail ont un budget personnel qu'elles emploient suivant leurs besoins et sous leur propre contrôle.

Le budget des Bourses est alimenté par :

1° Une taxe spéciale dite « taxe ouvrière » et perçue sur tous les ouvriers employés ou salariés, contribuables du commerce ou de l'industrie ;

2° Par un versement annuel obligatoire opéré par les municipalités et égal au produit total de la taxe perçue sur les contribuables désignés au paragraphe précédent.

La taxe ouvrière à percevoir sera en rapport avec l'importance de la Bourse, elle ne devra jamais dépasser la somme de 1 franc par an et par contribuable.

Le chiffre global en sera déterminé par la Commission des Répartiteurs d'accord avec le Conseil d'Administration de la Bourse.

La répartition en sera ensuite faite proportionnellement entre les assujettis à l'impôt.

Si, par exemple, le chiffre nécessaire au bon fonctionnement de la Bourse a été arrêté à la somme de 3,000 francs et que le nombre des contribuables assujettis à la taxe soit de 2.000, le décompte sera fait de la manière suivante :

Quote-part de la Ville............................	1.500 »
Part des ouvriers..................................	1.500 »

Quote-part individuelle............. $\frac{1.500 \text{ »}}{2.000} = 0\ 75$

Chaque ouvrier sera donc ainsi appelé à verser la somme de 75 centimes.

Pour le fonctionnement de ce service, il est établi chaque année un rôle spécial pour les ouvriers, ce rôle est établi par la Commission des Répartiteurs à laquelle sont adjoints deux délégués de la Bourse. Le rôle est déposé à la Mairie pendant deux mois et toutes les réclamations reçues pour ou contre sa publication sont examinées par la Commission.

Aucune justification ou pièces comptables ne peuvent être demandées aux Bourses en dehors de celles concernant les sommes versées par la Commune et les ouvriers contribuables.

Les budgets et comptes sont approuvés par le Conseil d'Administration de la Bourse, ils ne sont soumis à aucune vérification ni contrôle de l'autorité supérieure.

Au cas où, pour un motif quelconque, des mesures de rigueur seraient prises, l'autorité judiciaire seule pourrait être appelée à statuer.

La présente loi est applicable à l'Algérie, aux colonies et aux pays de protectorat.

Le Secrétaire Général : A. TRUILLOT.

AUTONOMIE ET INDÉPENDANCE DES BOURSES DU TRAVAIL

Périodiquement, à chaque Congrès, reviennent en discussion les voies et moyens de rendre les Bourses du Travail indépendantes des pouvoirs publics, c'est-à-dire d'assurer leur existence par la seule contribution ouvrière. Or, il est à craindre qu'en l'état d'esprit actuel de nos organisations, cette discussion ne fasse pas avancer la question d'un pas.

1° Parce que les syndicats n'ont pas les ressources suffisantes pour pouvoir supporter le prélèvement nécessaire à leur fonctionnement.

2° Parce que fussent-elles indépendantes, les avantages qu'elles peuvent procurer aux travailleurs ne seraient pas plus étendus qu'en l'état actuel.

Pour notre part, nous avons toujours considéré que l'indépendance des Bourses n'était pas forcément subordonnée à la question de subvention, mais plutôt à l'interprétation par les syndicats et les municipalités, du rôle que ces institutions ont à remplir dans la société.

Mais d'autre part, si nous considérons que par leur caractère social, les Bourses constituent de véritables services publics, nous ne saurions légitimer d'autre autorité que celle des syndicats ouvriers qui doivent en avoir l'administration absolue. Ce principe, sans lequel les Bourses ne seraient que fiction, peut être sauvegardé et mis à l'abri des caprices des municipalités, en s'appliquant à les maintenir dans ces attributions. Pour cela, les syndicats n'ont qu'à se tenir à l'écart des compétitions des partis politiques, souvent prétexte à conflits entre les administrateurs des Bourses et les municipalités.

Sans rien abdiquer de leurs prérogatives personnelles, les militants n'ont qu'à bien se pénétrer de la mission qui leur est dévolue du fait qu'ils ont pris à charge la gestion et la défense des intérêts ouvriers. Car enfin, il ne faut pas se le dissimuler, c'est une responsabilité bien lourde, non exempte de déboires et d'injustes critiques, qu'ils assument en prenant la direction des organisations corporatives.

Mais qu'importe, la satisfaction du devoir accompli pour l'émancipation de sa classe, a bien son prix ! Voyons plus haut et plus loin. Disons-nous que l'égoïsme des hommes occupe une place très grande dans les diverses branches de l'activité humaine et qu'il ne sera possible de l'en déloger que par l'éducation sociale : la connaissance de chacun vis-à-vis de tous. Jusqu'à ce moment, il y aura — chez nous comme ailleurs — place pour l'intrigue et la médisance. Tâchons de mettre tous les jours un peu de fraternité dans les rapports des hommes par l'élimination des causes de rivalité, de jalousie et d'intérêt qui les divisent, par l'action organisée du prolétariat.

***

L'objet et les moyens d'action des Bourses du Travail ont été définis maintes fois ; qu'il nous suffise de les résumer pour donner plus de clarté à notre discussion.

La Bourse du Travail :

Au point de vue matériel, elle doit fournir aux salariés les moyens de se procurer du travail, dans les meilleures conditions possibles, sans prélèvement d'aucune sorte.

Au point de vue de l'action ouvrière, elle est le centre d'activité du prolétariat, par la réunion des syndicats et leur union locale ;

Au point de vue moral, elle fournit aux ouvriers les moyens d'instruction professionnelle et d'éducation sociale, sans lesquelles l'action resterait sans effets, faute de précision et de données suffisantes.

On peut les résumer encore en partie administrative et en partie solidariste comprenant chacune leur part d'éducation, liées l'une à l'autre par des liens assez étroits pour être appréciables.

L'administration procède à la fois de l'action et de l'éducation. Le rôle des administrateurs ne doit pas se borner à appliquer machinalement les statuts et les décisions des assemblées générales, avec plus ou moins de ponctualité, ils doivent surtout s'attacher à donner l'impulsion et l'activité à la société, et en cela ils font de l'action. Ensuite, par l'étude des questions qu'ils ont à traiter. L'action se complète en éducation sociale et mutuelle.

Ce caractère, insuffisamment précisé par les Bourses du Travail, perce néanmoins dans leurs statuts. A leur simple lecture, on a l'impression que l'objet qu'elles poursuivent est de beaucoup plus élevé à ce qu'elles font généralement, même pour celles qui se piquent de n'être que des centres d'agitation.

Aujourd'hui, un peu partout, même dans les milieux les plus réfractaires à la méthode évolutionniste, on commence à se rendre compte de la faiblesse intellectuelle de nos effectifs syndicaux, et l'on cherche à réagir.

Les militants le comprennent si bien, qu'à part quelques rares exceptions, les Universités populaires n'ont pas de plus ardents défenseurs. A ce sujet, l'initiative récente de la Fédération des Bourses de former une commission d'éducation syndicale mérite d'être suivie.

Ce qui importe dans la période de tâtonnement et d'incertitude des masses ouvrières — par la complexité même des problèmes à résoudre — c'est de donner à l'éducation et à l'instruction sociales des ouvriers, un caractère plus actif et plus rationnel, par des études sur l'action et l'ensemble de ces problèmes, que nos organisations démocratiques ont pour mission de développer.

Pour arriver à une solution satisfaisante —, la perfection n'est pas de ce monde, il faut bien le reconnaître — les Bourses du Travail ont besoin d'élargir leurs cadres afin que les rayons qu'elles répandent pénètrent plus profondément les diverses couches de la société.

Se désintéresser des problèmes multiples qui agitent la société, serait pour les Bourses du Travail, une abdication. Partout où la classe ouvrière a des intérêts et des devoirs précis à défendre ou à revendiquer, elles doivent se faire représenter.

Et ce n'est qu'en faisant des syndicats et des ouvriers syndiqués leurs auxiliaires de tous les instants, soit pour l'organisation du Travail, soit pour les institutions syndicales et la préparation de nos assises ouvrières.

***

La participation des syndicats à l'administration des Bourses, est peut être un peu trop considérée comme secondaire. Elle se manifeste par une représentation égale de chacun d'eux, sans tenir compte de leur valeur numérique. Les conseils, ainsi formés exercent une autorité administrative et morale, non seulement pour les actes de pure administration qui les concernent, mais encore dans toutes les questions qui intéressent le prolétariat.

Sans doute, ces conseils ne sont pas des corps officiels, ayant à leur disposition les organes de la force sociale pour faire exécuter leurs décisions, mais leur autorité, parfaitement légitime, s'accroîtrait de beaucoup si le contrôle des syndicats et des syndiqués était rendu moins illusoire et leur collaboration plus assidue.

La représentation uniforme est sans doute très simpliste, mais elle a l'inconvénient d'être une fausse interprétation des principes d'égalité.

En effet, s'il n'est point juste que les syndicats nombreux absorbent les syndicats plus faibles, il faut reconnaître qu'en l'état actuel, c'est souvent le contraire qui se produit. C'est pourquoi bien des décisions restent sans effets, parce qu'elles ne répondent pas aux sentiments de la véritable majorité, c'est-à-dire du plus grand nombre.

La représentation uniforme a bien d'autres désavantages, notamment celui de favoriser l'émiettement des efforts par le morcellement des forces ouvrières, et d'encourager ainsi la formation de syndicat de branches d'industrie séparées de la branche-mère sans qu'aucun intérêt corporatif ne légitime la dispersion.

L'éclosion, à des moments donnés, d'une multitude de Syndicats disparaissant en même temps que le mobile qui a poussé à leur création n'a plus de raison, nous abuse sur la valeur numérique des forces organisées du prolétariat.

N'est-il pas étrange, en effet, que nous connaissions à une unité près le nombre des ouvriers syndiqués d'Angleterre, d'Allemagne et des Etats-Unis, et que nous soyons ignorant du nombre des syndiqués français ?

La participation des Syndicats à l'administration des Bourses du Travail ne saurait se borner à une question de représentation. Le devoir des Syndicats est plus précis et plus haut pour que leur mission s'accomplisse dans toute l'étendue qu'elle comporte, ils ont pour devoir de participer à l'institution des œuvres de solidarité jusqu'ici beaucoup trop négligées.

La cotisation syndicale, — quand les subventions sont suffisantes pour couvrir les frais d'administration et des cours — devrait avoir cette destination. Il conviendrait donc de donner à ces cotisations une destination précise, en la fixant par unité — quoique versée par le Syndicat. On formerait ainsi l'envergure d'un vaste système de solidarité, plus étendu au fur et à mesure que les camarades en comprendraient mieux les bienfaits, tandis qu'aujour'hui il est forcément réduit aux secours de routes, quelques-uns aux avances des frais judiciaires.

Ah ! combien il serait facile au prolétariat français d'élever le niveau moral de nos organisations ouvrières à celui des autres pays. Nulle part, dans le monde, on ne trouve, comme en France, un réseau de Bourses du Travail aussi important et susceptible d'un développement aussi admirable, avec des encouragements si variés (Commune, Département, Etat). Mais dans la plupart, les frais de personnel absorbent la plus grosse partie des subventions. Ne fût-ce qu'au point de vue moral et de l'exemple à donner, il conviendrait de les réduire au strict nécessaire.

***

Un autre point qui mérite l'attention des militants. C'est l'organisation des services des Bourses du Travail ?

La méthode couramment admise consiste à nommer un ou plusieurs secrétaires permanents — suivant que les libéralités municipales le permettent. — Sur eux repose toute la responsabilité de l'administration, les conseils n'étant là que pour approuver ou repousser ce qu'on leur soumet. C'est, on le voit, d'une simplicité extrême.

Comme toute médaille, celle-ci a son revers. Si on a l'heureuse chance de tomber sur un homme d'action doublé d'un homme d'étude, plein d'activité et de dévouement désintéressés, l'action de la Bourse sera féconde. Que le contraire se produise, que le découragement et la lassitude arrivent ou que l'insuffisance et la paresse triomphent — les choix ne sont pas toujours heureux — alors, dans ce cas, c'est la paralysie pour un temps déterminé.

Contre ces prévisions il faut se prémunir et se mettre à même de réagir. Pour celà, il importe de faire participer le plus grand nombre possible de camarades dans le fonctionnement des Bourses :

A celà, il y a plusieurs raisons, il n'est pas possible qu'un camarade puisse incarner pendant longtemps toute l'activité de la Bourse ; ensuite, pour si dévoué et compétant qu'il soit, il ne peut être apte à prendre les initiatives de groupements économiques, solidaristes et éducatifs, aussi nécessaires à l'ouvrier que les Syndicats et les Bourses du Travail elles-mêmes.

Cette méthode, c'est l'application du principe de décentralisation et de responsabilité réciproque entre ceux qui, à un titre quelconque, concourent à l'action d'ensemble, forment autant de services, pour ne pas dépasser l'activité et les loisirs qu'un camarade et placés sous le contrôle du Conseil d'administration :

1° Secrétariat. — Archives. — Bulletin officiel ;
2° Bureau de placement. — Bibliothèque. — Entretien du local ;
3° Trésorerie ;
4° Service de solidarité ;
5° Surveillance des cours. — Musée industriel et social ;
6° Législation ouvrière. — Consultation juridique ;
7° Statistique du travail. — Mouvement social. — Associations.

Ce qui caractérise notre conception sur le fonctionnement des Bourses, c'est que l'application de cette méthode serait un puissant moyen d'éducation mutuelle, entre ceux qui, à des titres divers, participent aux progrès de nos institutions et aux bienfaits qu'elles peuvent répandrent autour d'elles par une collaboration de bonnes volontés.

Sans doute, les Bourses du Travail s'occupent bien de toutes ces questions, mais un peu à tâtons, de sorte que leur action, pour ne pas être sans effet, ne donne pas tous les résultats désirés.

La cause syndicale, plus que toute autre, a besoin pour prospérer et étendre son influence d'une grande somme de dévouement et d'abnégation. Ce n'est qu'en prêchant d'exemple que l'on réduira les critiques malveillantes d'un grand nombre de travailleurs qui confondent, malheureusement trop souvent nos militants avec les propagandistes professionnels.

D'autres part, les Bourses n'ont leur véritable physionomie que le soir, au moment où les Syndicats se réunissent, où les cours ont lieu, où les ouvriers viennent prendre des livres où demander les renseignements dont-ils peuvent avoir besoin. il serait donc parfaitement superflu d'entretenir un personnel qui n'a d'utilité qu'à certaines heures de la soirée.

*
* *

Pour nous, l'organisation syndicale ne sera véritablement une force raisonnée que le jour où les militants renonceront au morcellement qui paralyse tout mouvement d'ensemble. La véritable unité ouvrière n'est vraiment réalisable que par les Syndicats et dans la mesure où les individualités syndicales pourront s'y mouvoir librement; jusqu'à ce moment — et en règle générale — les Syndicats ne peuvent avoir d'autres prétentions que celles d'exercer une action morale sur les travailleurs et les pouvoirs publics : hélas ! beaucoup trop indifférents... quand ils ne sont pas hostiles. — Ils ne peuvent utilement faire sentir leur influence qu'en s'identifiant à la vie sociale du pays.

En un mot, les Bourses du Travail deviendront de plus en plus des véritables *Conseils ouvriers du travail*, ou bien elles végéteront à la merci des fantaisies municipales et à ce jeu on risque fort de les voir, sous peu, voler à la même déconsidération que les partis politiques qui ne maintiennent, le plus souvent leur clientèle que par des fictions qui ne trompent même plus, aujourd'hui, les plus zélés comme les plus modestes de leur partisans.

Voilà pourquoi nous estimons, qu'en s'inspirant de la résolution ci-dessous, les Bourses du Travail acquèreront, ainsi, une force morale considérable et éviteront les heurts avec les pouvoirs publics, qui ne pourront point les accuser — en tant qu'organisation — de sortir des attributions qui leur sont dévolues du fait de leur constitution.

Résolution

Le Conseil d'administration :

Considérant que par le caractère social et éducatif autant que par la nature de l'action constante qu'elles accomplissent les Bourses du Travail constituent de véritables services publics de placement ouvrier et d'information concernant les conditions de travail et d'existence de la classe ouvrière dans chaque localité et sur toute l'étendue du pays de ses colonies et de l'étranger, par leur fédération, ont, en cette qualité, un droit absolu à l'intervention financière des pouvoirs publics afin d'en assurer le fonctionnement normal.

Mais s'il est juste que l'Etat, les départements et les communes assurent la création et le fonctionnement des Bourses du Travail et les entourent de toute la sollicitude comportée par leur objet; en aucun cas, la classe ouvrière, représentée par ses Syndicats ne saurait tolérer une intervention humiliante dans la direction morale et matérielle des Bourses qui sous ce contrôle permanent, seraient bientôt frappées d'incapacité pour l'accomplissement de la tâche qui leur incombe.

D'autre part s'il est difficile d'établir une démarcation rigoureuse des attributions et des moyens d'action des Bourses du Travail dans la société : — Les ouvriers syndiqués ayant l'ambition bien légitime de poursuivre le complet affranchissement du prolétariat par la suppression du salariat — divers moyens propres à stimuler le zèle et l'ardeur des militants, sont en leur pouvoir sans que nulle puissance ne puisse leur contester sérieusement. Notamment :

L'étude et l'application des lois ouvrières;

L'initiative pour la création d'associations ouvrières de production et de consommation;

L'institution d'œuvres de solidarité ouvrière ;
La création d'œuvres d'éducation sociale et professionnelle.

Ce programme d'action, complément nécessaire aux attributions ordinaires et courantes des Bourses du Travail, détournera bien des travailleurs des discussions stériles et sans résultats pratiques, pour accélérer le progrès social.

Pour ces raisons le Conseil est d'avis :

1° Que les Bourses du Travail ne conserveront leur indépendance vis-à-vis des pouvoirs publics — et leurs subventions — qu'en se tenant à l'écart des partis politiques et de l'action électorale, causes initiales de la suppression des subventions et de la fermeture des Bourses par un certain nombre de municipalités ;

2° Que les Bourses du Travail soient reconnues d'utilité publique et leur création simplement subordonnée à la demande des Syndicats, afin que les subventions ne puissent pas être considérées comme une faveur, puisqu'elles découleraient d'un droit en raison du rôle social des Bourses du Travail ;

3° Que pour devenir une véritable force sociale capable de résister et de lutter contre les forces oppressives du prolétariat, les Bourses du Travail doivent s'entourer d'œuvres propres à faire apprécier les bienfaits de l'Association corporative pour la défense des intérêts communs à tous les travailleurs ;

4° Que les Bourses du Travail, ne soient tenues, vis-à-vis de la Fédération qu'à l'exécution des décisions concernant l'Administration des services communs : les questions de doctrine et de tactique ne pouvant avoir qu'un caractère d'indication et de tendance du mouvement syndical et du mouvement social, ses décisions seront facultatives.

Le Rapporteur : Victorien Baugnier.

AUTONOMIE DES BOURSES

Rapport présenté au X° Congrès des Bourses du Travail

Par G. Yvetot

PREMIÈRE PARTIE

Déjà l'année dernière, à pareille époque, au Congrès de Nice, j'ai eu le plaisir de donner sommairement ma façon de comprendre et de concevoir les moyens par lesquels les Bourses du Travail arriveraient à être indépendantes. Au nom du Comité Fédéral je présentais un Rapport sur la question mise à l'ordre du jour et je sais que ma façon de traiter cette question a eu l'avantage de m'attirer quelques critiques en ce qui concernait surtout le second moyen que je préconisais : la *Coopération*. Mais les encouragements que je reçus d'autre part, ont contribué à me laisser dans mon opinion et même à la fortifier. Je veux essayer, cette année, de dire et de démontrer la force des moyens que je préconisais il y a un an et c'est surtout sur le second moyen que je m'étendrai, car je le trouve d'une importance capitale pour les Bourses du Travail, si elles veulent se rendre autonomes.

Dans ce Rapport de l'année dernière, il était dit :

« Sans rien renier de nos idées, sans cesser d'être révolutionnaire, nous pensons que les Bourses du Travail doivent faire tout leur possible pour se rendre indépendantes » et il était ajouté : « elles ne le seront que le jour où elles ne tiendront des pouvoirs publics ni immeuble, ni subvention. » Mais, comme émettre une théorie, poser des principes ne suffit pas, nous indiquions les deux moyens, que nous estimions les meilleurs et les plus pratiques pour commencer.

Le premier de ces moyens était l'appel aux autres Bourses :

Lorsqu'une adhérente à notre Fédération éprouvait les rigueurs de sa municipalité, après en avoir obtenu les libéralités, les Bourses à qui elle s'adressait répondaient en faisant parvenir un secours souvent minime et beaucoup même ne répondaient pas.

Nous préconisions donc une Caisse centrale qui aurait été alimentée par des cotisations spéciales à ce but.

Cette Caisse aurait servi à mettre tous les ans ou tous les deux ans, une Bourse du Travail chez elle. On pouvait commencer par celles qui étaient les moins importantes et les plus en danger de disparaître. Mais cependant, si dans l'année courante, une Bourse venait à être retirée aux camarades d'une localité, les fonds de toutes les Bourses réunis en cette Caisse centrale eussent servis à la secourir immédiatement.

Tel était le premier moyen préconisé il y a un an.

L'avons-nous mis en pratique ?

Non.

Aucune Bourse n'a été tirée d'embarras, car aucune Caisse n'a été fondée dans le sens qui fut indiqué.

Il ne s'ensuit pas que la Solidarité des Bourses entre elles ne se soit pas manifestée.

Dans le courant de l'exercice écoulé la Bourse du Travail de Bagnères-de-Bigorre fit appel à la Solidarité des autres Bourses pour ne pas disparaître. Notre Fédération intercéda de son mieux pour que lui viennent des secours et la Bourse du Travail de Bagnères-de-Bigorre obtint les réponses de vingt-huit Bourses qui lui adressèrent à elles toutes la somme de 268 fr. 60 répartie comme suit :

Montpellier	25	»	Narbonne	10	»
Belfort	10	»	Lyon	10	»
Rochefort	10	»	Arles	10	»
Levallois	25	»	Dijon	10	»
Nevers	10	»	Nice	5	»
Valence	10	»	Perpignan	10	»
Bourges	5	»	Paris (Union des Syndicats)	24	60
Mustapha	5	»	Laval	10	»
Rouen	5	»	Nîmes	10	»
Châteauroux	5	»	Albi	5	»
Saintes	10	»	Tours	10	»
Boulogne-sur-Mer	5	»	Saint-Etienne	5	»
Châlons-sur-Saône	5	»	Versailles	5	»
Villeneuve-sur-Lot	3	»	Le Mans	11	»

D'autres Bourses encore ont failli disparaître.

A Nice, un conflit survint et la majorité des Syndicats de cette localité ne voulant pas se plier aux exigences du Maire, prétendant être absolument chez eux dans la Bourse du Travail, durent la quitter et tentèrent de constituer une Bourse indépendante. Que firent-ils pour cela ? Ils firent ou résolurent de faire appel aux autres Bourses. En admettant que les Bourses aient assez bien répondu à ce premier appel, croit-on qu'elles auraient, l'année suivante, montré le même empressement? Maintenant, si d'autres Bourses avaient pour le même motif, fait aussi un appel à la solidarité croit-on qu'elles auraient obtenu réponse aussi favorable que celle qui les aurait précédé? Heureusement, cette meilleure partie du Prolétariat niçois essaie maintenant de la coopération.

Quand même on verserait moins en répondant à chaque appel qu'en versant régulièrement une somme déterminée pour le même but, on se lasse et l'on s'épuise bien plus vite. De plus il en coûte à la Bourse nécessiteuse de solliciter l'attention solidaire des camarades et lorsque cela ne répond pas aux espérances, le découragement s'empare des militants et la désorganisation commence.

Il est donc utile de fonder une caisse en prélevant justement sur ce qu'octroie actuellement les municipalités.

Oh! je sais bien qu'il est des camarades qui, jugeant tous les hommes d'aussi bonne volonté qu'eux-mêmes, déclarent qu'on ne doit pas attirer les individus dans nos groupements en flattant leur égoïsme. « Il faut, disent-ils, qu'ils viennent à nous de bonne volonté et qu'ils sachent ce que nous voulons d'eux. Il ne faut pas leur cacher notre but. »

Eh bien ! ces camarades me permettront de penser différemment. On n'attire pas les mouches avec du vinaigre. Lorsque je vois des corporations très fortes, faisant payer des cotisations relativement élevées pour donner à leurs adhérents des secours de *chômage* et de *maladie*, lorsque je vois que, même en attirant les individus par l'égoïsme, ils ne réunissent même pas la moitié des ouvriers qui font la totalité de ces corporations, comment voulez-vous que je puisse sérieusement croire, comment voulez-vous que je me permette d'espérer que ces individus comprendront que pour avoir un immeuble à eux, une Bourse du Travail, il faut qu'ils ne marchandent ni les efforts, ni les sacrifices ?

Lorsque des travailleurs se moquent même des moyens leur donnant des secours contre le chômage qui les guette chaque jour et la maladie qui ne cesse de les assaillir pour toutes sortes de raisons : mauvaise hygiène, privations, etc., lorsque ces ouvriers restent indifférents aux groupements qui emploient ces moyens, lorsque même ceux qui font partie de ces groupements donnent en rechignant leurs cotisations, parce que, à cet instant, ils n'ont pas besoin de secours, comment les inviterez-vous à avoir des immeubles confortables où ils discuteraient leurs intérêts corporatifs, matériels et moraux, étudieraient les moyens de s'affranchir totalement ? Compter ainsi, n'est-ce pas aller au-devant du découragement.

N'est-ce pas plutôt à nous, militants, à faire tout notre possible pour que les camarades qui nous ont *prêté* leur confiance, qui veulent bien écouter nos paroles, suivre nos conseils, arrivent à partager nos idées et à les faire partager autour d'eux. Il faut que par des exemples, nous leur montrions que, tant que nous serons les obligés de quelqu'un nous ne pourrons qu'entrevoir ce qu'il nous faut sans pouvoir l'obtenir complètement ; nous ne pourrons que bâtir sur le sable.

Lorsqu'ils auront compris, il nous sera peut-être facile alors de leur faire adopter le premier moyen que nous préconisions déjà l'année dernière et que nous voulons préciser cette année. Mais, en tous les cas, n'hésitons pas à employer tous les moyens pour attirer d'abord à nous les indifférents et les égoïstes en leur montrant un intérêt immédiat, des avantages personnels.

***

Les besoins étant communs, les charges peuvent être proportionnelles au nombre d'individus groupés. L'on conçoit bien que, moins l'on est, moins conséquents et moins vastes peuvent être les locaux et par conséquent, moins élevé sera le loyer ou l'achat d'un immeuble, destiné à devenir une Bourse du Travail.

Pour constituer la somme nécessaire à l'achat ou au loyer de cet immeuble, selon les localités, l'importance des locaux, le nombre de syndicats et de syndiqués les composant, une cotisation trimestrielle, semestrielle ou annuelle de 1 ou 2 francs par syndiqué versée dans une caisse spéciale au but prévu donnerait vite le nécessaire à l'édification d'une Bourse autonome.

De plus, un prélèvement minime fait sur chacune de ces cotisations et versé en une Caisse centrale formerait vite une somme assez forte pour réaliser l'idée émise l'année dernière de venir au secours des Bourses atteintes dans leur autonomie et en danger de disparition comme aussi, pour aider tous les ans au moins, une Bourse à se constituer indépendante.

Cela, nous le croyons, n'est pas au-dessus des forces de nos Bourses du Travail et, mieux que l'année dernière, nous espérons qu'elles tenteront quelque chose dans ce sens et qu'elles feront leurs efforts pour mettre en pratique ce premier moyen à défaut du second que nous allons maintenant développer.

DEUXIÈME PARTIE

Tout dernièrement, je lisais dans le compte rendu analytique du premier Congrès régional des Syndicats ouvriers du Nord l'assertion catégorique suivante qui ne fut pas relevée : « *Ce qu'il ne faut pas perdre de vue*, disait un camarade, » *c'est de créer des Bourses du Travail ; or, il est impossible à une Bourse du* » *Travail de vivre* SANS SUBVENTIONS, *sans demander secours aux municipalités* » *ou à l'Etat.* »

Cette façon de penser est tellement celle de la majorité des militants, que plusieurs camarades, qui voient leurs Bourses tenues par ces subventions, si tranquilles, si opposées à tout mouvement révolutionnaire, en arrivent à souhaiter la disparition des Bourses du Travail, parce qu'ils ne croient pas qu'une Bourse puisse vivre autrement que de subventions. Et, il faut bien le dire, il suffit parfois qu'une Bourse ne sorte pas de son rôle éducatif, administratif, organisateur, pour que certains rigoristes trouvent cette Bourse opportuniste, réactionnaire même, pourvu qu'elle vive de subventions.

Nous voulons tous la transformation sociale et c'est bien à cela que tous nous prétendons travailler. Mais il en est parmi nous qui ne croient pas que cette transformation sera simplement et uniquement une question de force et de violence, mais qu'elle sera surtout la solution primordiale d'un problème d'organisation, nécessitant un patient travail de gestation préliminaire. Il en est parmi nous qui croient qu'il faut initier l'ouvrier à l'administration de ses propres affaires, à la direction économique de la société autrement que par l'intermédiaire d'un Etat, de quelque nuance soit-il ; il en est parmi nous qui estiment que par le moyen d'institutions ouvrières : associations de production, coopératives de consommation, en un mot de toutes organisations émanant directement de la classe prolétarienne organisée et soustraite à toute tutelle gouvernementale, laquelle est toujours dangereuse, souvent suspecte, rarement indépendante, que l'ouvrier s'affranchira intégralement.

Dans ces institutions seulement l'on peut apprendre au prolétariat à vouloir ; l'on peut pratiquement l'instruire par l'action, l'initier à la pratique du travail et de l'entente libres, lui révéler ce dont il est capable, l'inciter à former des groupes d'individus vivant un peu la société que nous souhaitons. N'est-ce pas là tout le secret de l'éducation du peuple ? N'est-ce pas là le moyen de lui procurer la faculté de vivre et d'agir par lui-même ? Et cette éducation se fait déjà dans les Syndicats, Universités populaires, brochures et articles de journaux. Elle se fait encore par les discussions que nous provoquons ici ; elle se fait surtout dans les Bourses du Travail où l'on a déjà essayé de prendre ces moyens et de les mettre en pratique pour assurer l'autonomie des Bourses.

Je citais l'année dernière la Bourse du Travail de Laval, qui forma une Coopérative de boulangerie qui eût certainement réussi sans l'indifférence et le parti-pris contre la coopération de certains syndiqués.

En effet, sur huit cents syndiqués environ qui sont à la Bourse du Travail de Laval, cinq cents seulement comprirent l'avantage qu'il y avait en cette coopérative, où l'on ne payait pas plus cher qu'ailleurs du pain de bonne qualité, mais où l'on réalisait, en se passant d'intermédiaires, des bénéfices qui eussent été assez conséquents pour payer le loyer de l'immeuble de la Bourse du Travail, avec le chauffage et l'éclairage, et certainement, un jour ou l'autre, l'on eût pu acquérir entièrement l'immeuble si, au lieu de cinq cents coopérateurs, les huit cents syndiqués avaient adhéré à la Coopérative.

Il me serait facile de citer encore d'autres exemples, mais c'est toute la brochure du Congrès qu'il me faudrait pour cela.

Cependant, je ne voudrais pas, en ce rapport, négliger de dire comment je comprends que soit la coopération adaptée à l'action syndicale.

Il faut tout d'abord que soit admis par les syndiqués d'une localité le principe coopératif. Ceci admis, les militants syndiqués en leur Bourse du Travail municipale s'ils en ont une, ou en tout autre lieu, convoquent en masse les ouvriers et leur disent :

« Camarades,

» Au Congrès de septembre 1900 (Ve Congrès de la Confédération générale du Travail, réelle et vivante émanation du Prolétariat organisé, on a voté la résolution suivante :

« Considérant que la classe ouvrière doit employer tous les moyens d'action » mis à sa portée pour arriver à son émancipation ;

» Que la Coopérative est une forme d'organisation qui peut lui procurer des » avantages immédiats au point de vue matériel ;

» Qu'au point de vue moral, elle est un milieu propice pour la propagation » des idées de solidarité et des connaissances nécessaires pour l'administration » de la société future;

» Le Congrès décide de se déclarer partisan des Coopératives nettement » ouvrières, basées sur des principes communistes et impersonnels. »

» Si vous vous trouvez en absolue communion d'idées avec les camarades qui se trouvaient à Paris en 1900, venus de tous les coins de la France, vous nous prêterez votre concours pour instituer la Coopérative qui devra faire vivre et prospérer dans la plus grande indépendance notre Bourse du Travail. Cette Coopérative (consommation ou production, suivant la facilité) ne sera pas basée sur des principes égoïstes, bien que les individus y adhérant y trouveront leur avantage, mais elle sera basée sur un système impersonnel et communiste. Les adhérents s'interdiront de la façon la plus formelle de toucher une part quelconque des bénéfices réalisés.

» Si c'est une Coopérative de consommation, les adhérents se contenteront d'avoir au moins pour le même prix et, si possible, à meilleur marché, de la marchandise supérieure à celle du commerçant.

» Si c'est une Coopérative de production, les adhérents se contenteront, s'il y a salaire, qu'il soit supérieur à celui de n'importe quel établissement patronal pour un maximum d'heures de travail (huit heures).

» Les bénéfices de l'une ou l'autre de ces deux formes d'association serviront à l'achat d'un immeuble qui appartiendra de fait à tous les adhérents à la Bourse du Travail.

» Cet immeuble, qu'on pourra véritablement appeler « Maison du Peuple » aura deux étages et un sous-sol. Au sous-sol et au rez-de-chaussée seront les magasins de marchandises et de répartition de la coopérative. Au premier étage, sera la grande salle où se tiendront les fêtes, réunions de propagande, l'Université populaire et les assemblées générales des Syndicats et de la coopérative. Le deuxième étage se répartira en plusieurs bureaux pour les Syndicats et pour la coopérative et en un bureau spécial pour le permanent de l'Union locale des Syndicats ou Bourses du Travail.

» Lorsque les bénéfices auront été employés au nécessaire de cette Maison du Peuple, ou Bourse du Travail, les bénéfices nouveaux ne se répartiront pas aux adhérents, ils serviront à la propagande syndicale et coopérative, à l'enseignement éthique du peuple par des spectacles et des conférences ; ils serviront encore à l'édification d'œuvres semblables, à l'institution d'Associations de travailleurs pour la production affranchie du système patronal.

» Dans ces Associations, l'on exigerait seulement que le travail s'y fit d'une façon qui soit, autant que le permettraient du moins les conditions économiques actuelles, l'ébauche de l'organisation communiste de l'avenir :

» Les travailleurs y règleraient eux-mêmes les conditions de leur travail.

» La journée de huit heures (maxima) y serait établie.

» Comme le système commanditaire a été par tous les Congrès corporatifs considéré comme le seul équitable, le seul supprimant tout favoritisme et toute inégalité, tous les travailleurs de l'Association constitueraient une seule commandite égalitaire.

« Quelle que soit sa fonction ou son sexe, chaque camarade dépensant sans compter tous ses efforts et toute son énergie pour la prospérité de l'œuvre commune, qu'il soit employé à n'importe quel travail utile à l'Association, recevrait la même rétribution.

» Les travailleurs de l'Association seraient solidaires les uns des autres, et quelles que soient les fonctions que certains d'entre eux pourraient occuper, ils sauraient que tous ont les mêmes droits et les mêmes devoirs ; tous travailleraient avec la même ardeur et les mêmes espoirs.

» De cette façon reviendraient impersonnellement au prolétariat les bénéfices produits par lui.

» Certes, ils trouveraient largement encore leur emploi dans la création d'œuvres utiles à l'émancipation des travailleurs, quels que soient leur sexe, leur race et leur pays.

» Si voulez avec nous, réaliser cela, camarades, à l'œuvre ! »

Mais, dira-t-on, il sera très bien d'avoir un bel immeuble, mais comment et avec quoi le meubler en attendant ?

A cela je réponds :

L'ambition légitime que nous avons le droit d'avoir serait que la grande salle soit en même temps la bibliothèque; les murs se cacheraient petit à petit par des vitrines contenant les plus belles œuvres littéraires, techniques, sociologiques et scientifiques enfantées par le cerveau humain. Mais nous comprenons bien que, par nos propres forces, il serait peut être long, très long d'attendre la réalisation complète de notre rêve, et comme le dit Jean Roule, le superbe personnage du beau drame d'Octave Mirbeau : « Nous avons droit, comme les riches, à de la beauté », et nous la voulons de suite. D'ailleurs, les livres, cette nourriture de l'esprit, devient indispensable à tout travailleur émancipé ou de forte volonté qui éprouve l'impérieux besoin de s'instruire, de s'éduquer, de savoir.

Aussi, pour avoir immédiatement ce bien indispensable qu est un beau et bon livre, voilà comment l'on pourrait s'y prendre.

Qu'on me permette de citer quelques extraits de ce que le camarade Sieurin, typographe, écrivit dans *La Voix du Peuple* sur cette intéressante question. Personnellement, je crois cette initiative d'une *bibliothèque roulante* très bonne à encourager et l'idée digne d'être préconisée et mise en pratique.

Bibliothèques Syndicales

. . . .

Dans le but également de compléter l'instruction des prolétaires, il est une lacune que l'on a trop rarement tenté de combler, nous voulons parler de la création dans les Syndicats ouvriers et les Bourses du Travail de bibliothèques sociologiques, c'est-à-dire composées de volumes traitant des connaissances que tous les ouvriers syndiqués devraient avoir sur la Société économique actuelle et sur celle de l'avenir.

Quelques organisations syndicales ont bien essayé de créer des bibliothèques, mais la plupart des livres qu'ils ont acquis — résultats de dons — ne sont, en général, que de vulgaires romans, plus ou moins bien écrits, mais incapables de faire penser; quelquefois, on y rencontre des ouvrages utiles à consulter pour avoir un renseignement, tels que comptes rendus de Congrès ouvriers ou corporatifs, recueils de lois ouvrières, etc., mais l'oiseau rare est l'ouvrage sociologique ou même scientifique ayant une réelle valeur.

. . . .

Pour remédier à la dépense trop élevée de la formation d'une bibliothèque — constituée dans ces conditions — dans chaque syndicat ou même dans chaque Bourse du Travail, nous croyons que la Fédération des Bourses du Travail de France et des colonies devrait étudier les moyens les plus pratiques pour la constitution d'une bibliothèque roulante à l'usage des Bourses du Travail et des Syndicats appartenant à la Confédération générale du Travail. Le fonctionnement de cette bibliothèque, dite roulante, consisterait en ce qu'une partie des volumes serait prêtée à chaque Bourse, laquelle, après en avoir eu le dépôt pendant trois ou six mois — le temps de permettre à ses adhérents d'en prendre lecture — les échangerait contre d'autres livres envoyés trois ou six mois auparavant à une autre Bourse et ainsi de suite. Par ce moyen, on diminuerait les frais d'achats répétés de volumes ; en outre, les ouvrages n'étant que momentanément à la disposition des syndiqués, on stimulerait leur zèle pour la lecture : nous savons tous que l'on ne fait guère cas de ce qui est continuellement à notre portée, tandis qu'on se bouscule pour avoir connaissance d'une chose passagère. La Fédération des Bourses du Travail aurait à sa charge les frais d'envoi ; ceux de détérioration seraient naturellement remboursés par la Bourse du Travail, responsable, qui rendrait un volume en mauvais état ou qui ne les représenterait pas tous au moment de les échanger contre de nouveaux ; cette Bourse exercerait à son gré un recours contre les camarades peu soigneux, et cela dans l'intérêt de tous.

» Ce système de bibliothèque roulante fonctionne, à la grande satisfaction de tous ceux à même d'en profiter, depuis quelques années, dans un certain nombre de communes de l'est de la France, où quelques instituteurs ont voulu compléter l'œuvre des Universités populaires par la mise à portée des ouvriers et des paysans de ces ouvrages sociologiques et scientifiques dont les auditeurs des Universités populaires entendaient parler, mais qu'ils ne pouvaient lire ; avaient seuls la faculté de les compulser la classe capitaliste, pour qui cet achat était chose aisée, ou les rares ouvriers des grands centres demeurant à proximité de certaines bibliothèques pédagogiques ou libertaires — parmi ces dernières, nous pouvons citer celle de la rue Titon et celle de la Coopération des Idées, 157, rue du Faubourg-Saint-Antoine, Paris-11e. — Il était, en outre, indispensable que ces rares ouvriers aient la force de volonté et surtout le temps de se rendre dans ces établissements, puisque la plupart des bibliothèques pédagogiques, contrairement aux autres, ne prêtent les volumes que pour la lecture sur place, et souvent à des heures où l'ouvrier est retenu à l'atelier ou à l'usine.

» Par la généralisation de ces bibliothèques roulantes et surtout par leur fonctionnement sous l'égide de la Fédération des Bourses, un très grand nombre d'ouvriers pourraient avoir connaissance de ces écrits, jusqu'ici réservés seulement à une élite. Ils susciteraient, de ce fait, leur personnalité et, par voie de conséquence, ne se laisseraient plus mener comme des moutons par les politiciens au service de la classe capitaliste.

. . . .

Certes, nous ne prétendons pas donner un modèle parfait de cette idée du camarade Sieurin. Voyons seulement l'idée, modifions-la et rendons-la possible.

Sieurin ajoutait :

« Ainsi que nous l'avons dit, la dépense serait insignifiante pour la Fédération des Bourses : en s'adressant directement aux auteurs ou éditeurs de ces ouvrages et aux hommes qui, depuis quelques années, se sont consacrés à l'éducation de la classe ouvrière, elle recevrait, nous en sommes persuadé, sous forme de dons, un très grand nombre de ces volumes. Elle n'en aurait donc que très peu à acheter. Et les dépenses pour cause de perte ou de détérioration de volumes restant à la charge des Bourses elles-mêmes, on voit que les frais de la Fédération des Bourses, pour le fonctionnement de ce nouveau rouage, seraient presque nuls, surtout en considération des résultats à obtenir ; puisqu'elle n'aurait à débourser que les frais d'envoi des livres, lesquels, renfermés dans des caisses préparées spécialement à cet effet, seraient confiés non à la poste, mais au chemin de fer, afin que le coût de leur transport soit réduit au strict minimum. »

Puis il terminait en démontrant que ce service, ajouté à ceux déjà rendus par la Fédération des Bourses aurait pour résultat de rallier à elle tous ceux qui, en dehors des contradicteurs *jaunes* ou de parti pris, prétendraient nier la nécessité absolue de cette organisation prolétarienne.

Dans une lettre particulière, ce camarade me donnait de précieux arguments pour répondre aux objections qui auraient pu être faites à la proposition de mise à exécution de son projet. Il est regrettable que le Congrès n'ait eu le temps de discuter ce projet; c'est au Comité Fédéral qu'il appartient de l'étudier et de présenter aux Bourses du Travail un projet de mise à exécution de ce système, en demandant l'avis de chacune d'elles par voie de *referendum*.

Voilà donc trouvé un moyen immédiat pour remédier à l'attente d'une bibliothèque sérieuse dans les Bourses du Travail autonomes qui seraient nouvellement fondées.

Il serait superflu de dire que cela marcherait tout seul. Il faut, comme toutes les bonnes idées à mettre en pratique, de l'activité et de l'intelligence, du dévouement et du désintéressement.

D'ailleurs, n'est-ce pas par la pratique qu'il est le plus facile de s'apercevoir de ce qui pèche, de ce qui demande à être amendé, corrigé ou même complètement transformé.

Je ne veux pas ici m'amuser à réfuter tous les arguments donnés contre la Coopération.

J'ai déjà dit et écrit ailleurs ce que je pensais sur ces critiques. Tous ou presque critiquent la Coopération telle qu'ils la voient actuellement mais aucun n'a tenté ni ne tente de la rendre ce qu'elle devrait être. C'est qu'en effet, ceux qui aiment à critiquer, à juger solennellement l'œuvre à laquelle ils ne veulent participer sont des théoriciens et comme le coopératisme est plus pratique que théorique, il est compréhensible qu'ils le dédaignent.

Mais laissons dire ceux qui ignorent que quelques jours de révolution ne peuvent suffire pour changer complètement la mentalité des individus; laissons dire ceux qui se figurent naïvement que l'égoïsme, produit naturel de la Société bourgeoise, aura disparu avec les derniers échos d'une Révolution ; laissons-les croire que les travailleurs seront devenus du jour au lendemain des organisateurs émérites, des hommes capables de vivre libres sans avoir jamais essayé de mettre en pratique cette liberté dans la mesure possible, permise par la Société actuelle et nous, qui sommes convaincus que pour une Société libre, il faut d'abord des hommes libres et conscients, continuons notre œuvre éducatrice qui déjà donne des résultats.

Plusieurs Bourses essaient de la Coopération meilleure que celle comprise par les non syndiqués, ramasseurs de bonis.

Des Syndicats aussi ont pris ce moyen qui leur donne des avantages. Exemple : les métallurgistes de Montataire (Oise) ; ceux du département de la Sarthe ; les horlogers de Badevel ; au Boucau, au canton d'Hennebout et ailleurs, les Syndiqués métallurgistes, font de la Coopération. A Thiers (Puy-de-Dôme), les couteliers rêvent de s'affranchir du Patronat, par l'Association de Production. Partout les travailleurs essaient de supplanter l'usine patronale par des Associations libres.

De tous côtés il nous est demandé des statuts de coopérations à bases communistes. L'idée marche. Il faut qu'elle donne l'indépendance à nos Bourses du Travail.

Des Fédérations d'industrie ou de métier dans les Bourses du Travail s'y mettent aussi de bonne manière, s'il faut en croire l'article suivant que j'extrais d'un journal algérien qui déplore le peu de courage des travailleurs à s'affranchir :

Les Travaux en régie et les Coopératives de production

Il y a quelque temps, la Bourse du Travail de Mustapha prenait l'initiative de réunir les Syndicats du bâtiment en une vaste Coopérative de production.

Par la mise à exécution de ce projet, les administrateurs de la Bourse espéraient diminuer, sinon enrayer totalement le chômage qui, cette année, a sévi si cruellement dans la corporation intéressée.

Les organisations visées devaient, semble-t-il, répondre avec empressement à cet appel. En effet, indépendamment de la certitude de travailler, l'institution d'une Coopérative ne leur eût-elle pas assuré, dans une certaine mesure, plus d'indépendance et, surtout, des salaires plus rémunérateurs ?

N'aurait-elle pas, d'autre part, supprimé la concurrence entre ouvriers, sur le marché du travail ; concurrence rendue plus désastreuse encore par la rareté des offres et l'abondances des demandes ?

De quelque côté que l'on envisage la question, on trouve de notables avantages, avec le système préconisé, et pas un seul inconvénient.

Et, cependant, deux Syndicats seulement assistèrent à la réunion préparatoire : le Syndicat des peintres et celui des maçons.

Ces deux Sociétés se mirent résolument à l'œuvre et ne tardèrent pas à obtenir une entreprise, dont les bénéfices furent versés à la Caisse de réserve, immédiatement créée.

De nouveaux travaux produisirent de nouvelles plus-values ; et, aujourd'hui, on peut bien augurer de la prospérité de l'association.

Chose remarquable : malgré les importants bénéfices réalisés, les syndiqués ont touché des journées plus élevés que leurs camarades travaillant chez des patrons.

L'expérience est donc absolument concluante. Aussi espérons nous que les autres Syndicats du bâtiment, instruits par l'exemple que nous signalons, s'uniront à l'association existante. Ainsi se trouvera atteint le but poursuivi par la Bourse du Travail, dont l'action, en la circonstance, mérite les plus vifs éloges.

Les travaux ne sauraient manquer à une pareille Coopérative. L'Etat, le département et les communes mettent en adjudication, annuellement, de nombreuses entreprises susceptibles d'être exécutées par les associés.

Nous ne doutons pas que, le cas échéant, une bonne partie de ces travaux ne soient confiés aux ouvriers par des marchés de gré à gré.

Les administrations intéressées s'empresseraient évidemment d'adopter ce mode, qui avantagerait grandement la classe ouvrière si digne, à tous égards, de leur sollicitude.

D'ailleurs, les échos du Conseil général d'Alger et de certains Conseils municipaux n'ont-ils pas retenti maintes et maintes fois d'éloquents plaidoyers en faveur du système des travaux en régie ?

Le principal argument émis par les adversaires consiste dans la prétendue difficulté pour les organisations ouvrières de production de durer et de réussir.

Cette objection tombera d'elle-même le jour où les Syndicats du bâtiment, enfin unis dans un faisceau compact, montreront, par leur constance et leur bonne volonté, qu'ils sont bel et bien capables de souscrire à leurs engagements.

Alors, rien ne s'opposera plus à la mise en régie de divers travaux départementaux et communaux ; et la vitalité de la coopérative sera ainsi assurée.

Les Sociétés dont nous parlons possèdent tout ce qu'il faut pour améliorer leur situation, parfois bien pénible, par leurs propres moyens.

Souhaitons qu'elles le comprennent, enfin.

L'idéal serait que la Bourse soit l'adjudicataire des travaux et qu'elle les répartisse à ses syndicats adhérents.

Oh ! je sais bien encore que ces institutions peuvent prêter à critiques. Elles ne sont, elles ne peuvent être parfaites ; mais il ne s'ensuit pas qu'il faille les abandonner plutôt que de les améliorer.

D'autres institutions, d'autres associations ou coopératives s'établissent sur des bases communistes. Les associations : l'*Emancipatrice*, la Fonderie d'art, le cordonniers communistes, etc., etc., sont en activité à Paris, et si elles ne sont pas aussi florissantes qu'elles devraient l'être, cela tient à l'indifférence, au parti-pris contre elles de certains travailleurs, même syndiqués, qui attendent qu'un pape quelconque ait dogmatisé qu'il est bon d'être coopérateur.

Heureusement, l'on n'est pas partout aussi rigoriste que le sont ici certains militants, je n'en veux pour preuve que cet extrait d'un journal révolutionnaire :

Uruguay. — *Montevideo.* — Nous avons eu ici notre journal quotidien intitulé *Le Travail* « El Trabajo », rédigé et soutenu pendant près de trois mois par les compagnons anarchistes. Pendant qu'il paraissait se déclara un grand mouvement gréviste, *qui donna ensuite naissance à plusieurs coopératives de production*, telles que : fabrique d'allumettes où travaillent un bon nombre de compagnes, une fabrique de cigarettes, une autre de cordonnerie, etc.

Malheureusement, ces grands mouvements, initiés par des anarchistes ont fait beaucoup de bruit au commencement, surtout celui des employés de tramways, mais ils se sont apaisés vite après les premières défaites, pour la raison qu'ils étaient plus superficiels que profonds, et entraînèrent dans la débâcle le journal ouvrier, qui resta sans appui, grâce à la coalition du capital et du gouvernement qui firent leur possible, ici comme partout, pour faire avorter ce réveil de la classe ouvrière. . . . .

. . . .

Il nous reste maintenant à instruire tous ceux qui viennent à nous par sympathie, attirés par le bruit des grèves. C'est ce que nous allons faire, maintenant que la police veut bien nous permettre d'ouvrir les centres qui étaient fermés par son bon vouloir.— E. S.

Cet aveu était à enregistrer pour les besoins de notre cause.

Un jour les Bourses du Travail devront par la consommation organisée régler scientifiquement la quantité, l'utilité sociale, l'opportunité, la moralité de la production. C'est pour cela qu'il est nécessaire que, dès aujourd'hui, et pour un résultat immédiat : *leur indépendance*, les Bourses du Travail soient des coopératives. Il ne faut pas que les coopératives soient dans les Bourses du Travail. Inversement, il faut que ce soient les Bourses qui soient dans les coopératives et que l'adhésion à la Coopérative implique l'adhésion au Syndicat adhérent à l'Union locale ou Bourse du Travail.

Ainsi les Bourses acquerront leur indépendance, s'affranchiront de toute tutelle et les individus qui les composent s'éduqueront pratiquement pour vivre la Société meilleure que les circonstances ou l'occasion nous donneront d'instituer par le moyen révolutionnaire et socialement économique qu'est la Grève générale !

Georges YVETOT,

Délégué d'Alger au Comité Fédéral.
Secrétaire de la Fédération des Bourses.

CONCLUSIONS SUR L'APPRENTISSAGE

Présentées par le Camarade BRIAT

Délégué de la Bourse du Travail de Belfort

Les modifications que nous proposons d'introduire dans la loi du 22 février 1851 sur l'apprentissage seront, nous l'espérons, approuvées par vous. Elles sont demandées depuis longtemps par la majorité des Syndicats ouvriers. D'autre part, les changements qui se sont produits dans l'industrie depuis un demi siècle nécessitent et même imposent ces modifications.

Vœux de principe relatifs à l'apprentissage réglé par contrat

Après les considérations générales sur les cinq propositions principales que la Commission soumet à votre appréciation, nous n'avons plus qu'à les formuler sous forme de vœux de principe. Cependant, il paraît utile d'éclairer la portée de ces vœux par quelques arguments relatifs à chacun d'eux.

A. — *Liberté de faire des contrats d'apprentissage, mais, s'il y a contrat il doit être écrit.*

Nous laissons la liberté entière de faire un contrat d'apprentissage, ce qui permet de placer un enfant en qualité de jeune ouvrier ; mais nous obligeons les parties faisant un contrat à le rédiger par écrit. Nous supprimons le contrat verbal qui a donné lieu à des jugements contradictoires de la part des tribunaux, et qui ne garantit pas suffisamment les droits des parties.

Il n'y a pas lieu de soutenir plus longtemps cette première proposition. Il suffit de rappeler deux faits : 1° le contrat existe dans toutes les lois étrangères ; 2° il est demandé par les quatre cinquièmes des institutions ayant répondu dans l'enquête de l'Office du Travail et la majorité est acquise au contrat écrit dans chaque groupe d'institution : dans les groupes des Chambres de Commerce comme dans les groupes des Syndicats patronaux et ouvriers.

En conséquence, nous vous proposons le vœu suivant :

Le Congrès émet le vœu que, tout en maintenant la liberté de faire des contrats d'apprentissage, le contrat soit fait par écrit.

B. — *La surveillance de l'apprentissage est confiée aux conseils de prud'hommes.*

La loi de 1851, dans son article 8, paragraphe 3, dit : « Il (le maître), n'emploiera l'apprenti, sauf conventions contraires, qu'aux travaux et services qui se rattachent à l'exercice de sa profession. Il ne l'emploiera jamais à ceux qui seraient insalubres ou au-dessus de ses forces ». Définir les devoirs du patron ne suffit pas. Il est urgent d'établir une surveillance continuelle de l'apprentissage.

Si tous les parents ou tuteurs d'apprentis remplissaient leurs devoirs, on pourrait se contenter de leur contrôle ; malheureusement, il n'en est pas ainsi. Un très grand nombre de parents délaissent complètement la surveillance de leurs enfants qui se trouvent livrés au hasard d'un bon ou d'un mauvais maître.

Puisque la loi impose des devoirs aux parties qui font un contrat d'apprentissage, nous demandons qu'une surveillance soit faite pour donner une sanction qui sera la garantie que les conditions du contrat seront respectées de part et d'autre.

Pour remplir cette surveillance nous croyons que les conseillers prud'hommes sont tout désignés ; hommes de métiers, possédant l'expérience et l'autorité désirables, ils rempliront cette surveillance dans les meilleures conditions possibles pour les intérêts professionnels.

Ce vœu est très important si l'on veut véritablement que la loi sur l'apprentissage descende des hauteurs de la théorie pure, où elle est demeurée jusqu'ici, et exerce enfin une action réelle.

La loi actuelle n'a aucun agent d'exécution, dans l'ordre civil. Or, la plus faible expérience des réalités démontre qu'une loi qui n'a pas d'agent d'exécution, peut être une loi excellente dans son principe et dans son but, mais qu'elle n'a aucune efficacité sérieuse. A l'étranger, ce côté pratique n'a pas été perdu de vue.

Parmi les corps susceptibles de devenir des agents d'exécution de la loi, il y avait à choisir entre l'Inspection du travail et le Conseil de prud'hommes. En ce qui concerne la surveillance de l'apprentissage, nous préférons confier cette mission délicate, exigeant une compétence professionnelle spéciale, aux Conseils de prud'hommes.

Dans les grands centres, le ou les Conseils de prud'hommes auront peine à suffire à cette tâche. On pourrait leur adjoindre, comme en Suisse, des Commissions d'apprentissage dont les membres seraient nommés par les organisations patronales et ouvrières.

Pour ces motifs, nous vous proposons le vœu suivant :

Le Congrès émet le vœu que la surveillance de l'apprentissage organisée par la loi soit confiée aux Conseils de prud'hommes et, à défaut de Conseils de prud'hommes, à des Commissions mixtes composées moitié de patrons et d'ouvriers.

C. — *Examens théorique et pratique. — Certificat d'instruction professionnelle.*

Pour compléter la surveillance de l'apprentissage et donner à l'industrie des ouvriers habiles dans la profession qu'ils ont choisie, l'examen de sortie et le certificat s'imposent.

L'examen permettra de contrôler si l'instruction professionnelle qui a été donnée à l'apprenti est suffisante pour le faire embaucher comme ouvrier. Avec le certificat, l'apprenti pourra justifier qu'il a passé l'examen et que celui-ci a prouvé qu'il avait acquis, pendant la durée de l'apprentissage, les connaissances professionnelles nécessaires. Le certificat stimulera des deux côtés les efforts propres à relever l'apprentissage.

L'examen théorique et pratique, à la fin de l'apprentissage, avec le certificat d'instruction professionnelle qui en est le but constituent, en réalité, la moitié de la réforme qu'il y a lieu, à notre avis, d'apporter à la loi de 1851.

En principe, le soin de faire passer les examens est confié au Conseil de prud'hommes. En fait, nous l'invitons expressément à se décharger de cette mission sur toutes les institutions naturellement indiquées : syndicats patronaux et syndicats ouvriers, personnes spécialement qualifiées, etc. Nous ne demandons au Conseil de prudhommes qu'une chose : que les Commissions d'examens soient constitués par lui à sa propre image, c'est-à-dire qu'elles aient toujours le caractère mixte ; moitié patrons, moitié ouvriers.

Quant au certificat, en vue d'augmenter le prix, nous estimons qu'il doit être délivré, dans tous les cas, par le Conseil de prud'hommes lui-même. Cependant, il pourrait être signé par le président de la Commission d'examens en même temps que par le président du Conseil de prud'hommes.

En Suisse, notamment, des récompenses en argent sont décernées avec le certificat, aux meilleurs apprentis. L'idée est fort heureuse. Nous aurions voulu en faire notre profit. Après réflexions, il ne semble pas utile de faire appel à la loi pour cet intéressant objet. Dès l'application de cette mesure, il n'est pas un Syndicat, patronal et ouvrier, pas une personnalité s'intéressant spécialement à la jeunesse qui ne veuillent contribuer de leurs deniers à donner aux meilleurs apprentis une preuve de leur sollicitude. Le concours des communes et même du département aidant, c'est plus qu'il n'en faut pour réaliser pleinement cette délicate pensée.

En conséquence, nous vous proposons le vœu suivant :

Le Congrès émet le vœu qu'un examen théorique et pratique et un certificat d'instruction professionnelle soient institués

D. — *Réduction et limitation du nombre des apprentis. — Retrait du droit d'avoir des apprentis.*

Cette proposition est beaucoup moins subversive qu'elle ne paraît. Le rapporteur, nous l'avons dit plus haut, ne propose pas de limiter le nompre des apprentis, dans le sens habituel de cette expression, c'est-à-dire de fixer la proposition des apprentis par rapport au nombre des ouvriers de chaque établissement. Nous n'avons pas cru devoir demander l'intervention de la loi sur ce point difficile et controversé. Nous estimons que cette question doit être réglée par des accords amiables entre les parties : syndicats patronaux et syndicats ouvriers.

Nous proposons simplement d'armer le Conseil des prud'hommes du droit de prononcer, par jugement statuant sur une plainte, la réduction du nombre des apprentis d'un établissement et de fixer pour l'avenir, et aussi longtemps que l'importance de l'établissement ne se modifiera pas, le nombre maximum d'apprentis que cet établissement pourra occuper. Cette décision ne devra être prise qu'en cas d'abus manifeste de la part du chef d'établissement ; lorsque, par exemple, le nombre des apprentis sera tellement au-dessus de celui que comporte l'importance de l'établissement et le nombre des ouvriers, que l'instruction professionnelle des apprentis en sera irrémédiatement compromise. L'examen et le certificat permettront d'ailleurs au Conseil des prud'hommes de juger en pleine connaissance de cause, dans chaque cas particulier.

Comme conséquence de cette première mesure, nous proposons de donner au Conseil des prud'hommes le pouvoir de prononcer, toujours par jugement, le retrait du droit d'avoir des apprentis, soit pour un temps, soit même définitivement, en cas de récidive ou d'abus exceptionnellement graves. Tout en visant spécialement l'instruction professionnelle, cette disposition répressive pourrait également s'appliquer, ainsi que la première, à toutes les infractions et contraventions prévues par la loi.

A l'étranger, en Autriche et en Allemagne, notamment, la loi va beaucoup plus loin. Elle autorise positivement la limitation du nombre des apprentis dans chaque corporation.

Notre proposition, à vrai dire, est beaucoup moins répressive que préventive. Elle a moins pour but de réprimer le mal qui est accompli que de prévenir celui dont pourraient souffrir de nouveaux enfants. Par esprit de lucre, dans le dessein de faire à ses collègues une concurrence que nous qualifions de déloyale, et qui est quelquefois désastreuse pour ces derniers, un chef d'établissement emploie des quantités d'apprentis, les transforme en garçons de courses, homme de peine, domestiques même ; ce chef d'établissement est indigne de recevoir des enfants, car il les vole dans ce qu'ils ont peut-être de plus sacré : leur avenir.

Tout en comprenant que cette proposition ne serait-ce que par sa nouveauté, puisse causer quelque appréhension, nous croyons cependant — étant donné qu'elle a pour but de mettre un terme à des abus très graves, mais heureusement assez rares — qu'elle obtiendra l'approbation du Congrès.

En conséquence, nous vous proposons un vœu ainsi conçu :

Le Congrès émet le vœu que le Conseil de prud'hommes, en cas d'abus graves, puisse, par jugement, réduire et limiter le nombre des apprentis d'un établissement ; qu'en cas de récidive ou après des fautes très graves, il puisse retirer le droit d'avoir des apprentis pour un temps, ou même définitivement.

E. — *Sanction civile donnée aux Commissions mixtes professionnelles réglementant, pour leur profession, l'apprentissage et le nombre de leurs apprentis.*

La limitation du nombre d'apprentis, demandée par beaucoup de syndicats nous a semblé très difficile d'être introduite dans la loi d'une façon uniforme pour toutes les industries ; c'est pourquoi nous laissons ce soin à des commissions mixtes de patrons et d'ouvriers de même profession qui limiteront le nombre d'apprentis selon les besoins de leur industrie.

Chacun sait les services que rendent déjà, dans quelques professions, et que rendront de plus en plus dans l'avenir, les commissions mixtes spontanément formées entre les syndicats patronaux et les syndicats ouvriers.

Or, les décisions de ces commissions mixtes, n'ont aucune sanction civile. Elles peuvent répondre aux plus vives aspirations des patrons et des ouvriers, elles peuvent satisfaire à des nécessités professionnelles impérieuses, elles sont néanmoins à la merci du premier venu qui, sans scrupule, peut impunément les violer.

On pourrait très légitimement demander, dans un intérêt social supérieur, autant que pour assurer le respect d'une justice tout élémentaire, que toutes les décisions des commissions mixtes professionnelles — quand ces commissions fournissent toutes les garanties nécessaires — eussent une sanction civile, du côté patronal comme du côté ouvrier. Nous n'allons pas jusque-là. Nous demandons simplement qu'une sanction civile soit donnée par la loi, aux décisions prises par les commissions mixtes relativement à l'apprentissage.

Un exemple prouvera l'utilité de cette sanction. L'Union National des maîtres imprimeurs de France et la Fédération des travailleurs du livre ont institué, dès 1895, une commission mixte permanente. Entre autres services rendus à l'imprimerie par cette commission mixte, elle a établi, en 1900, un contrat-type d'apprentissage et un règlement fixant le nombre des apprentis que chaque imprimerie doit occuper proportionnellement au nombre de ses ouvriers. C'est la première fois, en France, qu'une question si délicate est réglée amiablement entre les syndicats patronaux et les syndicats ouvriers d'une profession.

Cette décision, comme toutes les autres, est dépourvue de sanction. Pour la faire respecter, les ouvriers n'ont qu'un moyen : la grève. C'est vraiment trop et trop peu.

Il suffit d'un imprimeur marron pour paralyser les effets salutaires de cette importante décision, au moins dans une localité. Les efforts méritoires des meilleurs patrons et des meilleurs ouvriers d'une profession tout entière peuvent être détruits par les bas calculs d'un seul.

Pour mettre un terme à un abus aussi criant, nous proposons que la commission mixte puisse intenter une action judiciaire et obtenir une réparation civile, au moins en ce qui concerne l'apprentissage.

Il n'est pas douteux qu'une telle sanction serait de nature, même réduite à cette seule question, pour le moment, à favoriser singulièrement la formation et le développement des commissions mixtes entre les syndicats de patrons et d'ouvriers.

Dans notre pensée, nous donnons le droit d'intenter une action judiciaire devant le Conseil des prud'hommes, en vue d'obtenir une réparation civile, sous forme d'indemnité, à la Commission mixte elle-même, c'est-à-dire à ses deux éléments réunis et non pas à l'un ou à l'autre de ces éléments, agissant isolément. Cette restriction nous paraît propre à faire taire les derniers scrupules et cesser toute hésitation.

En conséquence, nous vous proposons le vœu suivant :

Le Congrès émet le vœu qu'en ce qui concerne l'apprentissage et la limitation du nombre des apprentis, une sanction civile soit donnée, par la loi, aux décisions des commissions mixtes professionnelles qui fourniront, sur leur importance, les garanties jugées nécessaires.

Vœu relatif à l'instruction professionnelle des enfants n'ayant pas de contrats d'apprentissage

Il est indispensable d'examiner, au moins sommairement, quelle sera, si le système que nous proposons est adopté, la situation des enfants de moins de 18 ans qui seront occupés sans contrat d'apprentissage.

D'après l'enquête de l'*Office du travail*, un dixième seulement des apprentis actuels ont un contrat écrit. D'autre part, nous conservons la base de la loi de 1851 d'après laquelle chacun est libre de faire ou de ne pas faire un contrat écrit. Il en résulte immédiatement que notre édifice pourrait s'effondrer tout entier si nous avions la naïveté de croire qu'après avoir voté la loi de 1851 des mesures pratiques qui lui manquaient, chacun va s'empresser de l'appliquer loyalement, dans son esprit et dans sa lettre. C'est évidemment le contraire qui se produirait. Les 10 pour 100 de contrats écrits, existants présentement, seraient bientôt réduits à zéro.

Il faut donc examiner les mesures qui peuvent être prises pour garantir l'instruction professionnelle des enfants de moins de 18 ans qui travailleront sans contrat d'apprentissage ou, ce qui revient au même, avec un contrat de louage.

Ce groupe des jeunes ouvriers forme actuellement les neuf dixièmes de l'ensemble. Il sera toujours très nombreux. Sans pouvoir le dénombrer exactement, on peut se faire une idée approximative de son importance,

Ces chiffres prouvent que cette seconde partie de la même question est beaucoup plus importante encore que la première. Elle est aussi plus difficile, car nous sommes ici, sur un terrain qui, en France, n'a pas été exploré.

Frappée de l'importance et de la difficulté du problème, nous vous proposons, cette année, la seule question de principe. La discussion soulevée par cette question de principe éclairera votre rapporteur sur ce sujet lui-même et lui fera connaître l'opinion du Congrès. La bourse du Travail de Belfort se propose, si elle y est autorisée, de poursuivre l'an prochain ses études sur ce gros sujet, d'examiner avec soin toutes les dispositions susceptibles d'atteindre le but et toutes les mesures d'application s'adaptant à l'ensemble des intéressés, patrons et ouvriers.

Pour l'instant, il s'agit d'obtenir du Congrès une indication générale sur la voie dans laquelle il est préférable de s'engager.

Pour sa part, la Bourse du Travail de Belfort estime qu'il faut poser en principe qu'un minimum d'instruction professionnelle doit être garanti à tous les enfants de moins de 18 ans.

Dans l'état actuel de la question, si ce principe n'était pas admis, tout le travail du rapporteur tomberait, car les cinq vœux de principe formulés plus haut seraient presque anéantis et tout le travail serait à recommencer. Il est vrai qu'il suffirait, pour faire œuvre utile, de changer le point de départ en décidant, à l'exemple de la législation étrangère, que le contrat écrit, au lieu de rester facultatif, sera obligatoire pour les patrons et pour les apprentis, sans exception. Dans ce système, les jeunes gens qui ne sont pas apprentis se trouvent sacrifiés, en revanche. les intérêts des apprentis proprement dits, c'est-à-dire de tous les enfants qui entrent dans un établissement en vue d'apprendre un métier, sont absolument sauvegardés.

Nous croyons qu'il vaut mieux poser un principe s'appliquant théoriquement à tous les enfants n'ayant pas de contrat d'apprentissage et leur garantissant un minimum d'instruction professionnelle. Et pour permettre au Congrès de se prononcer sur ce point capital, nous lui soumettons le vœu suivant :

Le Congrès émet le vœu :

Qu'une instruction professionnelle, en rapport avec l'état choisi et exercé, doit être donnée à l'enfant de moins de 18 ans qui n'a pas de contrat écrit d'apprentissage, de façon qu'il ne soit pas condamné à rester manœuvre.

Cette instruction peut être donnée à l'atelier. Elle sera donnée dans des cours et écoles professionnels, si elle ne peut être donnée à l'atelier, ou si le patron ne veut pas en accepter la responsabilité.

Le degré d'instruction serait constaté par un examen et un certificat. Le certificat affranchira le patron et l'enfant de moins de 18 ans des obligations prescrites par la loi.

La Bourse du Travail de Belfort, en vous soumettant les vœux dont nous vous avons donné connaissance, a cherché à appeler l'attention des représentants des Bourses du Travail sur cette importante question et les mettre à même de juger et de nous donner leur avis sur les réformes qui doivent assurer l'avenir des futurs ouvriers qui seront plus instruits et mieux préparés à défendre les intérêts corporatifs. Nous ne devons pas perdre de vue que le rôle des Bourses du Travail ne consiste pas seulement à faire du placement, mais qu'elles doivent aussi donner aux syndiqués et surtout aux enfants des syndiqués l'enseignement professionnel indispensable pour leur permettre de vivre dans la société actuelle et les préparer à une société meilleure.

L'apprentissage est à l'ordre du jour et doit prochainement avoir une solution en France.

La Bourse du Travail de Belfort tient à ce que le Congrès d'Alger donne son avis et elle croit que vous le ferez en envisageant tout d'abord les intérêts des enfants qui doivent devenir des hommes forts et qui sont l'avenir du prolétariat.

AUX DÉLÉGUÉS DU CONGRÈS

Les camarades délégués au Xe Congrès des Bourses m'accorderont toute leur indulgence pour la rédaction et l'arrangement de cette brochure.

Le jeune camarade Paul Ruff *et moi, avons mis toute la bonne volonté dont nous étions capable pour travailler consciencieusement à la rédaction de ce compte rendu, en nous aidant plutôt de nos souvenirs que des brèves notes prises aux séances du Congrès.*

Je remercie la Commission d'organisation de m'avoir adjoint le concours précieux du camarade Paul Ruff. *C'est à lui qu'on devra le mérite d'exactitude que peut avoir notre compte rendu.*

Les camarades délégués ne s'étonneront pas de ne voir figurer aucun Rapport sur l'Unité parmi les documents annexes, vu le grand nombre de ces Rapports et la proposition qui fut faite d'éditer une brochure spéciale.

Quant aux Rapports sur d'autres questions, si intéressants qu'ils puissent être, les frais d'impression ont mis la Commission d'organisation dans l'impossibilité absolue de les insérer.

Je souhaite avoir satisfait tous les camarades en m'appliquant à rendre compte sinon de leurs paroles exactes, au moins de leur idée.

J'ai la conviction d'avoir fait au mieux et m'en félicite.

G. YVETOT.

Novembre 1902.

ALGER. — TYPOGRAPHIE ADOLPHE JOURDAN.

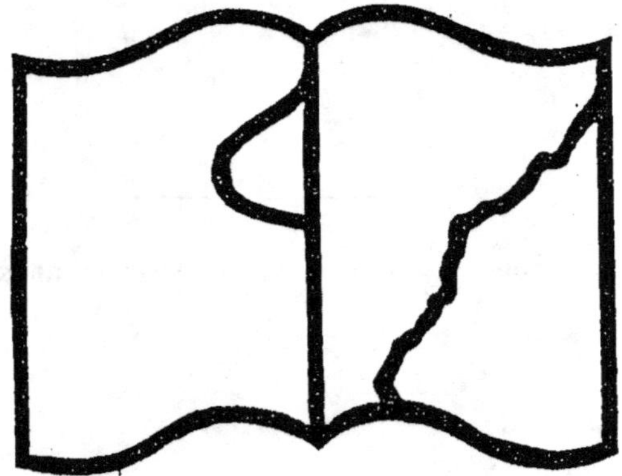

www.ingramcontent.com/pod-product-compliance
Lightning Source LLC
LaVergne TN
LVHW020020170826
845678LV00001B/60

9782329788739